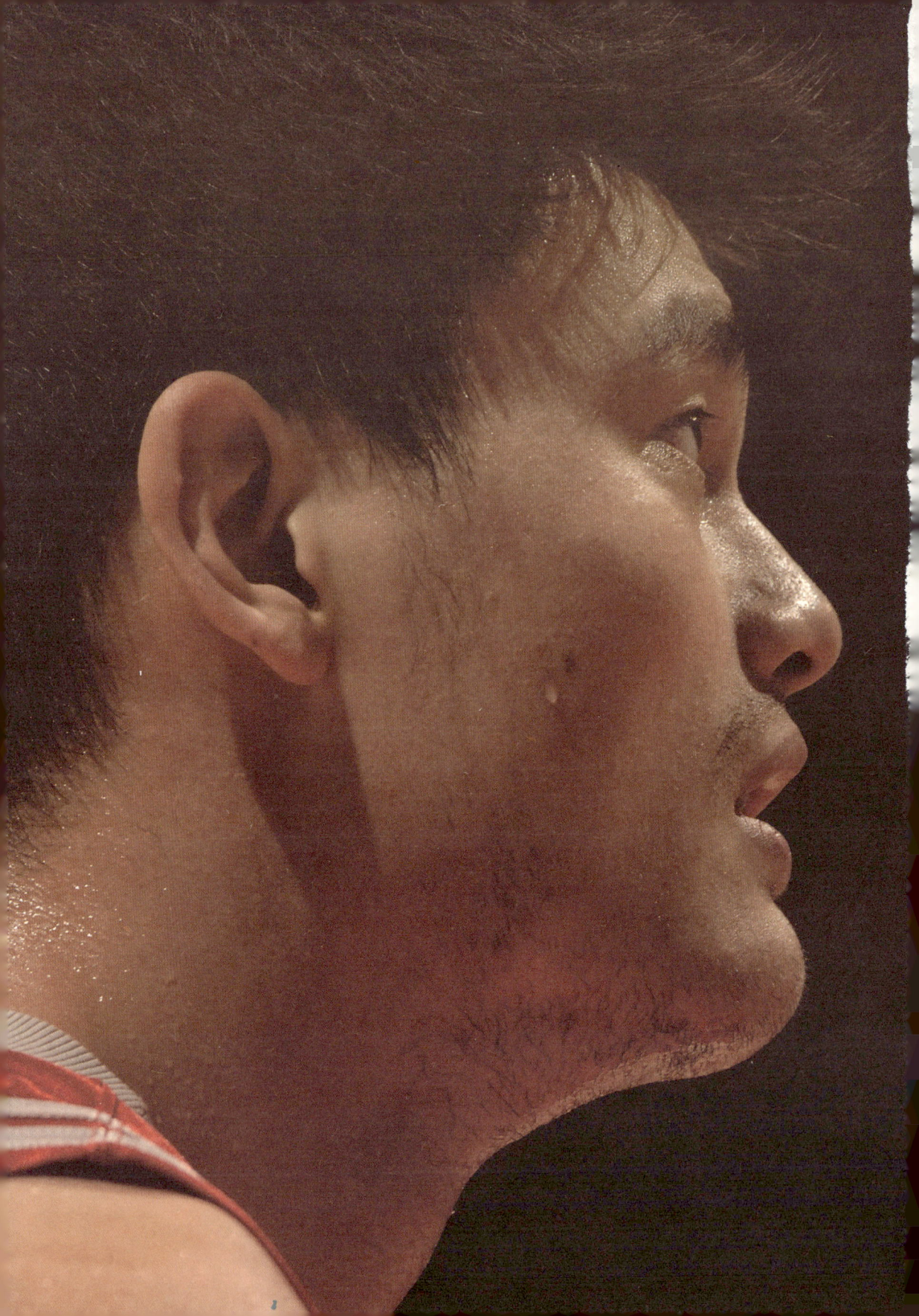

A SHORTER
YAO
IN MY EYES

平视姚明

王猛 ◎ 著

华文出版社
Sinoculture Press

图书在版编目（CIP）数据

平视姚明/王猛著.—北京：华文出版社，2010.9
ISBN 978-7-5075-3265-4

Ⅰ.①平… Ⅱ.①王… Ⅲ.①姚明－传记 Ⅳ.①K825.47

中国版本图书馆CIP数据核字（2010）第177766号

平视姚明

著　　者：王　猛
责任编辑：魏　燎
出版发行：华文出版社
社　　址：北京市宣武区广外大街305号8区2号楼
邮政编码：100055
网　　址：http://www.hwcbs.com.cn
投稿信箱：hwcbs@126.com
电　　话：010-58336259　010-58336230
经　　销：新华书店
印　　刷：小森印刷（北京）有限公司
开　　本：787×1092mm　1/16
印　　张：19.5
字　　数：250千
版　　次：2010年11月第1版
印　　次：2010年11月第1次印刷
标准书号：ISBN 978-7-5075-3265-4
定　　价：38.00元

版权所有，侵权必究
本书若有装订质量问题，请与发行部联系调换

姚明说,这是他人生最骄傲的时刻,也是一辈子的财富

姚明和太太叶莉一起拍广告

这是每年姚明康复训练的一部分，回到球场上奔跑前，他得在游泳池里借助水的浮力奔跑，减轻体重，恢复状态

推荐序 I　　姚明的高度，王猛的深度
推荐序 II　　幸好还有王猛

自序

第一章　姚的兄弟，姚的篮球

Two Yao　　　　　　　　　　006
永远的老大　　　　　　　　　014
三杯茅台为三号　　　　　　　022
老大去，大叔回　　　　　　　033
幽默感和体积成正比　　　　　038
盐湖城凌晨的街头　　　　　　041
笑着伤离别　　　　　　　　　046

第二章　同事麦迪

表兄弟分道扬镳　　　　　　　054
自私的得分王　　　　　　　　058
君临休斯敦　　　　　　　　　060
仰视麦迪的日子里　　　　　　063
姚麦的蜜月期　　　　　　　　068
35秒13分的"麦迪时刻"　　　079
四十分败走达拉斯　　　　　　084
内存不够的领袖　　　　　　　089
伤病中成为榜样　　　　　　　106
后范时代的权力真空　　　　　116
当拳头遇到棉花　　　　　　　119
道不同不相为谋　　　　　　　129

第三章　黑和蜜

几个火箭人眼中的新秀姚　　　138
从软蛋到伟大　　　　　　　　144
濒临灭绝的恐龙　　　　　　　149
全球化之子　　　　　　　　　151

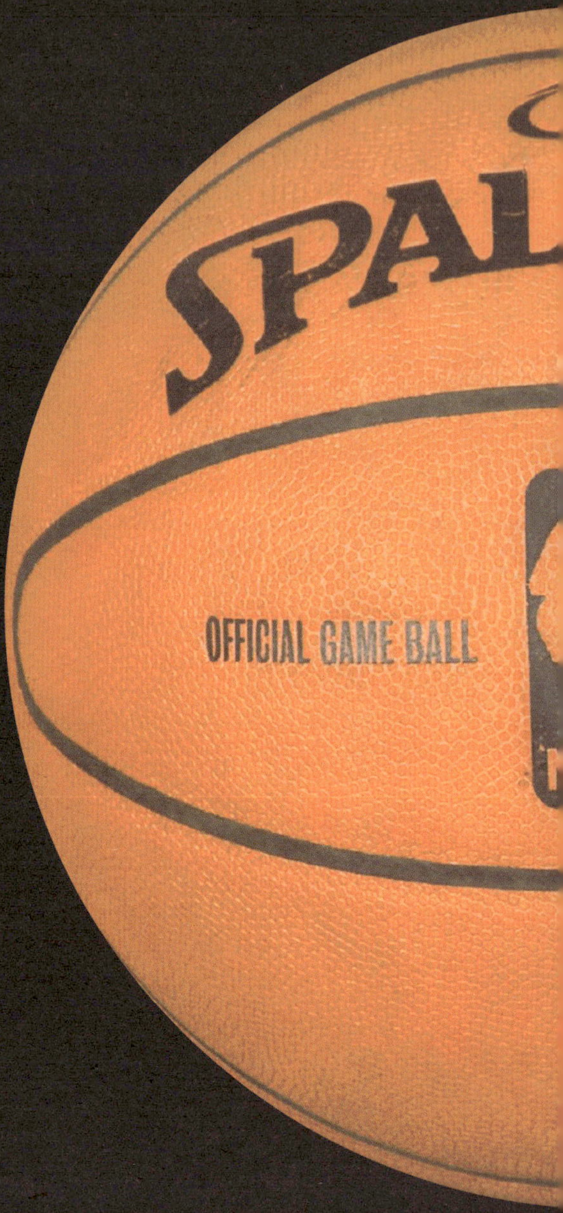

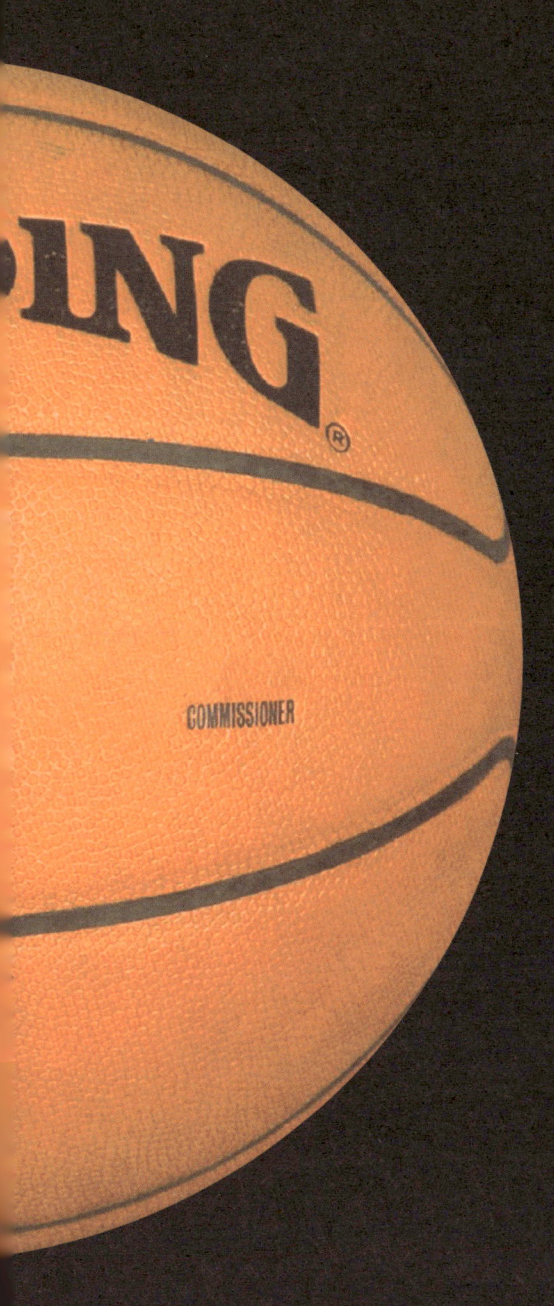

第四章　绝望与希望
终于跨过了这道坎儿　　　　156
细如发丝的裂痕　　　　　　160
最绝望无助的日子　　　　　165
痛并快乐着　　　　　　　　177
十多根钢钉　　　　　　　　183
苦与乐都回来了　　　　　　188

第五章　美国来的姚老板
"弑父杀兄"　　　　　　　　196
一起长大的铁哥们儿　　　　205
姚明：最大的单笔出口商品　212
刘炜：留守上海，生活依旧　214

第六章　什么是NBA
从销售员到教练员　　　　　220
华尔街来的股票高手　　　　226
当球员变成明星后　　　　　230
驴肉火烧和NBA　　　　　　236
电视和篮球的婚姻　　　　　243
疯狂老板库班　　　　　　　249
金字塔的中层　　　　　　　259
劳资斗争中的那些人和事　　262

第七章　爱国者
生于80年代　　　　　　　　276
不惜一切打奥运　　　　　　279
谁言寸草心，报得三春晖　　282
成立姚基金　　　　　　　　289

尾声　还会有很多很多故事发生

推荐序 I
姚明的高度，王猛的深度

王猛终于出书了。

在现在这个满地是书、谁都能写书的年代，写本书很容易，但写本让自己真正满意的书，很不容易。我一直对王猛说，你可以写本书了；也一直有出版社找到他，希望能出版他写的书。但王猛是很谨慎的人——也正是这种谨慎，让我在六年前选中了他，把他发往休斯敦，这个中国篮球新闻竞争最激烈的战场。王猛一直在等待，既是等待最好的时机、最佳的切入点，也是在思索对自我的判断：我是否已经能够写出一本既讲述姚明和NBA的故事、但又区别于已经出版的同类内容的书？站在这个角度上，在王猛决定开始动笔之时，我已经知道，这将是一本好书。王猛用文字讲述的一切，将像他六年来不断描绘的那个大个子一样独特，姚明有独一无二的高度，而王猛讲述的NBA，拥有在中国NBA记者里独一无二的深度。

如果写一部中国记者采访NBA的断代史，王猛可以被划入第三代亲历NBA采访的中国记者。中国媒体对NBA的初始文字性报道，始于30年前古老、黑白印刷、业内发行的《篮球》杂志；在上世纪八十年代初，NBA天外来客般的比赛片段开始在中央电视台的一些栏目中出现。但真正开始有媒体派遣记者赴美，去报道这项和中国人并无联系的美国国内联赛，已经是九十年代中后期的迈克尔·乔丹时代了。人称"大徐"的徐济成（新华社）、苏群（中国体育报）和女记者阎小娴（新民晚报）是第一代采访NBA记者的代表人物。他们把美国大量的风土人情、NBA的规则和人物描绘给了读者，完成了NBA在中国的"普及教育"。因为是"普及"，表面上的浮光掠影已经足够；因为采访时间短（最多一到两周），往往也只能走马观花，无法融入当地的圈子，也没法写得太深。但在当时没有网络媒体、资讯并不发达的环境下，这样的报道已经让嗷嗷待哺的读者大呼过瘾。无数读者通过他们的报道，奠定了自己NBA知识的原始积累。

时间到了21世纪初，随着中国三大中锋先后加盟NBA，NBA在中国掀起前所未有的热浪。第二批赴美采访的NBA记者开始成规模地出动，我（当时工作于北京青年报）、王海鹏（北京晨报）、易小荷（南方体育）和沈知渝（体坛周报）是其中的代表。在这个阶段，读者对媒体内容的要求已经不再满足于新闻报道，也无需再看简单的规则和人物描写——通过网络，他们已经可以掌握这一切，急需了解更深层的NBA文化和故事。与此同时，媒体竞争也更激烈，不少媒体都把记者在NBA一线的报道作为自己的拳头产品，这直接导致了中国记者驻美时间的大幅延长，从第一代的最多一到两周，到这个时代的常常一到两个月。凭借更充裕的时间，也凭借中国球员的影响作用，我们这一代记者开始真正走进球队更衣室，甚至走进球员、教练和总经理们的家，充分交流，了解那些风云人物的真实个性，报道深度比第一代明显提高。也是在这一代记者的努力下，NBA在普通读者心中不再像以往那样神秘，距离被空前拉近，那些远隔重洋的巨星，开始在读者心里化作有血有肉的丰满形象。

王猛这一代，是在2004年应运而生。2004年是中国体育新闻篮球报道的大年，迎着历史上第一次NBA中国赛，三张纯篮球报纸——《篮球先锋报》、《篮球报》、《MVP体育天地》同时开创，向来以足球报道为主的《体坛周报》开设"扣篮特刊"，开始争夺不断细分、又不断专业化的纯篮球迷、纯NBA迷读者群。在这个时代，网络已经在媒体竞争中浪潮汹涌，尽管传统媒体从业者在素质能力上依然领先，但网络已经改变了人们阅读报道的方式。通过网络，球迷对NBA的了解细入骨髓、如数家珍，大量专家型的球迷出现。传统纸媒，尤其是专业媒体，根本没必要再报道赛事结果和简单新闻，而是必须掘地三尺，把最贴近、最鲜活、最具独创精神的报道提供给读者，这样的报道才具有生命力。这一代记者的人数之多、竞争之激烈、报道内容要求之深、驻美时间之长（基本上是整个赛季），均是前所未见。

　　王猛就是在这样的环境下投身并且成长起来，成为其中最杰出的代表。和前两代浮光掠影、浮萍沾水式的记者不同，王猛真正把根扎在了休斯敦。他彻底融入了当地的圈子，打开局面，建立关系，和包括姚明却不仅仅是姚明的NBA球员、教练建立长期密切的联系。和网上随处可见的编译式报道不同，王猛笔下文字的绝大部分，都来自他的"直通"能力——要写姚明，就直接找到姚明；要写巴蒂尔，就直接拨通巴蒂尔的电话；要写穆大叔，就直接给他写邮件。正是这种直通能力带来的深度和精确性，构成了王猛文字的标准——这不是一本谁坐在家里都能上网查到的NBA史话，而是一本用六年的经验、阅历、人脉、功底，扎扎实实砌出来的一本"硬书"。

　　如果你依然对王猛缺乏了解，我想告诉你的是：王猛是迄今为止，中国媒体在NBA驻扎采访时间最长、现场采访比赛场数最多、在休斯敦扎根最深的记者。把这部中国NBA记者的断代史拎起来捋一遍，从来没有谁的文字和讲述，能够达到王猛的深度。

　　六年之前，当我决定让王猛前往休斯敦战场时，我知道他会干得很好，但我不知道他会干得这么好。当你合上这本书的时候，也一定会这么想。

杨毅

《体坛周报》副总编、中央电视台篮球评论员

推荐序 II
幸好还有王猛

深秋的北京，2010年的NBA中国赛欢迎晚宴在金融街的威斯汀酒店钻石宴会厅举行，十米宽的主席台背景板后边，一个不足两米宽的走道上，姚明和两个NBA公司的人站在一堆杂乱的电线和音响设备中候场，离欢迎晚宴开始还有10分钟，工作人员不能让姚明走到前面来。这时的大宴会厅里，已经聚集了600多人，只要姚明出现，600多人中的一半会一拥而上把姚明围住。我在主席台另一侧准备主持词，过去和姚明打了个招呼，他说，仪式结束后想留下来和大家多聊一会儿。

那天的仪式很火爆，火箭队和网队的40多名教练、球员和经理们把20多平米的主席台站得满满当当，而600多位出席仪式的嘉宾和球迷又把主席台围得水泄不通。

仪式后再找姚明，他已经被工作人员送走，场地内没有人能够和他单独交谈、拍照，更别说像朋友一样聊天。

朋友和聊天，可能是人类最基本的心理需求之一。除了衣食住行等生理需求外，没有能够聊天的朋友，人会憋出病来。但是对如今的姚明，这样的需求也几乎成为奢侈。幸好还有王猛，一个可以和姚明在他休斯顿的家里、球场和更衣室里聊天的朋友，而且一聊就是好几年。

八千里路云和月。八年前，刚到NBA的姚明并不复杂，一个22岁的中国男篮队员，一个从来没在美国中学和大学打过篮球的NBA状元，一个喜欢和朋友聊天而且喝可乐的男孩儿。那时候的姚明，身边最多的时候聚集过30多个国内前来长期或者短期采访的随队记者，大家都拼命地按照自己的期待和猜想，努力把这个上海青年塑造成自己心目中的那个神或人。但是没人意识到，那是记者笔下所希望的姚明，并不是生活中真实的姚明。

三十功名尘与土。姚明现在是30岁的NBA首发中锋，一个孩子的父亲，一个基金的发起人，一个国家队的顶梁柱，一个依旧喜欢和朋友聊天而且喝点儿白酒的男人。但这时候的姚明，已经成为媒体产业最成功的作品，也是最失败的作品。因为人人都知道姚明，但同时也人人都失去了姚明。

在和我们一样的日常生活中，姚明到底是一个什么样的人？

幸好还有王猛，一个可以平视姚明的体育记者，在他与姚明的平视和聊天中，我们看到了姚明向常人生活的回归。这才是真实的姚明，不再是媒体的产品。这是一本和姚明聊天聊出来的书，很多人会从中听到自己和朋友们内心的回声，会想到自己和朋友们也有过同样的聊天。

幸好还有王猛。

徐济成
新华社高级记者、著名篮球评论员

正在采访姚明的我

自序

我，1980年出生，属猴，身高1米75，大学毕业后从事于体育媒体，过去的七年中，一直在写篮球，一直在写这个大个儿。

这个大个儿，也是1980年出生，也属猴，身高2米26，从初中起开始打篮球，后来一路打到了NBA，他就是姚明。

每年十月，我就收拾行囊赶往休斯敦，一待至少半年。什么时候能启程回国，全看他和他的队友能不能打进季后赛，能在季后赛里走多远。NBA的常规赛总共82场，一半在家，一半在路上。

NBA分成两个大区，东部和西部，每年到了四月中旬常规赛结束时，两个分区的前八名开始打季后赛。季后赛是七场四胜的淘汰制，赢的，往下一轮走；输的，回家，开始暑假。在季后赛里赢下16场比赛的，就夺走了总冠军。那是无数人魂牵梦萦想要达到的顶峰。我曾经跟自己说：什么时候姚明拿下总冠军了，我就不跟了，不写了。说那话的时候，我和姚明都24岁，感觉梦想离现实并不遥远。现在，我们都早已降低目标，只求过好每一天。

每个赛季，我会采访全部的主场比赛和超过30个客场。加上比赛与比赛之间的训练、慈善活动，再算上比赛间隙，我们一起吃饭、闲聊、打游戏、打扑克……

回想一下，过去的六年时间里，在我生活里出现时间最长的，不是我的父母，不是我的太太，而是姚明。

他很高，2米26，用美国人的高度计算方法，是7英尺6英寸，可以轻而易举地让身边的任何人显得渺小。和他并排站着，我只能清晰数出来他末端的几根肋骨。他总问我："想不想知道上面的空气有多新鲜？"我总提醒他："回家记得把鼻毛剃了。"因为这么昂着脖子，仰视他那硕大的脑袋，我很容易观

姚明曾经的队友海德和他说话，很少有人能够平视姚明

察到这些。他看我,总低着头,我善意地把这理解为尊敬,和他看大多数人一样。所以,他也有他的观察优势,在这个越来越开放、姑娘着装越来越暴露的年代里,他应该能看到别样的风景。我总问他:"哪条沟比较深?"早些年,他会脸上一红,抢白我:"你以为我是你,我可是个正人君子。"这两年,他会嘿嘿一乐:"自己上来看。"

大部分时间,我们俩坐着聊天,或者,他坐着,我站着,这样我们才能平视彼此。

在休斯敦姚明的家里,有几把椅子是特制的,特别高,因为他们家的基本成员都是巨人:父亲姚志源身高2.08米,曾效力于上海男篮;母亲方凤娣身高1.88米,曾经是中国女篮的队长;太太叶莉身高1.90米,前中国女篮主力内线。一般人坐在那些椅子上,脚是悬空的。姚明会对着脚下悬空的客人说:"欢迎来我家做客。"与他对坐,平视,聊天,是件很有趣的事儿。

平视是我认识姚明的方法。平视意味着平等、尊重。平视,让这位传奇人物在我眼中还原成一个人。当然,他早已不再是个普通人,可他和你,我,每一个普通人一样,有喜怒哀乐,有家长里短。实在没有太多人会花费如此漫长的时间跟踪采访姚明,可这就是我的职业。无论你曾经喜欢或者讨厌他,请跟随我以平视的角度重新认识这个大个子吧!

所以,我想叫这本书——《平视姚明》。

第一章 Chapter 01
姚的兄弟，姚的篮球

A SHORTER YAO IN MY EYES

人，谁也离开不朋友。

姚明会聊天，也喜欢聊天。他在休斯敦的休闲方式之一，就是叫上两个朋友，找家饮料店，喝个波霸奶茶，坐在阳光下，上天入地，胡扯一气。

在美国，姚明学到一个词儿"MEN'S TALK"，翻译过来，就是老爷们儿之间的对话。其实，老爷们儿之间说什么，不重要，无非是看了什么书，哪部战争片拍得好，那个队打得好，这两天的比赛看没看，地球上又发生了什么大事小事。哪怕就是一场比赛里的一个扣篮，也能连比划带评论地侃上一个小时。这老爷们儿之间的对话，内容不重要，重要的是形式，是几个朋友凑在一起，不用琢磨家长里短，不用惦记柴米油盐，能暂时躲开工作、家庭，躲开那些生活中现实沉重的东西，逗逗闷子。

任何一个成年男人都需要这样的朋友，姚明也一样。他希望他的朋友能在内心和他平起平坐，也都正直，都热爱篮球。这些要求看起来简单，其实不容易做到，能透过附加在他身上的各种光环把他还原成一个普通人，实在太难。

>>>

Two　Yao

一路走来，姚明身边出现过很多人，大多数都自动或者被动地消失了。一是因为他的身高，再加上那远远超过身高的名气，曲高永远和寡。明白姚明心里想什么，也能让姚明知道自己想什么的人越来越少。二是因为姚明发现自己很难认清楚身边人的真面目，他曾经皱着眉头说过这么句话："我根本看不清，无论出于什么目的，出现在我身边的大部分人，都试图把自己最好、最善良的一面展示出来，我根本没有机会认清楚他们的本来面目是什么。"

姚明的朋友姚安鸿

所以，姚明很珍惜友谊，对于他来说，得到友谊比普通人要难很多。但和姚明维系友谊绝不容易。

姚明去了休斯敦八年，还让他时时惦记，没事儿打个电话的，回国之后能一块儿吃喝、把酒言欢的人，只剩下寥寥几位。抛开这几位不谈，八年来，在休斯敦算得上姚明好朋友的，只有三个：史蒂夫·弗朗西斯、迪坎贝·穆托姆博和姚安鸿。时至今日，前两个与姚明间的联系越来越少，没事儿就打电话，总能坐下来一块儿吃饭聊天的，只剩下姚安鸿一个了。

对于NBA球迷来说，前两个名字耳熟能详，我们先来说说第三个——姚安鸿。

姚安鸿是中国人，祖籍江苏。祖父是国民党军人，解放战争末期，携家带口远赴台湾。姚安鸿的父亲也是军旅做派，娶了一台湾当地女子。从小到大，姚安鸿都是跟父亲说国语，跟母亲说台湾话。十三岁时，他随家人移民到了休斯敦。刚到时，英语说不利索，在学校里沉默寡言，没事儿就捧着金庸的武侠小说在课堂上埋头看。后来说起这事儿，姚明想起刚到美国时，自己也是捧着金庸的小说打发时间。

每个刚到美国的孩子，都要取个英文名。那时，他还小，也不知道该

A SHORTER YAO IN MY EYES

火箭的力量房门口，每次伤病之后，姚明都是在这里完成康复训练，从拄着拐杖到在跑步机上飞奔，姚明流下无数汗水（我、姚安鸿与姚明的合影）

起个什么样的名字，打开人名辞典，从A开始看，第一个认识的是Andy，于是，他决定自己的英文名就是Andy了。

在美国，姚安鸿这个名字几乎没什么人叫，除了家里人，所有人都叫他安迪，他的名片上写的也是Andy Yao。我和姚明叫他胖安迪，或者省略名字，直接叫他胖子。姚安鸿很高，1米93，体重也大，230多磅，换算成市斤，大概是210斤。喜欢打篮球，总说自己年轻时扣篮的往事，我们撺掇过他很多次，也给了他足够的训练时间，却从没成功过。每次扣篮不成，他就捏着肚子上的那一层脂肪，嘟囔着说："当年我扣篮的时候，哪有这些啊！"

在我眼里，安迪是姚明在休斯敦的守护神。

2004年11月13日，鲁迪·汤姆贾诺维奇带着湖人回到休斯敦。

鲁迪·汤姆贾诺维奇曾经是火箭的主帅，是他执教奥拉朱旺，率领火箭队两夺NBA总冠军。2002年姚明加盟时，鲁迪还是火箭的主帅，他是个慈祥的老头，对姚明慈父一般。姚明是状元秀，全休斯敦，甚至全美国的球迷都昂着脖子，想看看这个中国来的小伙子究竟如何。可鲁迪没把毫无准备的姚明推进那无处躲藏的舞台上，他给了姚明充分的缓冲时间。鲁迪说："他只来了10天，没参加训练营，没打过夏季联赛，只打过两场季前赛，不可能准备好。我知道如果现在把他放到那个最关键的位置上，他得承受多大的压力。我也当过球员，当年我是榜眼，第一年，教练一场都没让我首发，可第二年我过渡得非常好。我不希望姚明承担太大的压力，他的肩上已经压着太多东西了。"可后来，鲁迪身患癌症，离开火箭主帅的位置。康复后，成为了洛杉矶湖人队的主教练，可依旧关心着姚明。

比赛时，双方各为敌手，比赛后，鲁迪还是像慈父一般搂住姚明聊天。安迪也跟在姚明身边。鲁迪拍拍安迪的肩膀，指着姚明："姚，帮我好好照顾这个姚。"安迪憨厚地点点头，瞅了一眼大个子姚明，露出了可爱的微笑。其实根本不用鲁迪嘱托，从姚明加入NBA以来，安迪一直站在姚明的身边，看着他的每一次胜利与失败，分享他的快乐和悲伤。

安迪是火箭华语电台的主持人，主持每周一次的火箭华语节目，所以他脖子上挂着的不是一般的记者证，而是火箭队的工作证。从前，这个节目不存在。姚明到了休斯敦后，火箭队才决定在当地华人电台里设置这么个时段。安迪是当地一个老记者介绍给火箭的，老记者叫做巴里，巴里说："火箭之所以会找安迪来干这个，一是因为姚明来了，需要一个可以用中文向当地华人报道火箭以及姚明新闻的人；但这还是次要的原因，更重要的是，火箭想给姚明创造一个环境，让他觉得被尊重，让他觉得其实这个环境并不是太陌生，还有一个中国人在他身边。"事情果真是这么发展的。姚明需要倾诉，有些事情需要找可以信任的人帮忙，他最先会想到安迪。姚明去达拉斯治疗受伤的大脚拇趾，是安迪陪着他一起去的。姚明要去什么地方，不知道怎么走了，会打安迪的电话。姚明请转会到了黄蜂的前队友纳克巴吃饭，会带上安迪……

主持不是安迪的正职，他的本行是金

美国富国银行大厦

A SHORTER YAO IN MY EYES

融，服务于美国第五大银行富国银行（Wells Fargo），而且职务不低，是一个分行业务部的副总裁。

越来越多的华人移居美国，他们中的大多数无法流利地用英语交流、表达，他们聚集生活的区域，被称作中国城。如今，几乎每个稍具规模的美国城市里都有中国城。它们中的大多数不像电影里那样，有一个牌坊之类的明显标志。中国城以中国餐馆和中国超市为骨架，周围的区域里生活着很多华人。为了服务他们，各大银行都会招聘会说中文、广东话的业务员，安迪就是这么进入富国银行的。

服务了十多年后，安迪升官，早不坐柜台了。他在两家分行有办公室，分管商业贷款，所以我和姚明都戏称他是中国城的大哥，有什么摆不平的都找他。

一次，我们三人约好在一家中国餐馆里吃饭，安迪最后一个进来，我们提前商量好，在他进门的一刻，齐刷刷地从椅子上站起来，冲着安迪弯腰鞠躬，大声喊道："大哥好。"忠厚老实的安迪被吓得够呛，不知道该迈步进来还是关门躲出去。

说是有什么摆不平的，其实是夸张，都是些生活琐事。他在中国城人脉极广，随便一家餐馆、小店，可能商业贷款都是跟他做的，所以，有些时候他一个电话就能解决很多问题。姚明总给他打电话。叶莉临近预产期，姚明特意把安迪的电话抄给家里的每一个人，一旦有什么事儿找不到姚明，就打给安迪，安迪能说中文，能说英文，休斯敦地头上的事儿都熟。当然，最主要的是，安迪是姚明最信任的朋友。

两人在一起，总有说有笑，相互逗。姚明笑安迪总也减不下去的体重，安迪念叨姚明的车技。

安迪说："只要听到有喇叭响，十有八九姚明就已经不远了。"德州的居民其实算耐心的，人也热情，和纽约、洛杉矶比起来，讲礼貌多了。可路上开车的这些德州人，很多受不了姚明的车技。安迪的意思是，由此可见姚明技术多次。

有一次去中国城吃饭，安迪在饭店门口等了半天还不见姚明来，突然听到不远处喇叭声大作，心里踏实了："如果没猜错的话，应该是姚明来了。"果然，一分钟后，姚明的车子慢慢晃悠过来。还有一次，安迪开车带路，领着姚明的车子到商场买iPod。驶入商场的地下停车场，安迪先开着车进去，看到有并排的三个停车位，心里就琢磨：这老哥技术一般，就让他先选停车位算了。于是开到一边，等着姚明先停好车，没想到姚明选了最靠边的一个，愣愣地开了进去。安迪远远听到吱嘎一声，心里明白，又撞了。后来安迪告诉我，他跑过去一看，车的一侧油漆全掉了，当时敬佩之情从心底油然升起，这么大的车位能停成这样，实在不容易。

姚明反击，总念叨安迪的肚子和女朋友："你媳妇口味够重的啊，这么肥，还吃了这么多年，不腻啊？"

安迪揉揉满是脂肪、似乎可以流动的小腹说："你管得着吗？她还就是喜欢吃肉，就喜欢五花的。"

姚明走过去捏了捏："五花？别逗了，您这是纯肥。"

姚明这辈子只交过一个女朋友——叶莉，连追带谈，2007年终于领了证，成了亲。安迪比姚明大三岁，和女朋友认识比姚明追叶莉的时间还长，两人足足恋爱十三年，谁听说了都目瞪口呆。女的大多这么问："你怎么搞的，拖了人家十三年，还不赶紧求婚啊？"男的都伸出大拇指，钦佩地称赞："牛啊，哥们儿，挺了这么久还没屈服，战士啊。"

姚明则说："从我到休斯敦，他就说，明年就结，明年就结，六七个明年过去了，他还王老五呢。"

2009年4月，安迪终于举行了婚礼。通常，姚明不愿意参加这样的场合。按说，好朋友的婚礼，应该去，可姚明总怕喧宾夺主，他一出现，把注意力全吸引走了，不想给朋友们添乱。除非是非去不可的，像上海的刘炜、休斯敦的姚安鸿。

安迪为了让大伙儿吃得满意，定的是全海鲜的婚宴。可叶莉正在孕期，因为过敏，医生不许她吃海鲜，只能转着桌子找点儿零星的配菜吃。就是这样，姚明也没提前退场，一直等到仪式结束，等到安迪领着新媳妇轮着敬酒。

来到姚明这桌，我和姚明联手调了一杯加料不加价的"红酒"，基本上每种菜汤都配齐了。安迪看着漂着油花的酒杯，呆了，姚明忽悠他：

姚明与叶莉参加姚安鸿的婚礼

A SHORTER YAO IN MY EYES

"这是规矩，新郎哪有不被整的，不然不喜庆了。在国内，新郎都得这样。"安迪实在，在太太充满恐惧眼神的注视下，一仰脖子，全灌进去了，包括黏在杯底的蚝油。喝完，表情痛苦地打了个嗝。

姚明看得目瞪口呆："你真喝啊？好好，喝了好，反正我结过婚了，你也整不着我。"

后来，姚明带着叶莉走了，找家餐馆加餐。第二天一大早就打电话问我闹洞房的情景，得知被我们拍了一堆限制级照片后，姚明要走了几张，然后以此威胁安迪："胖子，要不要放我的FACEBOOK上，那你绝对出名了。"

安迪噘嘴："我早出名了，你等着给我养老吧，有电影为证。"

姚明刚到休斯敦时，拍过一部纪录片，名为《姚之年》。里面有这样一个镜头，有人送给姚明一套高尔夫球杆。他从来没玩过这个，掏出一根在那儿瞎比划，也没看身后有没有人，就用力往后一甩，咣一声砸在了安迪的脑门上。那可是开球杆，硕大一个铁头，把安迪砸得浑身哆嗦，捂住脑袋，缩着脖子，跟跟跄跄地往后退了好几步。一帮人都在旁边看着，早乐傻了，一直笑到肚子疼得实在受不了，倒在地上滚来滚去的。每次说到这个，安迪都摸着头撅着嘴说："这帮人，太没有人性了。以后如果真的到老了，变傻了，就让姚明养活了，全是被他打傻的，他不承认也不行，有电影为证啊。"

这么多年，姚明和姚安鸿的关系一直很好，但极其单纯。安迪虽然是电台主持，可一周一次，每次一个小时，根本不用像其他记者那样，非得从姚明嘴里挖出点儿什么来写。他还做金融，可这些年，只给姚明出过主意，从没说要跟姚明做生意、做买卖。只是一起吃吃饭、打打牌、聊聊天，过得云淡风轻。

君子之交淡如水，做朋友，那就只做朋友，一旦扯上别的，再谈友情就难了。

《姚之年》海报

A SHORTER YAO IN MY EYES

永 远 的 老 大

　　这些年，出现在姚明身边最多、最频繁的，是他的队友。八年下来，有几十口子了。他们中的很多被形容成姚明的朋友，但真不全是。想想你自己的生活，走进办公室，坐在格子间里和你每天朝夕相处的同事，有多少会成为你的朋友？

　　一次姚明受伤后的康复训练，我跟着去了。那时候，火箭队在客场打比赛，更衣室里空无一人。姚明走进去，只把自己衣柜旁的灯拧开，换完训练服，训练师还没到，他抱着膀子环视了一下曾经日日热闹的更衣室。我问他："衣柜上的这些个名字，有多少能算得上朋友？"他想了想："老大和大叔。"

　　老大是弗朗西斯的代号，大叔是穆托姆博的。因为姚明这么叫他们，中国球迷也都跟着这么叫。过去七八年里，在队友之中，他们俩和姚明最亲。

　　弗朗西斯把姚明带到了NBA，他比姚明大三岁，从小没有父亲，母亲在他18岁时因癌症去世，是祖母一直在照顾他。他很爱祖母，逢年过节都把她接到休斯敦庆祝。他也是个直性子人，做事喜欢由着性子来。1999年以榜眼新秀被远在加拿大的温哥华灰熊队选中，可弗朗西斯就是不愿意去，以天气、家人等等为理由。灰熊队与他多次交涉无果，只得通过交易把弗朗西斯送到休斯敦火箭。那是NBA历史上最大的一笔交易之一，涉及11个人。虽然波折，可弗朗西斯没让休斯敦的球迷失望，奥拉朱旺日日老去，他给火箭队带来了新的希望。

　　这希望，说的是弗朗西斯，也是被弗朗西斯抽到休斯敦的姚明。

　　2002年5月20日，弗朗西斯身穿一身青色西装，站在了NBA娱乐公司大厦标号为3A的房间外面，除了他，还有另外12支没有打进季后赛球队的代表。大部分球队都是派球队总经理来的，弗朗西斯看到了公牛的克劳斯，这个矮胖子缔造了乔丹的公牛王朝；还有NBA传奇人物韦斯特，据说NBA那个运球小人标志的原型就是韦斯特。站在他们中间，弗朗西斯不知道自己的运气如何，他只不过在NBA打了三年，是颗尚未完全升起的明星。

　　可那天，弗朗西斯的手气很壮。火箭没打进季后赛，但只有8.9%的概率抽到第一顺位，成绩最差的是公牛和勇士，他们的概率接近23%，可命运女神越过他们，站到了弗朗西斯身边。弗朗西斯瞅着身边另外12位代表，尤其是勇士和公牛的，心头一阵狂喜，后来他回忆道："我觉得他们好像要冲过来狂扁我一顿。"

状元签到了休斯敦手中，也意味着姚明去向已定。火箭队知道一名伟大中锋能带来什么，从摩西·马龙到艾尔文·海耶斯，再到桑普森和奥拉朱旺，尤其是最后那位来自非洲的中锋，曾经带领着火箭蝉联总冠军。奥拉朱旺在变老，离开火箭后到多伦多打了一年就宣布退役，火箭的成绩也每况愈下，他们需要寻找一个新的顶梁柱，重新统治篮筐以下。

弗朗西斯的仗义让姚明难以忘怀

他们已经有了弗朗西斯，弗朗西斯说："我们可不想找一个控球后卫。"他不需要抽来个竞争对手跟自己抢位置，他得给自己抽来内线帮手。2002年的新秀里，姚明是最好的内线，也就是说，休斯敦要定他了。

当时，姚明在北京备战国家队夏天的比赛。听到这个消息后他说："有时候，你不信命不行，你一辈子会怎么样，能打到什么地步，可能这一签就全给定了。"

所以，你可以说是弗朗西斯为休斯敦抽到了姚明，也可以

A SHORTER YAO IN MY EYES

说姚明的一切是弗朗西斯带来的。

姚明叫弗朗西斯老大,不是英文,是中文。和弗朗西斯面对面,姚明喊他史蒂夫,可和别人提起弗朗西斯时,用的都是老大这个词。哪怕弗朗西斯后来被交易走,离开了休斯敦,他还是这么叫他。因为他刚到火箭时,弗朗西斯是球队老大,姚明虽然是状元秀,是全队个子最高的一个,可他听弗朗西斯的。

两人初次见面,是在火箭球馆的停车场里。弗朗西斯开着一辆奔驰,敞篷的,音箱声音开得很大。很明显,那车子是改造过的,后备箱里装有两个巨大的音箱,超重低音带来的震动,几乎能带着整座球馆那么大的建筑一起轰动。就在这嘈杂的音乐声中,两人的手握在了一起。

从姚明的脸上,弗朗西斯看到了羞涩,看到了一个少年初来乍到的生疏、怯意。他以火箭队老大的姿态,拥抱了这个自己挑来的大个子。

姚明还记得抵达休斯敦两天后的一个下午,他迈出训练馆大门,一辆超大的悍马车突然出现在自己面前,弗朗西斯的脑袋从车窗里伸出来,冲着姚明晃着:"上来,姚,带你逛逛休斯敦。"那座城市的十月,算得上最美的季节。休斯敦靠近墨西哥湾,夏天漫长炎热,从夏天过渡到短暂冬天的那段时间,最舒坦。阳光没这么毒辣,依旧明媚,照耀着蓝天白云,在两旁树阴林立的道路

刚到NBA时姚明和弗朗西斯比谁胳膊粗

上开车，简直是一种享受。

看着车窗外依旧陌生的城市，姚明和弗朗西斯聊了起来，那时候，姚明的英语不好，大部分时间里他是听众。弗朗西斯苦口婆心地告诉姚明火箭是怎么打球的，为什么上个赛季成绩如此糟糕，该怎么改……说着说着，一辆红色宝马车从身旁驶过，开车的是一位漂亮的金发女郎。弗朗西斯看得眼睛放光，吹着口哨，冲姚明努嘴："Very good？"姚明点点头："Very good."说完，两人抓着对方哈哈地乐。

逛了一圈之后，弗朗西斯把姚明送回去拿车，说："有你这个大个子在，我们就什么都不怕了。有什么需要我帮忙的尽管说，以后我们就是兄弟了。"

那个下午对姚明来说意义非凡，一个初来乍到的孩子，很快得到了球队老大的承认，无论他是带着多少疑问和忐忑降落在休斯敦国际机场的，至少现在他能踏实不少，这是他的新家，他交到了新的朋友，他们相处得很好。

弗朗西斯是个好老大，为人仗义。当他认为姚明需要帮助时，一定会站出来。他说："我看得出第一次训练他很害怕，不想让那么多摄像机对着他，不知道怎样过来跟大家说话。大家基本上都围成一个圈，而他却离得远一点儿做伸展。他试着融入队中，但看得出他不是很自在。所以，我就过去说，来吧，加入我们。"

姚明面前，是一群陌生的队友，一种截然不同的篮球风格，和CBA相比，NBA不知道快了多少倍，身体对抗也不知道强了多少倍。而且，姚明带着状元秀的头衔加盟，他的队友们或多或少都想试试中国制造的状元秀成色究竟如何。头两次训练，姚明被撞得歪七扭八，不知道摔倒在地多少回。翻译潘克伦急得在场边来回溜达，想告诉姚明该怎么应对，又不知道到底能说点儿什么。

训练之后，姚明和弗朗西斯趴在地板上做着拉伸练习，弗朗西斯连说带比划跟姚明解释："咱这个队，要打出速度，快节奏知道吗，就是嗖嗖嗖。"他的手指头仿佛苍蝇一般，在姚明眼前飞来飞去。姚明笑了，这比教练那些复杂的战术、不停的解释好懂多了，更何况面对着弗朗西斯这么可爱的一张脸。

不光在球场上，球场下弗朗西斯也琢磨着该教姚明点儿什么。两人聊天，弗朗西斯问姚明："你有女朋友吗？"姚明摸了摸手腕上的红绳，回答："有啊。"弗朗西斯提醒道："当心点儿，她们只想要你的钱。"

姚明笑了，这是他来到NBA上的第一堂课。冲着弗朗西斯，他摇了摇头："不，不，她是中国女篮的队员，没有她们，就一个。"弗朗西斯笑了，突然间，他明白了姚明和更衣室里那帮家伙的区别。姚明来自截然不同的国度，善良、单纯。姚明把手腕上的红绳给弗朗西斯看，那是他打CBA最后一年时叶莉送他的，是情人节礼物。自从戴上后，姚明从没摘过，打比赛也都戴着。慢慢地，红绳的颜色变淡，也越扯越大，原本是戴在手腕上，后来松得已经能提到上臂。姚明指着这红绳，有点儿不好意思地跟弗朗西斯说："这就是她送给我的。在中国，如果有女孩儿送你红绳，说明她钟情于你。我觉得你至少需要十条。"

弗朗西斯笑了，提到叶莉时，姚明表情的变化、眼中的笑意，让他清楚这份感情对于姚明的分量。姚明和他的队友们不同，加盟火箭队后的第一个客场比赛，季前赛打圣安东尼奥马刺，到了小城圣安东尼奥，一帮老将忽悠着要带姚明去脱衣舞俱乐部看看，吓得姚明连连摆手，如同犯了天条大忌。

后来，我跟他开玩笑："幸亏你没去，不然护照上都盖个戳子，上写'色狼'二字。"

他一努嘴："一边去，当老子新来的啊。"可当时，脱舞俱乐部这个词儿在他听来，仿佛洪水猛兽。

在NBA，这是再正常不过的一件事。2006年初夏，赛季打完，球队一起聚餐，当时更衣室里的领袖、老将朱万·霍华德就领着大伙儿去了休斯敦最有名的一家脱衣舞俱乐部。谁都得去，一个都不能少。姚明也在慢慢变成老将的路上听多了，看多了，见怪不怪了。

新秀赛季时，他还遇到过一件囧事。一次在客场打比赛，大晚上的，姚明已经上床睡觉了。半梦半醒中听到有人敲门，迷迷糊糊地拉开门，一下子吓醒了，门口站着一姑娘，眼神带着暧昧地跟姚明说："嗨，你的朋友艾迪让我来陪你。"本来姚明就晕着呢，看到这阵势，更晕了。拍着脑袋想了半天，才明白艾迪是谁。艾迪·格里芬，队里一个沉默寡言的大前锋，比姚明早进联盟一年，平时话不多，人不错。姚明懵了，人再不错，也不至于这样，直接发姑娘到自己屋里。他忙不迭地摇头摆手，把房门关上。

姚明和他身边的队友，是截然不同的两种人。

弗朗西斯知道，他说姚明："对一个女孩子忠心耿耿，很好，年轻人应

姚明前队友艾迪·格里芬，
2007年8月17日因车祸去世，
年仅25岁。

A SHORTER YAO IN MY EYES

姚明和太太叶莉

该这样,心无旁骛,对于他的提高也是好事儿。至于我,我已经老了,还是算了。我知道他不去夜总会,也不跟我们出去玩,不用大惊小怪的,那就是他的文化。不会有人逼他的,更没有必要非得让他接受这种从来没有经历的生活方式。他不需要这个,反正我们做的事十件有九件不好说,嘿嘿。"

弗朗西斯继续照顾着姚明。

姚明到NBA的第一场正式比赛在印第安纳。飞机落地,球队上了大巴,姚明故作轻松地嘻嘻哈哈,可弗朗西斯感觉到了,或者说,他也经历过这个,他清楚姚明心中的不踏实,走过去,拍了拍姚明的肩膀,让他轻松点儿。

印第安纳的康塞科球馆年头够老,那里的球员通道很窄,姚明还能清楚记得是如何跑过那通道,开始人生第一场NBA比赛的:"跑过那窄窄的通道,尽头就是球场。从通道一出来,眼前特别亮,突然之间变得豁然开朗,所有灯光都照在这个球场上,照在你身上,感觉一下子就懵了,晕了。"那天晚上,姚明得了0分、2个篮板。弗朗西斯走过来,想让他好受点儿。

后来弗朗西斯跟我说:"我得挺他,最开始,是人最脆弱也最容易失败的时候,如果我能多给他点儿鼓励,说不定他心里的压力就会小很多。"

对姚明的照顾,弗朗西斯不光来文的,还有武的。

2004年4月,火箭和太阳的一场比赛。对方的内线叫做斯塔德迈尔,绝对是一员悍将。这个斯塔德迈尔,和姚明一样,也是2002年进NBA,那时候联盟里还有另外一个斯塔德迈尔,打后卫,所以新来的这个被叫做小斯。小斯被称为姚明"一生的敌人"。同年的新秀,都是内线,两人总被放在一起比。小斯崭露头角,新赛季前9周中已两度当选西部"周最佳",22岁零47天时,就砍下个人职业生涯最高的50分。可姚明,循序渐进地打着,新赛季的第11场才打进首发阵容。当时很多人质疑,小斯这样的内线才是第九位被选进NBA的,姚明凭什么当上状元?小斯也觉得不服,看到姚明就来劲。

那场比赛的第三节,小斯突破到篮下,他是个扣将,两米多高的大个子,一跺脚就腾空飞起,战斧巡航导弹一般俯冲着砸向火箭的篮筐。高高瘦瘦的姚明就站在篮下,被小斯扣了个结实。小斯看看还在摇晃的篮筐,看看没反应过来的姚明,看看底线看台上目瞪口呆的球迷,瞬间血贯瞳仁,拳击手一样绷紧肌肉,冲着姚明吼了起来。

姚明没见过这么浑、这么野的,还没反应过来,弗朗西斯已经冲了过来。弗朗西斯比小斯矮多了,可还是伸出手臂死死卡住小斯的脖子,把他远远推开。

后来,弗朗西斯说:"我不能让别人这么欺负姚明。"姚明则说:"我一辈子都会记得他是怎么帮我出头的。在我心里,他是个好朋友,一个叫做老大的好朋友。"

A SHORTER YAO IN MY EYES

三杯茅台为三号

最开始，弗朗西斯像带着小弟一样，领着这个2米26的大家伙到处逛悠，照顾这个文化的外来者。

可后来人们才意识到，弗朗西斯其实也离不开姚明，从这个大个子加盟休斯敦起，他们肩并肩地往上爬着。姚明的到来，让围绕在休斯敦火箭队周围的聚光灯越来越多，他们的舞台也越来越大。火箭慢慢从夺冠后低迷的日子里走出来，2003年，弗朗西斯和姚明一起被选入全明星首发阵容。没有姚明，弗朗西斯到不了那儿。

按说，从那时开始，两人该把火箭队带到一个新的高度，那座城市的球迷品尝过总冠军的滋味，迫不及待地想再来一回。可那没有发生，一切都和姚明刚进NBA时想得不一样。那时候他看着慈祥的老帅鲁迪·汤姆贾诺维奇和天赋

弗朗西斯也得到过中国的球鞋合同，这是在北京新闻发布会上我与弗朗西斯及其太太的合影

超群的弗朗西斯，把接下来的事情想得很简单：只要大伙儿一起努力，一支球队一起成长，肯定会接近那最高峰的。

生活远比想象的残酷。想象力是一种神奇的东西，可以把一层类似磨砂玻璃的东西挡在人的眼前，只允许美好的东西映到视网膜上。NBA和姚明熟悉的CBA截然不同。

在中国联赛，一个球员想挪窝，换个球队，换个城市，难如上青天。职业球员的生命轨迹清晰可见，只要看看前辈是怎么过的就成了。球打得好的，会当教练；懂人情世故的，会进体育局当官；有贡献的，会分到不错的企业；实在打不出来的，只能艰难地寻找生机。在中国，职业球员没有控制自己命运的自由，他们属于地方体育局，要换个地方，不仅需要俱乐部点头，还要有政府领导的批示，例如姚明前队友刘炜的故事。

可在今天的NBA，人员交易再正常不过，很少有谁能长时间为一支球队效力。能做到的这些都被称为"Franchise Player（特权球员）"，因为他们的天赋罕见，是任何一支球队都不愿放弃的，也是一支球队的根基、建设的基础。弗朗西斯的外号就是"Franchise"，可惜那只是外号，2004年的夏天，他被火箭交易走了，和到来时用的是同一种方式。

离开归离开，弗朗西斯还在联盟里打球，先是为奥兰多魔术，然后是纽约尼克斯，和姚明一年总还能见上好几次。离开休斯敦后，再没多少人叫他"Franchise"这个外号了，境遇每况愈下，再没进过全明星，休斯敦的那些年变成了他职业生涯最美好的记忆。

2007年夏天，火箭又一次和弗朗西斯走到一起。那一年夏天，追求弗朗西斯的球队不少，迈阿密热火、达拉斯小牛还有洛杉矶快船都希望弗朗西斯能加盟，火箭也不是出价最高的。可因为休斯敦已经成了弗朗西斯的家，因为姚明，更因为昔日可以重来的美好愿望，弗朗西斯答应了火箭，签下一份两年600万的合同，又回来了。

姚明刚来时，弗朗西斯的衣柜是更衣室进门第一个，和姚明的衣柜相对，他们衣柜旁都空着一格，为的是给来采访的记者腾出空间。这俩是球队最重要的角色，每场比赛之前之后，都有一堆记者包围，工作人员把这些全安排好了。再回来，弗朗西斯从前的衣柜已经被球队新的球星麦迪占去，弗朗西斯挑了一个距离姚明最近的，他说："我得挨着我哥们儿坐。"

2003年NBA全明星赛上姚明、弗朗西斯等西部明星全家福

姚明为弗朗西斯高兴，也担心。五年时光过去，他早已不是当年那个什么都不明白、连英文都说不利索的少年了，刚听说弗朗西斯回归的消息，他就说："老大能适应吗？"姚明的担心是对的，昔日重现的美梦向来难以实现，时间飞快地流逝，休斯敦早已物是人非。对于弗朗西斯来说，这是痛苦的一年。

新的队友，新的教练，除了姚明那张硕大的笑脸，对于弗朗西斯来说，火箭队早已变得陌生。他和任何一个新加入的球员一样，想要上场时间、比赛机会，得在训练场上拼命，得等待恰当的机会。在休斯敦，似乎只有球迷能清楚记得弗朗西斯创造的那些美丽记忆，他们能清楚描绘出当年他是如何一跺脚就窜到天上，滑翔着把球砸进篮筐的。可他们不能做任何决定，也不用对比赛的结果负责，那些是教练的责任，是否安排弗朗西斯上场，也是。

弗朗西斯没能得到教练的信任，想象和现实中的巨大落差刺伤了他的感情。2007-08赛季中期，他做了手术，用休息对抗失落。2008-09赛季，弗朗西斯决定从头再来。为了在赛季前的训练营表现出色，他减重15磅，状态明显好了很多，可还是没能征服主教练。弗朗西斯想获得比赛时间，不仅要让主帅相信他能打，还得让教练相信他能融入攻防体系。曾经，火箭的打法就是把球交给弗朗西斯处理，让他一个人干，实在干不动了，再传给别人。那样的日子已经消失，新的教练要求不断移动、不断传球，只是，弗朗西斯还活在古代。

一年多过去了，回到休斯敦的弗朗西斯依旧不快乐。有时候他会跟姚明抱怨教练，可姚明很少有回应。就连姚明也和当初不同了。在以前，姚明是新秀菜鸟，什么都不用管，打好自己的就成了。他说："那时候，如果一场比赛能得20分，抢10个篮板，我就能高兴得不得了。那时候我不是球队领袖，怎么打、怎么指明方向、怎么团结球队都不用我操心。现在早不一样了。"姚明得从球队的角度考虑问题，可他分得很清楚，比赛是比赛，感情是感情——他和弗朗西斯的情还在。

终于，火箭选择了交易弗朗西斯，这也几乎宣布他的职业生涯接近终点。重回火箭的这一年多，他从未得到机会，从未证明自己，他很难再寻找到一份

每年圣诞，弗朗西斯都要给当地的孩子开派对送礼物，姚明和穆托姆博总来捧场

新的合同。

火箭宣布这个消息，是在2008年的圣诞前夜。圣诞节，是美国最重要最传统的节日，这一天，他们合家团圆，围在圣诞树前互换礼物，给予祝福，就和中国的春节一样。在如此喜庆的日子，弗朗西斯听到了自己被交易的消息。

24号上午12点，媒体官给所有媒体群发邮件，宣布火箭把弗朗西斯交易到了孟菲斯，半个小时之后，总经理莫雷将在丰田中心接受采访。众家媒体火急火燎地出现在丰田中心，围在了莫雷面前。

莫雷说："我们已经把弗朗西斯交易到了孟菲斯，还有一个2009年的第二轮选秀权，加上部分现金，从孟菲斯得到一个2011年的第二轮选秀权。之所以这么做，有两个原因：首先，我们能得到薪金空间，为签约新的球员做好准备；其次，这对弗朗西斯也好，看起来，他将重新回到球场，再次开始比赛。在休斯敦，史蒂夫排在几名球员之后，得不到什么上场机会。似乎在孟菲斯他的机会更多，希望他一切都好。"

他们试图跟弗朗西斯联系过，可莫雷打了弗朗西斯的数个号码，都没通，只好通过经纪人把这个消息告知弗朗西斯。

其实，弗朗西斯的电话是通的，这天上午，他刚和姚明通过电话。当时姚明正在开着车去丰田中心训练的路上，有朋友打电话告诉他："弗朗西斯被交易了。"姚明大吃一惊："啊？真的假的，换谁了？"他还没把惊诧消化掉，电话再一次响起，是弗朗西斯的，老大亲自打电话来告诉姚明这个消息。火箭队里，也只有姚明会在这一天接到弗朗西斯的电话，再没有谁和弗朗西斯那么近了。

两人在电话里没说几分钟，弗朗西斯问姚明："待会儿我的慈善活动你来吗？"

"当然，我练完力量就过去。"在这一天，姚明是不会拒绝弗朗西斯的，哪怕有再多事儿，他也一定会出现，他想跟老大说一声保重。

弗朗西斯就在距离丰田中心十五分钟车程的一家游乐室里。这一天，是他一年一度举办慈善活动的日子。弗朗西斯早就把休斯敦当家了，也做了很多慈善活动回馈社会。姚明说："看看这座城市有多爱他，那不光是因为打球，还因为他是个好人。"每年到了这一天，弗朗西斯都会租下一家游乐室，提供免费的游戏、免费的食物，还有各种礼物。为了这个活动，他付出了不少心血和

和弗朗西斯并肩战斗的日子

金钱，所有的圣诞帽子上都印着他名字的缩写S&F，所有的礼物袋上也是。弗朗西斯准备了上百张他穿着红色火箭3号球衣的照片，全部签上名，放在袋子里，同时再放上一个玩具，送给每一个前来参加活动的孩子。

这天，孩子们玩得很高兴，弗朗西斯脸上也一直带着笑，可谁也不知道那时候他心里究竟在想什么，是为了新的机会兴奋，还是再一次被交易的沮丧。

练完力量，姚明坐在更衣室里喘口气，没有其他人出现，整间屋子空荡荡的。他没打开所有的灯光，在昏暗的光线里，他琢磨着整件事儿。他瞅了瞅弗朗西斯的衣柜，已经空空如也。他的训练服不见了，所有的个人物品也不见了。只剩下三张照片还贴在衣柜里，那是弗朗西斯的家人——太太和两个孩子，一堆球星卡歪斜地扔在衣柜里，在大多数球星卡上，弗朗西斯还穿着火箭蓝条的旧日球衣。这让姚明越发怀旧，不可控制地想到以前，想自己刚来休斯敦的日子，老大是怎么照顾他、教他的。

直到现在，他还能清楚记得弗朗西斯给他上的第一课：姚，小心你身边的姑娘，她们是冲着你的钱来的。

环视整间更衣室，姚明感慨道："除了我，这间屋子里的人换了一圈，现在老大也走了，以前的火箭老人就剩下我一个了，唉！"

匆匆冲个澡，姚明赶去参加弗朗西斯的慈善活动了。他看到了弗朗西斯脸上的笑容，也看到妻子孩子都在他身边。弗朗西斯忙着在上百张照片上签名，看见姚明来了，他让妻子把身边的孩子抱开，招呼姚明坐在自己身边。

媒体记者围了过来，希望姚明说说弗朗西斯。以下的话，姚明不仅是冲着摄像机镜头说的，也是说给弗朗西斯听的："他的离开，让我觉得有些悲伤。这么长时间以来，休斯敦已经是我们的家了，要离开真的不容易。可无论如何，他的家还在这儿，我们住的地方距离不远，他还是我的邻居。我希望他能在孟菲斯得到比赛时间，孟菲斯是一支年轻的球队，他们需要一个老家伙带去经验。希望他能尽快开始比赛，对于一个球员来说，比赛时间是最重要的。"姚明一直在说，老大在一旁一直在点头。

没过多久，姚明和孩子们合完影之后，弗朗西斯说："你要走，随时可以走，不用担心。"

姚明没有，他陪着弗朗西斯给孩子们发礼物，陪着弗朗西斯聊天。

一个小朋友走到姚明和弗朗西斯旁边，昂起头冲着姚明说："你这么大，一定没人能帽到你。"

弗朗西斯听到这个哈哈笑了，姚明告诉那孩子："其实，昨天晚上我就被帽了个狠的。"

一直待到不得不走，他才告别。临走前，弗朗西斯告诉姚明："晚上来我家，我的家人都在，来见见我奶奶。"

姚明点头："我一定来。"

这是姚明第二次跟弗朗西斯分手，从此后，他们再为同一支球队效力的机会非常渺茫。姚明觉得伤感，他决定能和弗朗西斯多待一会儿，就多待一会儿。

晚上七点多，姚明准时敲开了弗兰西斯家的大门。他们俩住在同一区，相距不远，也就十分钟车程。平时，姚明是个路痴，除了常走的那几条路——去球馆、去中国城和回家，再到别的地方去，一定得靠着GPS，可去弗朗西斯家不用。

弗朗西斯家很热闹，为了庆祝圣诞节，他把很多亲戚朋友从各地召来，尤其

被交易后，弗朗西斯把姚明请到家里，喝了茅台，说了很多掏心窝子的话

A SHORTER YAO IN MY EYES

是祖母。客厅里摆着一棵硕大的圣诞树，孩子们正忙着往树上挂装饰品，他太太领着一帮姑娘在厨房里聊天，叽叽喳喳的，老太太坐在客厅里看电视，逗着弗朗西斯的儿子。姚明到客厅里坐了会儿，陪着老太太聊了会儿天，老太太递给姚明一摞照片，都是弗朗西斯从儿童到少年时的记忆，好多连弗朗西斯自己都不记得了。

弗朗西斯怕姚明闲坐着无聊，拉着他往楼上去了，指着曾经的理发间说："这间和你上次来时已经不一样了，我媳妇非得要改，我也说不好她想把这间屋子变成什么样，反正我是不想管了，女人们都这样，总也不闲着，总有事儿折腾你。"然后，又把姚明拉到女儿的房间，指着一地的彩色软垫："这是我花了两天弄的，算是送女儿的圣诞礼物。姚，等你有了孩子就会知道，为他们干什么，你都觉得心甘情愿。"

最后，弗朗西斯把姚明拉进了他大宅子的电影院。两人对坐，说起了往事，说起姚明刚到休斯敦的孩子模样；说起弗朗西斯第一次去中国，姚明请他吃烤鸭，看着端上桌子的鸭脑袋，弗朗西斯连连摆手，在全聚德吃了碗扬州炒饭泡酱油就饱了，就满足了……他们说起很多事，笑声不断，可笑声背后全是伤感。

突然，弗朗西斯想起了什么，不知道从哪儿找出一小瓶茅台，这是他到中国时姚明送他的礼物。弗朗西斯爱喝酒，前一年手术之后，姚明来看他，带了两瓶好酒给他，没过多久，两人再见面时，弗朗西斯告诉姚明："我一晚上就把那两瓶干掉了。"姚明不知道弗朗西斯喝不喝得惯茅台，就只送了一

离开火箭后，弗朗西斯也曾辗转到尼克斯队，但他却没有了在火箭队时的特权

小瓶。

弗朗西斯把它找了出来，跟姚明说："就等着你来喝呢，我身边没人喝这种酒。"姚明无论如何也想不到，当初送的这瓶茅台，会在这个分别时刻用上。弗朗西斯找来杯子，小心翼翼地斟满，举起杯来，姚明说了一句让弗朗西斯耳热心跳的话："为了三号。"

三号是弗朗西斯的球衣号码，他早就把三当作了自己的标志，他大宅子车库的铁门上也铸上了一个硕大的三，街坊邻居们都知道。两人一仰脖子，把整杯酒全灌进肚里。姚明咂了下嘴，他实在不习惯这么干喝白酒，可看着比他咂得还响的弗朗西斯，乐了。伸手，又把杯子斟满，继续聊天。

弗朗西斯指着奶奶塞到姚明手里的那一堆照片，说着往事，那都是和姚明相遇之前的事情。说话得多，酒喝得也快，一会儿，一小瓶茅台见了底儿，两个人都还不过瘾，弗朗西斯的表弟从厨房里摸来一瓶龙舌兰，继续把酒杯蓄满。又是一杯下肚后，弗朗西斯摆了摆手，说不能再喝了，再喝下去媳妇要生气了。谁也没有想到弗朗西斯会在圣诞前夜被交易，原本热闹的家里已经有了些奇怪的气氛，弗朗西斯知道，今晚不能惹媳妇生气，一大家子人都在，自己不能醉倒。

姚明看了看时间，不早了，起身告辞。此时，他的脸已经红了，弗朗西斯问："你没事儿吧？你要是醉倒了，这屋里可没人能扛得动你。"两人说笑着走出大门，姚明的车子就在几米外，弗朗西斯说："姚，再来一次，这个赛季的最后一次了。"姚明把弗朗西斯的手放在自己双掌之间，使劲儿地搓，直到热得不行，再换另外一只手。

这是弗朗西斯和姚明之间的习惯动作，从姚明新秀赛季开始，两人一直这样。比赛之前，姚明替弗朗西斯搓手，仪式一般，仿佛能保证弗朗西斯手感发烫地走上球场大杀四方。不仅仅是搓手，弗朗西斯比赛时还有戴护肘的习惯，也不自己戴，把护肘往姚明怀里一丢，然后把胳膊伸过去让姚明戴。两人也许这辈子都不会一起打球了，这些仪式和习惯也将慢慢消失。

夜色中，两人紧紧拥抱，就此分别。弗朗西斯回到屋里，姚明关上车门，从此再无生活交集。

弗朗西斯没去孟菲斯，后来也一直没能在NBA找到一份合同，他已经远离球场。他没搬家，还在休斯敦，和姚明家只是十分钟车程，可两人的交往越来越少，在两条分叉的轨道上越走越远。

老大去，大叔回

无论那段感情多真诚，都抵不过时间变换和位置转移，姚明提起弗朗西斯还是以老大相称，弗朗西斯书房里还摆着姚明送的字画和宝剑，可谁也不知道对方的生活将走到何处，姚明手机里存着六七个弗朗西斯的号码，不知道哪个能通。姚明的号码倒是没换，来电显示上很少出现弗朗西斯的名字。

弗朗西斯缓缓远离姚明的生命，穆托姆博回来了。而火箭交易掉弗朗西斯，就是为了给穆托姆博腾地儿、腾钱。

穆托姆博是NBA最传奇的中锋之一，和他有关的几个故事，是NBA六十多年史册里不可缺少的一页。

一、他是名字最长的NBA球员，全名Dikembe Mutombo Mpolondo Mukamba Jean-Jacques Wamutombo。他总跟姚明开玩笑："咱俩关系这么好，你怎么都得学会说我的全名吧？来，你说说。"每次姚明最多把前三个单词说出来，然后摇着头说："我怀疑你媳妇能不能都记住。"

二、没人知道他的真实年龄。他来自非洲，没人见过他的出生证明。大伙儿怀疑在他出生时，究竟有没有出生证明这种文件的存在。据说，在他的家乡，孩子出生之后，要在院子里栽上一棵树，想知道孩子多大，看看树多大就成了。穆托姆博成名之后，有人去他家乡的后院里看过，树确实有几棵，只是没人知道那是什么时候栽种的。NBA的官方数据上，记录着穆托姆博的出生日期是1966年6月25日，可没人相信，他的声音、长相，还有说话的絮叨劲儿，怎么看都像五十岁的老头。于是，年龄也变成队友跟他开玩笑的话题。

三、穆托姆博爱摇手指。他是联盟最伟大的盖帽手，职业生涯盖帽次数全联盟第二。他每次盖帽之后，都会伸出右手巨长的食指冲着看台摇晃。这变成了他的特权，旁人也学他摇，就有可能被吹技术犯规，只有穆托姆博能。后来火箭队做穆托姆博的玩具送给球迷，别的球员都做摇头娃娃，穆托姆博这个做的是摇手指娃娃。当然，穆托姆博也被人摇过手指，有些人在盖了他之后，挑衅一般冲着他摇，不过大多被吹了技术犯规。穆托姆博摇手指是有窍门的，他不冲着被自己盖的人摇，而是冲着看台。每次看到摇自己的人被吹技术犯规，他脸上的皱纹就全裂开了，嘿嘿地乐。

四、穆托姆博是一个慈善家。从1997年开始，他就筹划在家乡金沙萨建造一家医院，这是金沙萨的第一家现代化医院，有至少300个床位。建造这所医院需要三千万美元，其中有一半资金来自穆托姆博自己，另外一半由他四方募集而来。无论在哪座城市打球，他总有办法和当地的商人结交，然后完成募集。每个赛季，他都要举办自己的慈善晚会，吸引更多的人来捐款。2000年，医院终于竣工，叫做Biamba Marie Mutombo Hospital，是为了纪念他已经去世的母亲，穆托姆博说："如果当初有这么一所医院，也许她此时此刻还能在我身边。"穆托姆博的太太罗丝也考取了护士资格。穆托姆博还是姚明投身慈善的引路人，他给了姚明很多建议，在2008年，致力于慈善事业的姚基金成立。

穆托姆博在家乡金沙萨所建医院与工作人员合影

五、因为篮球和慈善，穆托姆博已经变成了NBA在世界面前的一个符号。2007年新年，当时的美国总统还是小布什，做国情咨文演讲时，特意提到了穆托姆博："仁慈的心肠、勇气以及自我牺牲精神，这些品质是美国人民最伟大的力量。只要你们知道去哪里寻找就总能看到，而今天晚上，我们只要抬头看看，就能看到。"电视镜头对准了第一夫人身旁的穆托姆博，布什接着说："穆托姆博成长于贫穷而充满疾病的非洲，他拿到了奖学金来到乔治城大学学习医疗。可乔治城的汤普森教练看到了他的另外一面，于是穆托姆博成为了NBA的球星，也成为了一名美国公民。但是他从来没有忘记过生养自己的土地，跟众人分享着上帝对他的祝福，他为自己落后的祖国修建了一所现代医院。一个朋友曾经这么说起这位好心的人，'穆托姆博相信上帝给了他机会去做一些伟大的事情'，我们骄傲地称这位刚果的儿子为美国公民。"那之后，穆托姆博忙起来了，他说："我接了太多电话，今天早晨起来之后，我发现自己接到了超过200封祝贺的邮件，手机里也有不下100条祝贺的短信，我很高兴。"穆托姆博没跟家人说这事儿："孩子们第二天起床之后，在电视的每个频道上都能看到自己的父亲，他们觉得太吃惊了。我儿子问我，爸爸，今天你们在华盛顿打比赛吗？我说不，我去跟总统开会。"后来，穆托姆博退役，NBA聘请他为全球大使，在世界范围内推广篮球和慈善。

穆托姆博是个传奇，是个开心果，还是姚明的替补，姚明在球场上累得喘不过气时，穆托姆博就把他换下来休息。所以，穆托姆博能回来，姚明很高兴，他舍不得弗朗西斯走，也欢迎穆托姆博来。

弗朗西斯是12月24号走的，30号，火箭宣布重新签下穆托姆博，姚明笑呵呵地见人就念叨："大叔回来了。"

穆托姆博还没到，丰田中心就已经热闹起来了。

距离比赛开始还有三小时，姚明走进了更衣室，终于在穆托姆博的衣柜里看到了球衣。尽管知道穆托姆博不可能立刻上场，工作人员还是把大叔所有的行头都摆了出来，以示欢迎。姚明一边换着训练服，一边在穆托姆博的衣柜前绕，瞅着那硕大的22码球鞋、护膝，然后是鲜红色的55号球衣。这一切实在太熟悉了。姚明嘿嘿一乐，跟工作人员说："你说，他55岁的时候会退休吗？他算是我们2009年的新年礼物吧，就是这礼物实在有点儿老。"

提到穆托姆博，姚明总是满嘴的笑话。赛前的投篮训练结束后，他就坐在场边和体能师马哈聊天："马哈，你能帮我办件事儿吗？"

"怎么了？"

"帮我提醒车库的保安，今天有另外一个身高七尺的人要来球场，别因为不认识就不让他进，跟他们说，这哥们儿是自己人。"

满身肌肉块子的马哈被姚明逗得花枝乱颤。

这还没完。姚明又冲着在球场上练投篮的麦迪喊："迪坎贝偷懒，不愿意去多

穆托姆博和姚明在新奥尔良全明星赛上

伦多。他跟我说,他没带护照,没法去多伦多,只能在亚特兰大等着我们了。"

麦迪一边投篮一边摇头,扭过头回了姚明一句:"你吃惊吗?我可一点儿都不。"

姚明也不,他太了解穆托姆博了,两人就从没断了联系。

只要一有工夫,两人就会通个电话,电话那头的穆托姆博一会儿在华盛顿,一会儿在费城,一会儿又跑纽约去了。直到几天前,穆托姆博终于转回了休斯敦,他在电话那头扯着破锣嗓子冲姚明喊:"姚,你在哪儿呢?我正经过你家门口。"听大叔这么说,姚明心里踏实了,他知道,距离穆托姆博回归不远了。姚明听说马刺、凯尔特人等球队都想找穆托姆博,可两人打电话时很少提这个,只聊家人,聊生活,聊慈善。姚明知道,大叔会做出决定的,他不愿意催:"我们俩打电话,其实就是联络感情,我当然希望他能尽快回来,可我也希望他能做出对自己有利的选择。"

练完球,姚明回到更衣室里,昂起脖子看着墙上的时钟,问道:"差不多了吧？不说他要开个新闻发布会吗？怎么还没来？"

工作人员问姚明："你多久没见他了？他迟到，不就是最正常的事儿吗？再说了，如果他还是穆托姆博的话，你一定能在看到他之前听到他的声音，他会喊，我又回来啦。"

姚明一边听一边点头，眼珠子一转，立刻想出了一个主意，拉着媒体总管说："等我们从客场回来了，你找个人PS一张照片，《终结者》那电影你知道吗？施瓦辛格的身子加上穆托姆博的脑袋，等他一上场，就放这张照片，再配个音——我回来了。"

接着，他站起身来，把一旁桌子上摆着的所有能量饮料全抓起来，一股脑扔进穆托姆博的衣柜里，说："给老人家补补。你说，他会不会迷路啊？得找个人提前告诉他，出了车库，左转，再左转，一路直走，就能到更衣室了。"

就在姚明不停开着穆托姆博的玩笑时，大叔真的走进来了。他没迷路，穿

赛场边，我们经常看到这一老一少并肩而坐

着件绿色的西装，一路挥着蒲扇般的大手，嘻嘻哈哈地走进丰田中心，走到新闻发布室里，一切如故。

穆托姆博冲着台下熟悉的记者挤眉弄眼，说："我很高兴能重新成为这支球队的一部分。这支球队里，有很多年轻人需要我的经验、我的领导，我不愿意离开他们。姚和麦迪不停地用电话轰炸我，跟我说，这间更衣室需要我，我迫不及待地想去看看更衣室究竟变成什么样了，哈哈哈。"穆托姆博的新闻发布会很短，他迫不及待地走进那间更衣室，看看很久没见的队友。姚明瞅着穆托姆博那一身绿西装，不停地摇头："你到底是哪头儿的？"大叔抱着姚明嘿嘿地乐，两个七尺大汉只要凑到一起，就谁也不会对谁嘴下留情。

穆托姆博上不了场，可火箭还是把向球迷祝福新年的任务交给他，于是，丰田中心里近两万名球迷又一次听到了穆托姆博沙哑的声音："我代表我的队友，代表火箭，祝愿大家新年快乐。愿上帝保佑你们。"

大叔说完了，美滋滋地往队伍里走，刚走了一半，姚明冲他吆喝："你怎么不顺便把国歌也唱了？你那迷人的嗓音……"身边人听到，全笑喷了。

幽默感和体积成正比

姚明和穆托姆博之间，是巨人间的友谊，他们都来自异国他乡，都承载着篮球场之外的压力，这一老一少两个七尺汉子，共同拥有着许多快乐和悲伤。

对于他们来说，幽默感仿佛与体积成正比，这两人在一起，总有欢笑。而且，两个人还总在一起待着，尤其是在客场。

NBA常规赛有82场，其中一半是客场。联盟对球员的照顾已经到了极致。包机出行，从外面看，他们乘坐的飞机和一般的商务飞机没有什么区别，可机舱里重新布置了一遍，每个坐椅都是头等舱级别的，让这些长人大汉至少能伸直腿。机长和空姐通常一个赛季都是固定的，他们的任务就是服务某一球队，飞行时间安排也跟着球队走，保证他们不用多耽搁一分钟就能踏上去客场或者回家的路。坐包机，不用像普通人那样，要提前几个钟头到机场，托运行李，换登机牌，然后等着。他们可以把车子直接开到飞机旁边，打开后备箱，指着里面的行李让工作人员帮忙扔进飞机肚子,工作人员还负责帮他们把车子停进车库。穆托姆博退役之后说过:"我最想念的就是球队包机。"

住,也都是最好的酒店。现在的NBA球队,绝不住五星级以下的酒店,只可能更好。一个人一个房间,如果是大牌球星,球队还会特别照顾,要套间,球队也给安排。早餐和比赛之后的加餐,都是一起吃,甚至包括比赛当天的午餐,不用球员费心琢磨去哪儿吃,也省得球员吃出毛病。通常只有比赛前一晚的晚餐需要球员自己搞定,可就是这样,每个球员每天还有100美金的补贴。

这顿晚饭,通常姚明是和穆托姆博一起吃的。光吃饭,两人就闹过无数笑话。

无论两人约几点在大堂见面,穆托姆博一定迟到。姚明每一次下楼之前都跟自己说:下去这么早干吗,他肯定会迟到。可每一次,还是习惯性地准时走进电梯,在酒店大堂里踱步少则十分钟,多则半个小时,才能看到穆托姆博咧着嘴嘿嘿地从电梯门里探出脑袋,然后远远地扯着破锣嗓子吆喝道:"我没迟到吧?姚,你为什么总早到?"

有时候,姚明实在等得不耐烦了,就自己先去餐厅,点好菜等着穆托姆博。他知道大叔最喜欢喝什么样的饮料,提前点好,等穆托姆博慢慢悠悠地晃过来,姚明说:"没辙,咱得尊敬老人不是?"

穆托姆博自称老将,总喜欢拿自己的丰富经验

穆托姆博在赞助畸形儿童基金会时与工作人员的合影

A SHORTER YAO IN MY EYES

和多年积累下的威信说事儿。这是在更衣室里,到了篮球场之外,他就总夸自己见多识广。穆托姆博确实厉害,能说英语、法语、西班牙语、葡萄牙语和四种非洲当地语言,人脉众多,没事儿就拍拍腰间挂着的两部手机说:"只要我给白宫的朋友打个电话,就什么都知道了。"于是,姚明就爱拿他的老和倚老卖老逗乐。

2008-09赛季,去圣安东尼奥打客场,姚明又和穆托姆博约着到当地的一家牛排馆吃饭。推杯换盏之间,大伙儿说着笑话,和以前每一次吃饭一样,逗到最后,一定要扯上穆托姆博的年龄。穆托姆博一口咬定NBA官方记录上的年龄百分之百对,大伙儿就跟着起哄,要证据。穆托姆博提到了老家院子里记录他年龄的那棵树。火箭的保安布彻跟着穆托姆博去过,看过,穆托姆博盼着布彻能给自己作证。保安点头:"确实有这么回事儿。"穆托姆博脸上刚露出笑意,可布彻立刻话锋一转:"天知道那树是什么时候种的,反正已经长得很高了,怎么也得长个四五十年了吧。"穆托姆博不乐意了,姚明乐了,指着保安说:"得,你要杀人灭口的名单上又多了一个。"

一老一小两名中锋正说得热闹,牛排馆的厨师推门进来了,满脸堆笑地跟姚明打招呼:"嗨,姚,你好,吃得还满意吗?"

看着两人笑呵呵地寒暄着,穆托姆博不满意,觉得自己被怠慢了,就使劲儿挥舞着胳膊喊道:"嗨,我叫穆托姆博。"

厨师哪敢怠慢,连忙寒暄道:"嗨,你好。我当然认识你,当我还是孩子的时候,就看过你打球。"

这句话就像往餐桌上丢

队友经常拿穆大叔的年龄和他那"迷人"的嗓音开玩笑

了个炸弹，爆笑声一下子炸开了。大伙儿全都笑得前仰后合，只剩下目瞪口呆的穆托姆博和一脸歉意的厨师。

厨师忙不迭地想解释，姚明拦住了他，恭敬地问道："请问您多大了？"

厨师实话实说："我四十了。"就这样，他又往餐桌上扔了一颗炸弹。姚明笑喷了，前仰后合的，差点儿没一脑袋扎进盘子里。

厨师不好意思地离开，只剩下穆托姆博依旧苦撑着战斗，不停地解释："你们不明白他的意思，他的意思是，他在大学时看过我打球。"可满桌的人全不理会，依旧哈哈地笑。

姚明一边使劲儿调整呼吸，一边囔回去："有大学生叫自己孩子的吗？"

大伙儿把这事儿记住了，不仅当时乐，一个多礼拜过去，照旧翻来覆去地说。离着老远看到穆托姆博，姚明就吆喝："当我还是孩子的时候，就看过你打球。"穆托姆博没辙，只能耿耿于怀地说："我再也不去那家餐厅吃饭了。"

盐湖城凌晨的街头

篮球场上，有胜利就有失败。姚明和大叔曾经肩并肩走过盐湖城凌晨的街头，向一个赛季告别。

2007-08赛季季后赛，没有姚明。距离季后赛还有两个月时，姚明就受伤了，那时候火箭正一路打得顺风顺水，他们赢了2月份儿几乎全部的比赛。

2008年2月25日，姚明已经觉得脚踝疼痛难忍，可他不知道这疼痛即将宣告他的赛季提前结束。那天训练，姚明走进更衣室，在战术板上看到这么一行字：让我们横扫二月吧，以此来纪念伟大的马丁·路德·金。二月是黑人历史与文化宣传月。瞅着这行字，他乐了，跟身边的队友开着玩笑："这跟我有什么关系啊？"

没想到就这么一语成谶。几个小时之后，他发现横扫果真变得跟他没有任何关系了，一下子变成了看客。

训练很简单，姚明练了投篮，跟着球队走了走战术，到了对抗训练时，他就坐在场边的椅子上，按照医生的嘱咐，从现在开始他要多休息，谁也没想到

在赛场内外,穆大叔都可谓姚明的良师益友,时刻鼓励指导着小巨人

医生很快就要得出新的结果。

  坐在场边的姚明被记者们围住了,对着镜头,他笑得很开心:"我们现在已经确立了新的目标,就是横扫二月。还没有几支球队完成过这样的壮举,希望我们能够创造历史,你知道吗,这种感觉真好。"一个记者问问题的时候,爆破音发得太充分,喷了姚明一脸口水,他扯过那哥们儿的袖子在脸上抹来抹去,整个训练场都能听到从姚明身边传过来的笑声,他说:"问问题归问问题,不带啐人的。"

  训练结束之后,姚明还得参加集体签名的活动,在球队工作人员准备好的上千件物品上签下自己的大名,姚明不停地摇晃着脑袋:"什么时候才能完啊,赶快让我离开这个地方吧,我还得去医院检查呢。"

  可检查带来了噩耗,在他左脚脚踝上发现了一条细细的裂痕,那是应力性骨折现象,无论最终采取静养还是手术的治疗方法,都意味着姚明的2007-08赛季提前结束。医生克莱顿试图以平静的语气告诉姚明究竟发生了什么,可那平缓匀速的语调还是一下子击中了姚明，他惊呆了，一瞬间有些不相信自己的耳朵，他问道："真的吗？"

他不知道怎么走出医院的，汇入了休斯敦下午四点多的车流中，各条主干道上都交通拥堵，可对于姚明来说，这个世界一下子安静了，身边的一切都没能在他脑海中留下任何印象。他掏出手机，拨通了穆托姆博的电话，对着话筒轻声说："我这个赛季报销了。"

听筒里先是一片安静，接着大叔骂道："靠……"

两个人的对话陪着姚明一路回家，穆托姆博后来回忆："他跟我说，他的赛季已经完了，剩下的就只能交给我了。我跟他说，没事儿，别想这么多，接下来的事儿我们会操心，你先好好把伤治好再说吧。"

姚明在自己这边点点头，除此之外，他别无选择。

这一路很长，在联盟里行走了17年的老中锋劝慰他年轻的朋友。

第二天上午，火箭队总经理莫雷跟姚明一起到了训练场。所有的队友都在，其中一些人已经从穆托姆博那里听说了，可莫雷低声宣布后，众人还是一副吃惊的表情。姚明说："经理宣布这个消息时，所有人都安静了下来，没有人说话，没有任何的声音，仿佛当时球场上一个人都没有。那时候，我觉得很孤独。"

晚上，他来球场，没法打球，但还能加油。在更衣室的战术板上，姚明看到了穆托姆博要首发，满屋子找大叔，不见踪影，拉着工作人员问："他去哪儿了？"工作人员告诉他："大概去祷告了吧，求上帝保佑。"姚明一听，愣了愣，然后开怀大笑起来："是得这样，大叔今儿需要保佑。"

穆托姆博是个神奇的非洲老头，谁也猜不透他看起来老迈的身体里蕴藏着多少能量。顶替姚明首发的第一场比赛，他让所有人大吃一惊。

那一战，火箭的对手是华盛顿奇才队。他们的首发中锋叫做布兰奇，那一晚过后，他一定更希望面对姚明，而不是叫做穆托姆博的那个老妖精。

比赛开始五分钟后，布兰奇抢断麦迪，冲着火箭的篮筐直冲过去。他身高6英尺11寸，体重260磅，仿佛重磅炮弹一样飞向火箭的阵地。

此时穆托姆博还没有赶到前场，连忙退着步子，摆出了防守的架势。从来没人见过穆托姆博如此兴奋，他对着冲过来的布兰奇使劲儿地招着手："来吧，来吧，冲这儿来。"此时，他看起来和41岁没有任何的关系，眼睛死死盯住布兰奇的手臂，在对手起跳攻击的一瞬间挥出了自己的大巴掌，一边扇，嘴里还一边喊着："给我滚！"伴着这一声怒吼，球乖乖地滚了。

整个丰田中心都疯了，球迷们冲着大叔大叫："迪坎贝，你太他妈牛了！"比赛之后，十多名记者向大叔的衣柜围了过来，他美了，拍着巴掌乐道："我怎么觉得十多年没这么受重视了？"

那场之后，球队放心了。

其实，和姚明的通话结束后，穆托姆博又接到了主教练阿德尔曼的电话，电话里他跟教练说："让我上场比赛吧，也许5分钟到10分钟，我会拼尽全力的。"他没想到，第一场，阿德尔曼让他在球场上打了23分钟，只第一节就打了11分钟。穆托姆博说："我一开始还没在意，可突然一抬头才发现比赛居然已经打了8分钟了，我冲着自己叫了一声——哇塞。"

穆托姆博能神奇一场比赛，甚至能在常规赛里不断让人吃惊，可季后赛却是一座爬不过去的高山。那一年，火箭碰到了犹他爵士队，他们的主场在盐湖城，厮杀到第六场，火箭输了，赛季画上句号。

姚明也去了。看着队友失败，自己却无能为力，他更难受。听着主场球迷欢庆胜利的吼声，他走进更衣室，被记者围了起来。赛季结束了，他知道自己该说点儿什么，却不知道能说什么，只好一遍遍地重复："这实在是一个让人难过的夜晚，实在是让人难过。"

他早想到了，一定会听到这样的问题："坐在场边，却没法为球队贡献，对于你来说有多难？"他没有答案，心里的伤口已经很疼了，还要扒开给别人看，姚明轻轻摇了摇头说："我不知道怎么回答这个问题。"一拨儿记者离开，又一拨儿来了，又是那问题。他摇了摇头："还是请你问个其他的问题吧，谢谢了。也许明天我会想想。对于我们来说，这是一个漫长的夜晚。"

他自责，也为球队不甘，尤其是为老穆托姆博，这可能是他职业生涯的最后一个赛季了，怎么能画上这样的休止符？不知道叹了多少气后，穆托姆博终于穿戴整齐了，一老一少两代中锋，肩并着肩，唉声叹气地走进了盐湖城的夜色之中。后来，他们俩人在凌晨的盐湖城找了个快餐店吃了点儿东西，然后在冰凉的夜色里走回了酒店。

姚明说，以后的很长时间里，他都会记得盐湖城凌晨的街头。

穆托姆博中国行时访问中国红十字会

我和穆托姆博

A SHORTER YAO IN MY EYES

笑着伤离别

因为那次季后赛的失败,姚明特别盼着穆托姆博再回来。所以,2009年新年,穆托姆博再次和火箭签约,并郑重声明,这是他职业生涯的最后一年,姚明特别高兴,一是又能跟大叔一起享受快乐时光了,再就是他希望大叔的职业生涯能够有一个完美终结。

可无论姚明还是穆托姆博,都猜不透命运是如何书写的,这位伟大中锋职业生涯的结束方式,是他最痛恨的。

又是一年季后赛,这次站在火箭面前的是波特兰开拓者,第二场。

这也是穆托姆博18年NBA生涯的最后一场比赛。他只打了两分钟,就在和开拓者中锋奥登的抢夺中受伤倒下。现场的大屏幕不断重播这那次身体接触的慢动作,奥登没有犯规,甚至没有太强烈的对抗,穆托姆博是落地之后不慎自己扭伤了膝盖。其实,他的队友们根本不关心穆托姆博是怎么伤的,只担心

穆大叔受伤倒地后的痛苦表情

这伤有多重。

姚明说："一开始，我觉得没什么大事儿，可看到他躺这么久，一直没起来，就觉得事情有些不对了。"穆托姆博抱着自己的左膝痛苦地扭动着，没有丝毫能爬起来的迹象。队医冲过去了，阿德尔曼冲过去了，整支火箭队都冲过去了。他们都爱跟穆托姆博斗嘴、开玩笑，也都无比敬重这位老将。他德高望重，让每一位队友担心。

穆托姆博紧攥着拳头，很疼，一直忍着，更紧地攥拳。他没喊出来，可身体在颤抖。这种剧烈的疼痛只意味着一件事，他的职业生涯就此结束了。

担架来了。这是穆托姆博最恨的东西，他曾经说过，我绝不会这么下场的，除非我走不动了。可这一次，他没有选择，众人齐力把他抬上担架。穆托姆博就这么离开战斗了18年的球场，以他最不喜欢的方式。姚明说："谁也没想到他会这样结束职业生涯。"

回到更衣室，他哭了，队医不得不给他打了一针镇静剂，帮助他把情绪稳定下来。

可比赛结束后，队友们回到更衣室再看到穆托姆博时，发现他脸上挂着笑容。他们呆住了，吞下这痛苦需要时间，他们不知道穆托姆博是如何做到的。他笑着面对涌到身边的记者，就像火箭赢了比赛，就像自己防死了奥登。

他说这是他的选择，用微笑面对职业生涯的结束："我希望能成为年轻人的榜样，哪怕我今天离开了球场，依旧有很多东西能留给他们。"那个时刻，他很激动，说了很多话："此时此刻，我想说，上帝一直在保佑我，在过去18年的职业生涯里，我没有遭受过什么严重的伤病。我感激过去18年在我身边给我帮助的这些人，我已经得到很多了。我得接受手术，我的职业生涯结束了，我哭了。可我得积极，得一直抬着头。我从没想过会这样离开球场，可谁也躲避不了事故。接下来我需要花很长时间康复，也有很长的时间让我回忆我的职业生涯，那里面有太多太多美妙的记忆，我已经很满足了。我一直战斗到了最后，就像一个受伤的士兵离开了战场，可我是最好的战士之一，每一个晚上我都在战斗。如果让我评价自己的生涯，我想说，我做得不错。"

一脸难受的姚明走了过去，大叔把手里的拐杖摆到一边，跟姚明结实地拥抱了一下，姚明的嘴唇动着，却不知道该说些什么。穆托姆博哈哈地笑着，仿佛两人在继续斗嘴，你来我往，互不相让地乐呵着。

A SHORTER YAO IN MY EYES

姚明称穆托姆博"大叔",也无比尊重这位老将,可穆托姆博退役之后,两人的交集越来越少

在这一天结束时,倒下的穆托姆博对姚明说:"姚,你得坚强。"

于是,穆托姆博也渐渐远离了姚明的生活。

穆托姆博是他的替补、导师、长辈。两人相处五年,几乎形影不离。

2004年,一笔伤筋动骨的大交易把弗朗西斯从姚明身边带走,来了麦迪和穆托姆博。那时候就有人说穆托姆博的职业生涯行将终结,那时候火箭的主帅是范甘迪,范甘迪找穆托姆博聊天,穆托姆博信誓旦旦地跟范甘迪说:"教练,放心吧,我会帮姚明的。"范甘迪看着一脸严肃的穆托姆博直乐,问道:"帮忙?怎么帮啊?他可比你强多了。"

当然,范甘迪在开玩笑。穆托姆博来火箭的时候,姚明刚刚开始职业生涯的第三年,依旧适应着,学习着。那时候穆托姆博的战斗力还很强,训练场上打对抗的时候姚明就能觉出来。他说:"大叔那一身骨头,真硬,尤其是肘子最硬,他要是一肘子砸你胸口上,能闷半天。"那时候,穆托姆博还能在训练里帽姚明，然后爽快地大笑，挤着眼，逗着后生小子。

时间一日日过去，大叔的状态也越来越差。慢慢地，他顶不住姚明的转身了，他伸出的手臂也干扰不了姚明的出手了，姚明能结结实实地在他脑袋上扣篮了。这个赛季的一次队内训练，姚明在篮下接球，顶着穆托姆博四仰八叉的防守砸了一个。砸完之后抱住大叔，拍着他的后背，笑呵呵地安抚老人家。穆托姆博老了，他自己知道，也承认，总跟姚明说："等你到了我这岁数，你就知道了，人岁数大了，干什么都慢，你就等等我呗。"可他绝不说自己打不了比赛："我还能盖帽，还能抢篮板，依旧是防守最好的大个子。太多年轻人不知道我的本事，直到我把他们给帽了。"

岁数越来越大的穆托姆博，打的比赛越来越少，就站在板凳前扮演教练的角色，有时候比教练还忙活。他太太罗斯跟他说："唉，你比你们教练还像教练。"穆托姆博使劲儿冲着球场上吆喝，告诉年轻人该怎么比赛，怎么防守。

每次看到姚明伸直手臂往地板上倒，穆托姆博就崩溃："我教了他多少遍了啊，哪有大个子造进攻犯规的？把手伸起来，盖帽，干扰他们的出手，做一个中锋该做的事儿。"从大声吼叫到低声细语，穆托姆博一天到晚在姚明耳边唠叨着。他说："我希望姚明能把我的都继承过去，他会越来越伟大的。"

人老话密，穆托姆博不仅告诉姚明球场上该做什么，还有球场外。

在客场，姚明喜欢待在房间里休息，穆托姆博就给姚明打电话，拉他出去，到酒吧里坐坐，跟队友们在一起多待待，热闹热闹。当然，去酒吧也有学问。大叔跟姚明说："千万记得，一定不要让你的饮料离开视线。如果你一眼没看到，就再也别喝了，要杯新的。必须小心，你不知道会发生什么。"

可走到某个点时，再好的朋友也得分手。

穆托姆博退役了。退役，意味着姚明和穆托姆博就此相望于江湖。

替补席上的穆大叔经常冲着姚明吼叫

A SHORTER YAO IN MY EYES

穆托姆博在休斯敦还有房子，也有生意，他早就变成了一个商人。他很满意自己的转变，动不动就跟别人说："我是生意人啦，我得感谢篮球，它不仅给了我充满回忆的职业生涯，还帮我完成了转变，从一个什么都不懂的非洲孩子变成了一个商人。对于我来说，篮球仿佛一辆汽车，把我从非洲带到美国，变成了名人、有钱人。现在，它又把我带到了另外一个平台。好了，到站了，我该换辆车了。"

在商言商。进入NBA以来，姚明听到最多的一句话是："Business is business（这是买卖）。"也许，篮球对于他还意味着梦想、光荣、追求、目标，可也加进了别的因素。NBA就是一个巨大的利益结合，哪怕他身形再庞大，也只是其中的一滴微水。

商人穆托姆博很忙，满世界转悠，他是NBA的全球形象大使，每到一处他都宣传着NBA，也想方设法扩展自己的买卖。生意人，总得如此。他和姚明之间的交流越来越少，姚明受伤期间，他去看过姚，也聊家常，也说生意。

没有了每天相濡以沫的生活，分歧和不同就会显得如此巨大。穆托姆博和姚明，终归还是还是两种性格、两种人生。

当然，穆托姆博和姚明还是朋友，他还会对姚明言传身教："我用最后

慈善晚宴上的姚明和穆托姆博

两年完成了从球员到商人的过渡，我会出席很多活动，和那些商人、有钱人交朋友，到他们家去做客，聊家长里短。他们会跟我合影，摆在家里或者办公室里，这是他们和朋友聊天的谈资，会以认识你为荣。之后，他们会给你生意做，一是因为你们成了朋友，二是因为你的名气对他们的生意也有好处……"

姚明办的慈善晚会，穆托姆博也会参加，不过他不捐钱，有钱他还留着给刚果的医院用。在姚明的慈善晚会上，穆托姆博转了一圈，经过无数次拥抱、握手、合影和寒暄之后，手里握了一把名片。他兜里还有一支笔，会时刻掏出来在收到的名片上写上两笔，也许那些人都能成为他日后的生意对象。

两人还会时不时地打电话，穆托姆博去休斯敦的时候，会在丰田中心和姚明见上一面，可无话不说的日子早已经消失了。

生活就是这样，很多人出现了，又消失了，实在是没什么可解释说明的。朋友有离有合，很多情感甚至从一开始就目的不纯，只要还有一些让人回忆起就面露微笑的往事，已然足矣。

这样的生活，在哪儿都不错，更何况是在NBA。

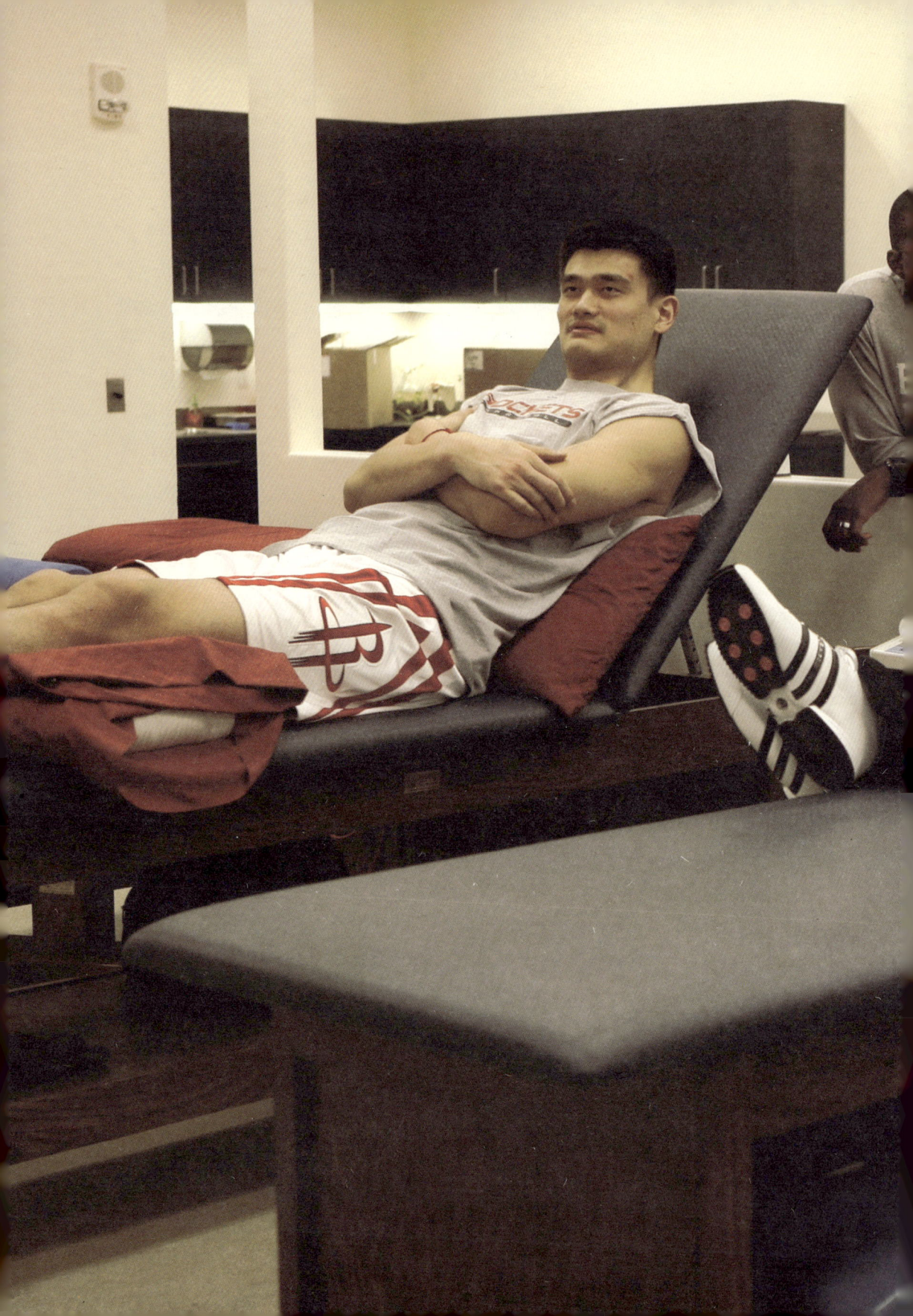

第二章 Chapter 02 同事麦迪

A SHORTER YAO IN MY EYES

在这一章，我想说的是，姚明和麦迪，只是同事。

就和所有人一样，有一份工作，就会有同事，形成一个团队，为达到目标一起努力。可并不是所有同事都会成为朋友，事实上，大多数同事都不会成为朋友。同事这个词，仅仅意味着工作上的交集。

如果你是个NBA球迷，或者这些年一直关心着姚明和火箭队，一定听说过很多有关姚明和麦迪的故事。在很多故事里，他们被形容成兄弟。兄弟的英文是Brother，在黑人的世界里，这个词被缩略成Bro。他们彼此以Bro相称，但这绝不是说，大伙儿之间都是兄弟。在NBA的世界里，Bro这个词通常是被当称呼语使用的，翻译成"哥们儿"最恰当。哪怕两个素昧平生、初次相见的人，也能这么说。走在大街上，问路：哥们儿，最近的超市怎么走？

姚明和麦迪也喊过彼此哥们儿。他们两人走到一起，是在2004年。

表兄弟分道扬镳

那年夏天，奥兰多曾经的救世主麦迪，在那儿实在待不下去了。

麦迪，全名特雷西·拉马尔·麦格雷迪，1979年5月24日出生。他长大的地方在奥兰多和坦帕（都是佛罗里达州的大城市）之间一个四面环湖的小城，后来有人用"如水性格"来形容他。和很多黑人球星的成长经历相似，他由母亲和祖母抚养长大，父亲在其成长过程中扮演的角色微乎其微。出生后，母亲给他起了个名字——Tracy，这其实是个女名。后来，每当麦迪表现不佳，没能坚持到最后时，就会有人拿他的名字开玩笑，说他原本就是个女孩儿投胎。他曾经的朋友、伟大中锋奥尼尔甚至公开跟他开过玩笑："别打得跟个娘们儿一样。"性格不够坚强的诟病跟了他快二十年，至今依旧如此。后来还有人分析，因为麦迪儿时的成长环境里缺乏男性榜样，所以才会一直如此。可他的母亲一直很坚强，为了养家糊口照顾孩子，辛苦打几份工，在迪斯尼乐园的旅馆里工作，仅仅是来回路上，每天就要花一个半小时。

大部分时间里，麦迪温和、安静。他说过："我知道，我有个女孩儿名字。"大部分时间里，这个名字很适合他。走路时，他总把一只手插在口袋里，微微低着头，声音很轻。他可以从容地经过你身边，直到超过你才被察觉，尽管他身高6英尺8英寸，体重超过220磅。麦迪说话声音很轻，多年以来，采访过他的记者都知道，无论身边围着多少人，他都不会放开嗓子，任凭各种话筒紧紧贴到自己嘴边，依旧慢条斯理、不愠不火地说："我很懒，平常的时候就喜欢待着，什么都不干。"看起来，他做任何事情都在用节省体力的方式，包括走路、说话，所以他的瞌睡眼很著名。

后来，麦迪以高中生的身份进入NBA，被多伦多猛龙第一轮第九位选中。从此，这个家庭的命运被改变了。

麦迪有着惊人的天赋。NBA历史绵延六十年，涌现无数球星，他的身体天赋在这成千上万名球员中能位居前十。麦迪身高2.03米，两膀子打开伸直，比身高还多，足足2.10米。能跳，超级能跳，垂直起跳高度93厘米，参加过扣篮大赛，曾经无处次起飞，骑在对手脑袋上把球砸进篮筐。他对身体的控制能力超强，一般球员用脑袋和肩膀做假动作，麦迪不是，他的假动作就是真动作改的，高高举起做投篮动作，却能在投球出手前的一瞬间再把动作收回来。只要防守球员扑上来，他就能把要出手的篮球抓回来，电光石火间，闪出个空当，从防守人眼前消失。他飘逸而犀利的打法迷倒了很多人，在中国，崇拜他的球迷被称为麦芽糖，遍布大江南北。

在NBA的前两年，麦迪过得并不顺心。多伦多和他的家乡佛罗里达是两个截然不同的世界。佛罗里达被称为阳光之州，有无与伦比的海滩，温暖潮湿，阳光明媚。仅仅是奥兰多一地，就有数百家高尔夫球场，是著名的度假胜地。多伦多，一路往北，天寒地冻，麦迪受不了这样的天气，据说，一天中的大部分时间他都是在家中度过的，在家里的大部分时间则是在床上度过的。他总是耷拉着眼皮，无精打采，一副没有睡醒的样子。

当时多伦多猛龙的主教练是达雷尔·沃克，赛季的前24场比赛里，只赢下两场，整个球队乱作一团，各种矛盾涌现，沃克失去了对球队的控制。麦迪当时的角色是守在替补席的最边缘，目睹噩梦一样的比赛，一场又一场的失败实在没法让人振奋精神。于是，他看起来更懒，也变成了沃克排挤的对象，甚至在面对媒体时公开宣称："这样的工作态度能在联盟里生存两年就是奇迹了。"后来，沃克被猛龙队解雇，他的预言也从未实现。

接替沃克的教练是布彻·卡特。卡特对麦迪有知遇之恩。他和麦迪面对面坐下，语重心长、言辞恳切地说："我知道你想上场打球，可在成为NBA首发之前，你得先在训练场上成为一名合格的球员，然后才能上场比赛，再以后才是争取首发。事情总有个过程，无论进入NBA之前你成就过什么，你已经来到了一个崭新的世界。"通情达理的卡特正是麦迪需要的，他亲切地称呼教练为"布彻叔叔"，并开始在力量房和训练场上挥汗如雨。一名未来的超级球星，初现雏形。

在多伦多生活了三年之后，麦迪终于回到家乡。在猛龙队他飞速成长，可猛龙队有另外一个更耀眼的明星——他的表兄文斯·卡特。卡特攻击能力超群，比麦迪还能飞能蹦。2000年悉尼奥运会上，卡特入选美国队，打法国时，冲到篮下一跃而起，从一名球员脑袋上飞过完成扣篮。他飞过的不是一个普通人，是法国队的中锋维斯，身高2米18。卡特飞扬跋扈地越过维斯脑袋上的镜头被刻入整个世界的记忆之中，并被人们称为"世纪之扣"。卡特成为了猛龙

卡特的"世纪之扣"

A SHORTER YAO IN MY EYES

的当家球星,麦迪虽然出色,也只能生活在卡特熠熠星光背后的阴影之中。新秀合同结束后,他要求离开并最终如愿,回到了魂牵梦系的佛罗里达。

自私的得分王

在魔术队,麦迪肆虐着篮筐,但奥兰多并非他的归宿

奥兰多魔术队是麦迪在NBA的第二站。

在魔术的计划里,麦迪将成为格兰特·希尔的帮手,而希尔被视为乔丹的接班人,这两人应该可以把魔术带回东部联盟的顶峰,就像公牛时代的乔丹和皮蓬一样,两人的合作将天衣无缝。可希尔一直被伤病缠身,因为脚踝手术,两人同时加盟的这个赛季,希尔只打了4场比赛,原本被视作希尔副手的麦迪不得不扛起重任。这是挑战,也是无比难得的机会,作为第一号进攻选择,麦迪带领魔术打进季后赛。同一年,他入选全明星。一颗巨星,在奥兰多上空冉冉升起。

希尔的伤总也好不了,麦迪成了男一号,也是奥兰多舞台上唯一的明星。所有的进攻机会都由他控制,他的得分飞速上升,在魔术的第二年,他平均得分达到26分,第三年跃增到32.1分,成为NBA历史上最年轻的得分王。再没有人会怀疑他的个人能力,尤其是进攻能力,可奥兰多的球迷开始要求更多。

看麦迪一个人如机器般轰鸣得分确实爽，可更爽的是球队的集体胜利，是打进季后赛，是一步一步靠近总冠军。这是得分王麦迪面前的又一道坎，一直到今天，麦迪依旧没能跨过。

2003年的常规赛，麦迪很快乐。对于他来说，把球送进对手篮筐如同呼吸一般轻松自然。可到了季后赛，胜利如同煮熟的鸭子从嘴边飞走。2003年季后赛，魔术面对的是活塞，那是活塞军团实力复苏的春天，他们以东部第一进入季后赛，魔术只是东部第八。也就是说，是第一名和最后一名之间的比赛，可前四场，魔术拿下三场。麦迪甚至在接受采访时自信满满地说："这回终于能跨进第二轮了，打了这么多年，那是我从未到过的地方。"剩下三场，魔术只要再赢一场就能成功，可他们没有，魔术开始了溃败。活塞用钢铁般的防守和顽强的斗志击垮了胜利边缘的魔术，接下来的三场比赛，魔术平均输球超过20分。胜利边缘的崩溃，引发了潮水般的质疑。没错，麦迪能自己得分，但他是不是一个领袖？能不能带领一支球队赢得季后赛？哪怕只是一轮？

魔术队想再试一年，可新的赛季如同没有尽头的长夜，噩梦连着噩梦，总也看不到黎明。2003-04赛季的第一场，在纽约，魔术以残阵上场，从赛季一开始，伤病就在纠缠球队。比赛打进加时，魔术险胜。头一场比赛，似乎耗尽了魔术的全部气力，接下来他们连输19场。赛季刚开始不到两个月就已画上句号，不是因为他们输了19场，而是整个球队没有丝毫重新振作士气的迹象，已经乱作一盘散沙，球员脸上的表情越发木讷，盼着时间能飞得再快一些，让这种煎熬迅速终结。麦迪继续得着分，似乎比以往更容易，他好像已经失去了对队友的信任，很少传球，队友们也乐于成为场上的看客。麦迪再一次成为得分王，可魔术整个赛季只赢下21场比赛。

糟糕的战绩，从另外一个角度想，意味着更好的选秀顺位。为了拉近球队之间的实力差距，联盟制定了选秀规则，战绩最差的球队

"魔兽"霍华德被魔术队选中可谓拜麦迪所赐

拥有更大的机会得到最高顺位。2004年，魔术抽中了状元签，在接下来的选秀中，他们将得到一位潜力巨大的明日之星。给麦迪一位实力相当的帮手，也许属于魔术的时刻就越来越近了。

在麦迪看来，球队总也迈不过季后赛第一轮，是因为自己的帮手实力太差。魔术得出的结论和麦迪不同，他们认为，球队成绩糟糕，不仅仅因为其他人能力一般，更因为麦迪不是一个成功的领袖。他不防守，也没有丝毫意愿帮助身边人成功。当时的总经理约翰·维斯布劳德认为，麦迪是一个极端自私的人。从此，维斯布劳德和麦迪间的矛盾不断激化，甚至公开到了台面上。

维斯布劳德心中的完美球队，必须无比团结。他是个冰球迷，在冰球的世界里，团队合作是一切的前提。维斯布劳德觉得，麦迪早已把自己凌驾于团体之上："我过去常常告诉我的球员，如果你坐在板凳席上，你要从左到右，把所有的队友都记在心里，你必须对你自己说，我能为他们中的任何一个人挡子弹。但在篮球的世界里，有太多的自私自利和自尊自大，这让球员们很难有这样的认识。可如果要成功，就必须依靠团队，让每一个人都融入团队。这是我的要求，而麦迪做不到。"

关系交恶后，麦迪提出希望到更强的球队打球，他提到过湖人、马刺的名字，还有太阳，也说到过火箭，他认为如果内线有姚明这样的中锋帮忙，球队一定能够赢下很多东西。

君 临 休 斯 敦

此时此刻，火箭也思索着未来。

姚明和弗朗西斯已经共同经历了两任主教练——鲁迪·汤姆贾诺维奇和杰夫·范甘迪。弗朗西斯是鲁迪的宠儿，也是他手下的头号球星，球在弗朗西斯手里，他打到哪儿就算哪儿，他的角色和在奥兰多的麦迪很像。身材矮小、秃脑门、金鱼眼的范甘迪接手后，一直在努力改造着球队。

范甘迪强调纪律、防守，他没法忍受弗朗西斯一个人控着球，没有章法地突来突去，希望把球打到内线，给姚明。善于计算也固执于计算的范甘迪

麦蒂到来之前，范甘迪与弗朗西斯也发生了不可调和的矛盾

相信，靠近篮筐的命中率更高，他命令姚明往篮下走，球往姚明手里送。刚到NBA时，姚明移动出色，善中投。当时，他的身体还没法与大部分中锋死顶硬扛，就飘在外面投。范甘迪派出助理教练锡伯杜一对一调教姚明，愣是把上身如同电线杆子一般纤细的姚明雕刻成了内线怪兽。范甘迪信奉防守，训练场上，对防守位置的要求细致到毫厘之间。他让助理教练用胶布在球场上标出规定的点，要求球员在防守轮转时必须准确地站到每个点上。因为根据计算，守住这些位置将最大限度削弱对手的进攻。甚至，范甘迪连球员球场外的生活也要干涉，原本，火箭去洛杉矶打客场，下榻的酒店位于比佛利山庄，酒店大堂里就有个夜总会，夜夜笙歌，范甘迪看不下去了，要求必须换个酒店。后来火箭再去洛杉矶，改住在机场旁边的一个港湾，风景不错，就是太清净，最近的餐馆也在十分钟的车程之外，距离洛杉矶城中心要开40分钟。

别说弗朗西斯受不了这样的管教，火箭的大部分球员都受不了，可只有弗朗西斯敢站出来和范甘迪作对。他联合球员们一起赶范甘迪下台，当时弗朗西斯也找到了姚明，让姚明跟他一起找老板亚历山大，逼宫范甘迪，姚明没答应。也正

A SHORTER YAO IN MY EYES

是从这件事上，火箭知道了弗朗西斯无法担当扛起火箭未来的重任。

火箭和魔术，遇到了同样的问题，也一起找到了解决办法，一笔涉及七人的交易，把麦迪带到了火箭，弗朗西斯送去了奥兰多。和弗朗西斯一起走的还有莫布里和卡托，这是姚明刚到休斯敦时球队首发阵容的核心。他们离开，姚明的位置被捧起。

交易发生之后，休斯敦球迷欢天喜地。虽然他们热爱弗朗西斯，可麦迪是超级球星，是得分王，再加上日渐成熟的姚明，火箭距离总冠军终于又近一步。奥兰多球迷也欢天喜地，因为麦迪的闹剧终于结束。离开之后，麦迪承认在魔术队的最后一年他选择了放弃，很多时候在比赛中并没有拼尽全力。这让他背上了更大的骂名，球迷们讽刺道："感谢麦迪的放弃，我们才能有这么烂的战绩，也才能得到状元签。"奥兰多用状元签选到了中锋德怀特·霍华德。

五年之后，霍华德成长为联盟里的优秀中锋，2008-09赛季带领魔术杀进总决赛。那时候，奥兰多的媒体和球迷没有忘记再一次调侃讽刺麦迪："功劳也得算他一份。如果没有他的放弃，现在的一切都不会发生。"

无论奥兰多如何咒骂讽刺麦迪，都已经变成往事，麦迪带着微笑来到休斯敦，他说："我一直希望能与姚明那样的中锋搭档，能和一位身高7英尺6英寸的大个子并肩战斗是我一生的梦想。现在要到休斯敦打球了，我想我首先要添置一些牛仔帽和带马刺的牛仔靴，还要学些汉语。"

欢迎麦迪加盟的见面会上，休斯敦球迷自发聚集，叫喊着麦迪的名字。山呼海啸声

2008年全明星赛扣篮大赛上，霍华德上演超人归来

中，麦迪很激动，也说了很多听起来让人振奋的话："能加盟这里，穿上火箭的队服对于我来讲不算什么，如此多球迷来拥抱我欢迎我，才是最让人幸福的事情，我知道一些伟大的事情将在这里发生。"后来，火箭队把那句"一些伟大的事情将在这里发生"剪辑到开赛前的集锦之中，每场比赛之前都在球馆的大屏幕上播放，数年来，休斯敦的球迷耳熟能详。

麦迪还解释了什么是伟大的事情："这里有姚明和范甘迪，一座伟大的城市，一支伟大的球队，他们连续赢得过两届总冠军。我和姚明，可以成为又一对奥尼尔和科比，我们会和范甘迪一起，拿到总冠军。"

当然，这些伟大的事情从未发生。

那是后话了，从现在开始，姚明和麦迪走到一起。

仰视麦迪的日子里

姚明职业生涯第五个赛季开始前，也就是和麦迪一起共事两年后，我问他："过去这些年，在你记忆中留下印象最深的三个片段是什么？"

他回答："第一个，是我第一次去康柏中心（姚明刚到休斯敦时火箭使用的老球馆，后来搬家去了丰田中心，康柏中心如今被改建成一座教堂）。那天我刚到休斯敦，到康柏中心，老大和莫布里把我的球衣递给我。那天是火箭队的一场季前赛，你知道打谁么？呵呵，魔术队。我接过我的11号球衣的时候，麦格雷迪就坐在旁边的板凳上看着。后来我坐在场边看球，当时觉得这个1号有两把刷子，但是我没想到会拿他换我们的3号。这种事儿，也就是发生了之后回头去看。有些事情，就像命中注定。

"第二个，就是第二天，训练完了，弗老大

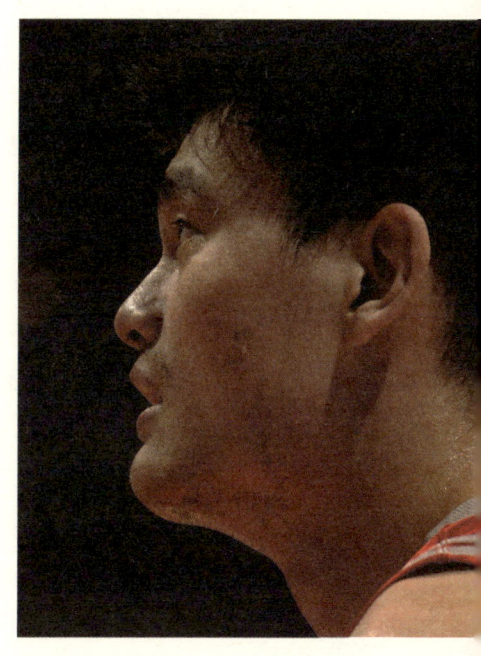

麦迪初来时姚明对其只有仰视的份儿

A SHORTER YAO IN MY EYES

开着车带我去高尔夫球中心,陪那些赞助商客户打高尔夫球。那算是我跟老大的第一次近距离接触吧,后来因为下雨,高尔夫球也没打成。在那儿跟人家说了会儿话,我也不懂英文,就听着,然后就回来了。这第二件事情,其实和第一件事情只隔了一个晚上。

"第三件事情,是第一个赛季打完的那个晚上。以前我光知道跑完一个3200米有多累,但是打完一个赛季的整整82场比赛,而且那个赛季是那样跌宕起伏的一个赛季,你能想象到有多累吗?那天晚上我们打完丹佛,飞回休斯敦,从飞机上走下来,我突然之间就没有力气了。在飞机上的时候还好好的,但站到休斯敦的地面上,突然之间,就像瘫倒了一样,连开车回家的力气都没有了。我对潘克伦(姚明的翻译,姚明NBA生涯的前三年一直陪伴在姚明身边,离开之后,进入NBA工作,移居中国)说,我不开车了,车就放在机场了,你开车送我回家吧。上了车,我立刻睡着了。"

这三个片段,其实说明了两件事:一,姚明在一点点适应NBA;二,他的生活中人来人往,迄今为止他最敬重的搭档弗朗西斯走了,迄今为止个人能力最强的麦迪来了。

麦迪来时,他还不是领袖。

姚明是2002年到NBA的,他的抵达,引起轩然大波,立刻登上了美国影响力最大的体育杂志《体育画报》的封面。巨人姚明在那封面上张开手臂,宛若一个大字。那是很多NBA球员的梦想。2008年凯尔特人夺冠后,他们的核心保罗·皮尔斯才终于登上了《体育画报》封面,那时候他已经快32岁,在NBA打了10年。

可到了NBA,并不意味着姚明已经成为合格的、成功的NBA球员。CBA的赛季也就是50场左右,而NBA光常规赛就82场。在CBA,姚明的身高、体重、个人技术均属超群,没遇到过太多敌手。可NBA的队友、对手都如洪水猛兽,手臂上隆起的肌肉块子如铁铸一般。从加盟起,姚明花了近两年时间,才真正找到在那个联盟打球的感觉。

在姚明的记忆里,他是在一场比赛里瞬间完成转变的:"我记得那是打森林狼,当时森林狼还是西部强队,不像现在谁都敢欺负。那时候加内特还在,还有卡塞尔,就是当年帮火箭拿下总冠军、脑袋长得跟外星人一样的那个。从那场比赛起,我终于明白什么是NBA级别的防守了,也终于明白怎么打NBA级别的比赛了,范甘迪把我们调教得像疯狗一样在防守一端围追堵截,把森林狼快防崩溃了。我终于体会到了防守的快乐,才知道,哦,原本NBA的比赛应该这么打。"

也就是说,2004年麦迪加盟时,才打了两年NBA的姚明刚完成转变不久。算得上球星,可不是超级巨星,更不是球队领袖。他还是一个跟随者,依旧在适应NBA比赛,在学习NBA的文化,翻译潘克伦还跟在他身边。其实,第三年的大部分时间,潘克伦不用开口,姚明跟他说了,他先自己听、自己说,实在不知道怎么表达了,再找潘克伦帮忙。后来姚明说过,其实第三年时已经不需要潘克伦,之所以还带着他,主要是为了保险,生怕在重要场合或是关键问题上不能表达清楚。

这件事也说明了姚明对自己信心尚且不足,更别说带领一支球队了。

所以,麦迪在姚明之后抵达火箭队,却被委以领袖的重任。而姚明看麦迪的目光,是仰视,虽然他比麦迪高出20多厘米。

2004年的深秋,一个金色的季节,姚明和麦迪在训练营的场地上见面了。训练中,麦迪跃起扣篮,轻盈地起飞,身躯不停地往上,再往上,

A SHORTER YAO IN MY EYES

在2003年的NBA全明星赛上,姚明只是个面容青涩的新秀

挑战物理定律一般离开地板,高高地悬挂在天上。姚明说:"当时我看傻了,心说,他也太能蹦了。我觉得都能看到他的鞋帮、鞋底是什么样的。"这就是两人共事后,姚明的第一印象——天外飞仙。

那时候,姚明也是球星,也是全明星。新秀那年他就是全明星了,比麦迪还早。可姚明知道,在最开始的两年,自己名大于实。2003年亚特兰大全明星,是大卫·斯特恩全球计划的开始。在那以前,选全明星是美国本土球迷以邮寄的方式投票。从那年起,改成在网络上投票,全世界的球迷都能投。于是,来自中国的姚明,就这么进了全明星。姚明知道,自己的实力距离全明星还有很远:"我就怕自己被球迷一窝蜂地哄上去。如果让我选,我宁愿先打新秀挑战赛,以后再打全明星,一步一步来,我心里会踏实很多。"

可球迷不管姚明怎么想的,全明星本来就是球迷的节日,他们想看谁,谁就得去打。于是，新秀姚明成了西部全明星首发中锋。另外四名首发是科比·布莱恩特、弗朗西斯、加内特和邓肯，超级中锋奥尼尔被新来的姚明挤到了替补席上。最终的票选结果出来后，姚明心里不踏实，跟自己的经纪人商量要不要把首发位置让出来。

看过那年全明星的球迷应该还都记得，姚明是这样亮相的：走到球场前，面对眼前这震耳欲聋的舞台以及不停闪耀的镁光灯，姚明双手叉腰，长长地出了一口气，仿佛把心里的一块石头搁地上了。后来姚明说："吐了一口气，是想说，来都来了，爱怎么着就怎么着吧。"

全场比赛他只打了17分钟，只得了2分，大部分时间坐在场边，乐呵呵地看其他超级巨星们叮叮当当地把球砸进篮筐，再不就是灵蛇出洞般在球场上变向。他对自己的认识很清楚，甘心扮演起跑龙套的角色。他不愿意做太多、说太多，不愿意太招摇。

开场跳球，按道理是他的活，他是首发中锋。可开场之前，姚明走到邓肯边上说："你帮我跳球，好不好？"邓肯的表情似乎从来不会变，眼睛瞪得跟铜铃一般，摇摇头："不不，你是中锋，还是你跳比较好。"姚明只好扭头瞅瞅加内特："你愿意来跳球吗？"加内特也瞪着姚明，使劲儿摇头。后来两人推着姚明走到中圈，还得鼓励："你没问题的，肯定会跳得很好，肯定能把球争过来。"姚明跳了，也听话地把球挑到了队友的手中。

姚明说他听过乔丹的故事。说乔丹第一次参加全明星，看见微笑刺客托马斯，根本不主动打招呼，参加扣篮大赛预赛，连长裤都不脱，招来不少非议，说他没礼貌。后来，托马斯看到芝加哥就玩命，非得把乔丹击败。听完乔丹的故

乔丹与托马斯是对冤家

事，姚明说："人家说乔丹狂，可他后来打出来了，没人能跟他争天下了。再后来他成了神，就没人再说他。可如果他没打出来呢，没拿到总冠军，别人又会怎么说他？我还是老实一点儿吧，没什么不好，我自己什么水平，自己心里知道。说我是全明星，科比·布莱恩特也是全明星，能比吗？"

姚明这么想，火箭也是这么想的。麦迪来了之后，主场比赛介绍首发球员时，他被放在最后一个，压轴。这是球队头号球星的位置。比赛开始前，能容纳近两万名球迷的巨大球馆中灯光尽灭，现场播报员用撕心裂肺的声音吼出每一个球员的名字，首发球员依次离开替补席走进场中，从拉拉女郎和工作人员站成的通道一步步迈向球场中心，一条光柱自上而下，让首发球员成为全场唯一的亮点。第一个走出来的首发，是这个欢庆仪式的开始，最后一个是高潮，压轴受到的掌声、呼喊声最响，加上球馆里无数喇叭吼出的音乐，让看台都跟着震动起来。豪情壮志，人生得意，尽在此时。

麦迪来了之后，压轴。为他开场的是姚明。

姚麦的蜜月期

加盟火箭的麦迪有两次亮相：一次在休斯敦，一次在中国。

2004年11月6日，是麦迪加盟火箭后第一次在主场亮相。这个赛季的头三场比赛都是在客场打，从底特律到多伦多，再到孟菲斯。前三场，火箭输了两场，休斯敦的球迷在电视机前看着着急，看完了聊，在办公室里、餐厅里，念叨怎么来了麦迪还输，甚至输给多伦多这样的球队？三场之后，他们终于把火箭盼回家里，也终于能在主场球馆里看麦迪表演了。

站在火箭对面的是萨克拉门托国王，一支强队。那天的比赛打到加时赛，姚明和麦迪联手拿下55分，抢了25个篮板，把国王队击毙在丰田中心的地板上。那场比赛之后，休斯敦媒体带着美好的祝愿惊呼：火箭终于找到了两个助推器，自此将动力十足。

那晚比赛之后，从更衣室通往停车场的长长通道里，姚明走在中间，两边是他的父母，他们走得很快，一会儿就消失了。如果不是新赛季的头一场主场

在与国王队的交战史上,姚明与现在已经成为队友的米勒有过多次交手

比赛，姚明的父母也不会站在这里等他。通常他们在比赛结束后会赶紧回家，赶在姚明到家前把宵夜准备好。

而等待麦格雷迪的是他的十多位亲戚，他们走得很慢，成群结队，声音嘈杂，像是在游行、在炫耀。麦迪说他的所有亲戚都来看他了，这十多人只是一部分，其他的在外面等着呢，"亲戚们都从家乡赶来了，大约有六十多位，我的表兄表姐们想看看我在休斯敦过得如何。"

麦迪在休斯敦过得很好，丰田中心的首秀就拿下胜利，球迷的欢庆声山呼海啸，彩带从天而降，挂在众球员的脑袋上，麦迪高高扬起手臂，伸出一根手指，那代表1，1号是他的球衣号，也是第一的意思。那天晚上麦迪说："这只是开始，我们带给休斯敦球迷的第一场胜利，接下来还会有很多很多。"

在休斯敦亮相之前，麦迪跟着火箭到了中国。

2004年10月，NBA首次把季前赛带到中国观众的家门口，在上海和北京各打一场，对手依旧是国王。有时候缘分就是这么说不清道不明，国王当时的主教练是阿德尔曼，因为姚明，他第一次来到中国。三年后，他成为姚明的主教练。又是三年之后，他和姚明一起再次来到中国，打的还是中国赛。

那是姚明离开CBA后的衣锦还乡，也是NBA这场盛大演出头一次降落在中国的球馆里，万人空巷，一票难求。

篮球，正在变成中国社会最流行的体育运动之一。想当年，足球一统天下，1999年时，有八千足记赴海埂的盛况，看的不是什么大赛，只是训练。同样在1999年春天，八一和辽宁争夺CBA冠军，只有四位记者去采访。这四位记者，分别是《北京晚报》的孙保生、《解放日报》的严子健、《中国体育报》的张平平和新华社的梁希仪，他们都

是篮球媒体圈中的前辈。孙保生被同行尊称为孙大爷，2009年12月1月正式退休，赋闲在家。

从2000年起，"移动长城"出现在悉尼奥运，2001年王治郅登陆NBA，2002年姚明彻底推开了NBA的大门。NBA开始真正走进中国人的生活，篮球慢慢地在细枝末节上融入中国人的生活。如今，你能在身边找到很多带有NBA标志的物件，从一瓶啤酒到一袋纸巾，甚至生病时吃的药。无论姚明承认与否，他已经变成NBA在中国市场开疆拓土的最大王牌。

最开始在远东管事儿的，是NBA亚洲公司，总部在香港，工作人员一嘴粤语。后来，亚洲总部被挪到北京，名字也改了，叫NBA中国公司。2004年，中国市场上多了三家专业篮球报纸，我就是从这一年开始进入这个圈子的。2004年的中国赛，在中国球迷眼前摆出一道流动的盛宴，原来篮球可以如此精彩。

中国赛的第一站在上海——姚明的家乡。火箭队包机凌晨时分抵达浦东机场，到了酒店，麦迪实在睡不着，和两个队友一起到上海清晨的街头溜达起来。他们一路摸着，哪儿热闹往哪儿走，哪儿人多往哪儿溜达，到了购物广场梅陇镇。那时分，太早，商场还没开门。几位大哥就坐在台阶前，看着面前汹涌穿行的人潮，那是赶在上班路上的市民，有人认出他们来了，麦迪很高兴。

加盟火箭，和姚明站在一起打球，让麦迪的商业价值再次提高，一个更庞大的市场如饥似渴地等待着他的表演。他是联盟得分王时，就有很多球迷喜欢他，可姚明带来了数量庞大得难以置信的新球迷。这部分球迷不会天天买体育报纸，醒来第一件事儿就琢磨火箭打得如何，姚明得了多少分，抢了几个篮板，除此之外还得瞅

蜜月期的姚明和麦迪在赛场上谈笑风声

瞅科比,看看詹姆斯……可他们关心姚明这位中国青年,只要电视上有,就会看看,顺便也看到了麦迪和姚明的其他队友。

麦迪的赞助商是阿迪达斯,他们利用中国赛大做文章,在黄浦江畔搭起一座球场,作为麦迪新鞋的发布舞台。这是这款新鞋首次与球迷见面,是全世界首发。在渡轮汽笛的轰鸣声中,麦格雷迪迎着阳光,看着滚滚江水,他举起手中的那双鞋,懒懒地笑着。

那一次中国赛,在接受众多媒体采访时,麦迪把两个内容翻过来倒过去地重复:"姚一直很努力,也一直在进步,我们都不自私,都会给队友创造机会,我们的合作会很不错。"再就是:"我会跟姚明以及队友们努力把总冠军奖杯带到休斯敦。"

那时候,中国球迷对NBA的了解尚未如此深厚清晰,媒体也是,听到什么就写什么。于是,姚明和麦迪被描绘成好朋友、好兄弟、好队友,为了共同的目标携手向前。其实,两人当时还从未在一起打过一场常规赛,还都客客气气地面对彼此,礼貌,却显得生分。

2004—05赛季，休斯敦的媒体圈子里流传着这样的笑话：

姚明和麦迪像是一对害羞的男女，都恰逢韶华青春，可怎么都对不上眼，众人一怒，把两人脱了个精光，扔进同一个房间。大门紧闭了一宿，第二天早晨，众人打开门，看到他们一个抱着被子，一个抱着床单，对视微笑。录音机为证，整整一宿，两人只各说了一句话。

"很高兴见到你。"

"我也是。"

他们并没有像球迷期待的那般融洽。当姚明遇到麦迪，休斯敦球迷都等着一场轰轰烈烈的大戏上演。这哥儿俩得把对手灭成什么样？麦迪这么能扔，这么能突破，姚明在内线高举高打，火箭队球迷闭眼一想，能乐出鼻涕泡儿来，简直就是一番美丽新世界啊。可新的时代还没有到来，两人和这支火箭队一起缓慢地磨合着。

两人也没成为朋友，性格决定了一切。东方人的含蓄和矜持主导着姚明，麦迪却也是个出奇安静的人，没有美国黑人的大大咧咧。更衣室里，麦迪进出走过时往往不会发出什么声响，总是在你转身的时候突然发现，原来他已经坐在那儿了。他从来不会多说一句话，声音永远轻柔如水。他很少跟队友开玩笑，只在有人讲笑话时跟着乐乐。

更衣室里，姚明的衣柜和麦迪的正对着的。麦迪来到之后，把曾经属于弗朗西斯的象征老大地位的那格衣柜占领。可是，两人之间除了少之又少的对视外，交谈不多。他们的生活没有多少交集，除了打球、训练。有时候去客场，姚明喜欢找队友吃饭，麦迪参加得也很少。姚明说："真不知道该跟他聊什么好，他看起来这么酷。"姚明和麦迪也会拥抱，可那只是一种仪式，就像比赛开始之前姚明和泰勒抱拳致意一样，只是每场比赛前的习惯而已。

慢慢的，赛季打了快三分之一，两人才终于找到在一起打球的感觉。姚明和麦迪的挡拆进攻发挥效力，姚明从篮下冲到外面，给麦迪做掩护。姚明的掩护质量很好，他墙一样的身板能给麦迪制造很多运动空间。挡完了，姚明再往篮下冲，逼着对手的防守做出选择，是夹击麦迪还是努力挡住姚明，反正电光石火之间一定有机会。这成了火箭的杀手锏，一旦陷入困境，主教练范甘迪就在场边吆喝、挥舞手臂，让姚明和麦迪凑到一起去。

两人的配合渐入佳境后，球队成绩也一路往上走。那个赛季的全明星赛之

范甘迪把姚明变成了篮下怪兽

前，火箭打出了八连胜。那是2005年的2月15号，两天后，姚明将从休斯敦启程前往丹佛，开始NBA生涯的第三次全明星。那个晚上，30分大胜华盛顿奇才之后，姚明把自己扔在大靠背椅子上，深深地吸了口气，再缓缓地叹出来，随着这次呼吸，姚明轻轻地吐出了一个字——爽。

八连胜，到NBA后，姚明还从来没经历过。不仅是姚明，整个这支火箭队都是第一次品尝连胜这么多场到底是什么滋味。当然，上世纪90年代鼎盛时期的那支火箭队创造过比这更多的连胜纪录，但别忘了，现在这支火箭队才刚刚成型，还处于磨合期。更不要忘了，正是现在这支火箭队，在三年之后创造了NBA历史上的第二连胜纪录——22连胜。坐在椅子上，姚明抱着肩，笑眯眯地试图把这一切装进记忆。他想起一件事，火箭主场打公牛，也就是连胜的第五场比赛之前，球队在通道里等着出场。穆托姆博扯着嗓子冲大伙喊："我们已经四连胜了，这个赛季我们还没有打破过这个记录，可是谁说我们就只能连着胜四场，我们要拿下这第五场，还有接下来的第六场，还有更多更多……"姚明说："听到穆托姆博说那番话的时候，什么四连胜呀，一股脑地都不见了，好像根本都没有发生过一样。一切从头开始，穆托姆博的那些话，就好像一剂强心针一样，一下子就刺激了我们。"

那时候的比赛是如此快乐，仿佛一条坦途在眼前招手。接着，全明星开始，麦迪和姚明一起去的，都是首发，就像当初的姚明和弗朗西斯。提到弗朗西斯，姚明有些伤感，弗朗西斯跟着魔术队来休斯敦打比赛时，和姚明约好在全明星上见面。当时姚明就开玩笑："我别打顺手了，打着打着把球往他手里传。"可离开姚明之后，弗朗西斯再没受到如此的关注度，没有多少球迷为他投票，他没能去丹佛。

那一年的全明星周末，一部有关姚明的电影在丹佛城中心最好的电影院里举办全球首映。来看的人很多，除了普通观众，更多是熟悉的NBA面

丹佛全明星周末时，纪录片《姚之年》首发

A SHORTER YAO IN MY EYES

孔。这是一部纪录片,记录姚明新秀赛季的点点滴滴,名叫《姚之年》。在这部电影的海报上,姚明手里托着的那个篮球,一边是红色的东方和中国,一边是蓝色的西方和美国。自从成为NBA的选秀状元之后,姚明的脑门上就又多了一顶帽子——"东西方联系的纽带",或者更确切地说,是中国和美国联系的纽带。对于普通的美国人来说,中国还是一个模糊的概念,直到2004年我去休斯敦采访,还总有人跟我打听长辫子和"文革"。他们并不熟悉中国人,直到一个活生生的姚明站在他们面前,玩他们最擅长的运动,于是,姚明变成了一扇让他们窥视中国的窗子。

全明星赛归来后,火箭开始了连败。主教练范甘迪疯了,他猜到了,提醒了,可还是没有用。

八连胜之后,全明星之前,范甘迪让工作人员在更衣室正中间的战术板上贴了一张硕大的白纸,上面写着:休息五天,然后就是59天内打29场比赛的残酷赛程。放假回来,没人记得住这张白纸,心里琢磨的一半是比赛,一半是刚刚过去的假期。火箭开始输球了。

在那之前的一场比赛、一个决定,显露出麦迪难以被驾驭的超级球星性格。可并没有太多人留心,赛程太密,比赛一场接着一场,前一晚发生的,很快被新的故事代替,没人去仔细琢磨。一直到季后赛开始前,休斯敦的老记者富兰·比林伯利在回忆常规赛时提到了这个细节,接着预言:范甘迪无法驯

2005年NBA全明星赛西部首发球员

服麦迪，火箭队也不能，这将是麦迪最听话、最合作的一个赛季，往后的他将更加难管。这个赛季结束后，富兰告诉火箭老板亚历山大："麦迪有优秀的天赋，可从来不是一个斗士，如果你交易他，最好趁现在，这是他价值最高的时刻。"亚历山大以为富兰老头疯了，他还想靠麦迪赢得总冠军呢。没人相信富兰的话，火箭和麦迪依旧生活在蜜月期，如胶似漆。

那场比赛是在一月末，火箭打萨克拉门托国王。距离比赛还剩下8秒的时候，火箭已经顽强地把比分扳到了103∶100，领先3分，还掌控着进攻权，谁都相信火箭可以拿下这场困难的比赛了。不少球迷已经开始退场了，脸上带着满意的笑容。

可在最后8秒里，天翻地覆，麦迪投丢了一个三分球，给国王队留下了4.7秒的进攻时间。此时，国王队有三个人都站在了三分线外，三分球是唯一的机会了。他们的头号球星韦伯是站在三分线里的，一个掩护之后，皮球还是飞到了当家球星手中。麦迪冲到了韦伯面前，手高高地扬在对手眼前，韦伯用了一个夸张的转身闪到了三分线外，后仰，跳起，投篮，命中，103∶103，生生把火箭队拖进了加时。看台上爆发出的躁动声，盖住了媒体席上的议论纷纷，谁都看出来了，如果韦伯一拿到球火箭就犯规的话，比赛已经结束。最终，火箭队在加时赛中输掉了比赛。

矛头对准了主教练范甘迪，他一走进赛后新闻发布室，记者们就开始了质问："为什么最后一个战术布置不安排对韦伯犯规呢？"

范甘迪的面色很难看，他用手抓了抓话筒，轻轻地咳了一下："是我的错，一切都是我的错。无论如何，我只能说，那是我的错。在球场上的任何事情没做好、没完成，都是教练的错，责任在我。"有人听出来了，这话里还藏着话呢。其实，范甘迪的要求正是对国王犯规，可麦迪没有执行。

在更衣室里，麦迪说："这是我的错，我让全队失望了，教练的战术安排很清楚，就是让我们犯规，可是我没这么干，我以为我可以防下韦伯，我也尽全力去做了。我甚至向上帝祈祷，千万别让那一球进了。"可惜，上帝没听到他的声音。

姚明就站在麦迪不远处，记者们问他怎么看，姚明回答："谁都有可能犯错误，和这个错误相比，他还做了很多很多帮助球队的事情，这个错误是渺小的，已经过去了，为什么不想想他是怎么带领火箭击败马刺的呢？"

与火箭同属西南赛区的马刺队向来是块难啃的骨头

35秒13分的"麦迪时刻"

姚明说的打马刺,是篮球历史上的一个奇迹,也是麦迪职业生涯最光辉的时刻。网络上任何有关麦迪的视频集锦,一定会有那段短短的35秒传奇,麦迪宛若天神。后来,阿迪达斯公司应景地把那个时刻制作成麦迪的电视广告,转着圈地在电视里播放,最后一句广告词是:连老天都感动得流泪了。

2004年12月9日,火箭主场打马刺。德州有三支NBA球队,分别是休斯敦火箭、达拉斯小牛和圣安东尼奥马刺,都是强队,被称为德州三角。别的球队来这里打客场,在德州转一圈,很少有全身而退的。这场德州内战,被安排在TNT电视台进行全美直播。

比赛打得沉闷,火箭的主教练范甘迪和马刺的主教练波波维奇都强调防守,把比赛节奏压得很慢,而双方强悍的防守把命中率压得很低,距离比赛结束还剩下2分19秒时,比分是73∶64,马刺领先9分。在现如今的NBA,这样慢节奏、低比分的比赛越来越少。为了吸引观众,NBA制定了很多鼓励进攻的规则,于是,每场比赛的两队平均得分接近100。这么少的比分,球员打得累,观众看得也累。打到还

那场比赛之后,马刺主帅波波维奇说:"你眼睁睁地看着他把刀子捅进你心窝,可你根本对此无能为力。"

A SHORTER YAO IN MY EYES

剩两分钟时,休斯敦球馆的看台上已经空了大半,球迷们早早地退场,以免比赛之后遭遇堵车,这一天是周四,第二天还要早早上班。

当然,提前退场的观众都错过了那个伟大的时刻。

最后两分钟,火箭开始最后的挣扎,在外线投起了三分球,后卫巴瑞特扔了一个不中,后卫苏拉扔了一个还不中,又轮到大前锋帕吉特了,还是远投,还是不中。打到还剩42秒时,火箭把分差缩小到8分,麦迪的表演时刻到来了。火箭已经把所有的办法都用尽,姚明累得气喘吁吁,不停地帮投手们掩护再掩护,可没人能投进,只好把球交到麦迪手里。距离比赛结束还剩下35秒时,麦迪投中了一个三分。时钟滴答作响,没人觉得火箭能把胜利夺回来。又一次进攻,还是麦迪运球,马刺最好的锋线防守人鲍文紧紧贴住他,姚明一甩膀子,上来给麦迪掩护,防守姚明的邓肯也贴了过来,借着姚明的掩护,麦迪往右侧运了一步,伸直手臂,迎着扑上来的邓肯先跳起来,撞在邓肯身上后把球扔了出去。两人身体接触,裁判吹响哨子,邓肯犯规,可麦迪没看邓肯,而是盯着皮球跌跌撞撞地飞进篮筐。"轰"的一声,球馆炸锅了,三分算进,再加罚一球。距离比赛结束还剩

本就不苟言笑的邓肯在被逆转后表情更显木讷了

下24秒，麦迪罚进，火箭只差马刺3分了。

为了得到球权，火箭犯规，把马刺头号球星邓肯送上罚球线，邓肯两罚全中，80∶75，马刺领先5分，只给火箭留下16秒的进攻时间。可只用了5秒钟，麦迪就再一次越过鲍文的脑袋，把一记三分球送进篮筐。走到球馆出口的球迷，被球场里传出的吼声拽了回来，见证了麦迪的最后一投。

此时，马刺还完全可以把胜利留在怀里，他们拥有球权，只要稳稳控制住皮球，耗尽时间，就能拿到胜利。可他们失误了，麦迪从地上捞起皮球，一个人冲向马刺的阵地。马刺没有时间摆好防守阵容，可还是有两名锋线球员冲了过去，伸直手臂挡在麦迪眼前。冲到三分线外时，时钟上只剩下3秒钟，火箭只落后两分，麦迪有机会再往里走，争取在距离篮筐更近的地方得两分，更稳妥地把比赛拖进加时。但他没有，到了三分线立刻高高跃起，迎着两个防守人轻舒手臂，扔出一道犀利的弧线。那弧线如刀锋一样划过天际，刺进对手的篮筐。

火箭的球员疯狂了，马刺的球员呆了，他们不知道这一切是怎样发生，怎样起承转折，怎么就从领先这么多成了失败者。麦迪的队友也不知道怎么就被麦迪扔赢了，他们冲过来，把麦迪围在中间，拥抱着他，倒下，在球场上快乐地打滚。

TNT把镜头对准麦迪，记者举起话筒，麦迪的语序有些混乱："不好意思，我从没经历过这样的事情，所以……"其实，没人经历过这样的时刻，这是火箭球队历史上最神奇的时刻之一。后来，火箭把麦迪的这一时刻做成两个相框，一个贴着每个进球的照片，另一个是麦迪神奇一投的油画，他高高地跃起在空中，飞翔着出手。这两个相框被姚明以高价拍走——他也是那个神奇时刻的见证者。迄今为止，这两个相框仍挂在姚明家中。

看着这样的麦迪，亚历山大怎么会听从富兰的建议把他交易出去呢？亚历山大逢人就眯缝着小眼乐呵呵地说："这可是35秒13分啊！"这一战，进一步奠定了麦迪在火箭的地位。参加赞助商的活动时，亚历山大也让人一定安排麦迪和自己坐一桌，和最重要的合伙人一起吃饭，姚明的位置在距离亚历山最近的一张桌子，可怎么都不如麦迪近。

姚明看麦迪，用的也是看超级巨星的目光。

姚明一直保持着谦逊，和刚到NBA时一样，这一点招很多人喜欢。

鲨鱼出水，力压姚明大灌篮

他是新一代中锋的代表，从进NBA起就有人预测，除了奥尼尔，无人能挡住姚明。而且奥尼尔一日日老去，总有一天姚明会取代他的位置。这话，算是捧着姚明说的。他出色，可还没好到那个地步。而且，江湖之中，他要迈过的不仅仅是奥尼尔这道坎，还有很多年轻人挥鞭拍马、一路扬尘追在身后。姚明是个好中锋，可距离伟大的中锋还差一截子。

捧姚明的话到了奥尼尔耳朵里，就怎么听都不顺溜。而且，每到全明星，投给姚明的票总把奥尼尔挤到板凳上。每次到了两人对阵之时，整个NBA都使劲儿地炒作，煽风点火，火上浇油。奥尼尔有张大嘴，向来能说，他告诉媒体："我第一节就可以把他搞定。"

这话到了姚明耳朵里，他只是眯着眼睛嘿嘿一笑："如果是那样的话，杰夫（范甘迪）一定伤心死了。"说完，他又补了一句："我和奥尼尔只是在球场的那48分钟之内是对手，其余的时候我们是朋友。"因为他听奥尼尔说过同样的话，奥尼尔贬过他也夸过他，他说："姚明是一个真真正正的男人，你必须尊重一个你无法击垮的男人。"

奥尼尔这句话，说到姚明心里去了。自从进入NBA，奥尼尔就是他的目标，一直在追赶，很难去超越。听到目标这么说自己，他心里美滋滋的，可不愿意表

平视姚明 | Chapter 02

现出来,深深地吸了一口气,把笑容掖进五脏六腑,开了个玩笑,捧起了奥尼尔:"那他不是在夸自己嘛,这么说的话,他岂不就是男人中的男人?"

奥尼尔刚和姚明对上时,龇牙咧嘴,恨不得上来就灭了这个年轻人。因为全美国的媒体都说了,这是两大超级中锋的碰面。姚明新秀赛季那年,两人第一次遇上,ESPN就全美直播,创下了ESPN转播史上收视率的第二高度。奥尼尔打得来劲,端起大肘子,快把姚明揉碎了。打完之后,姚明说:"他就像是一堵墙,从平行的角度推过来,让你一点儿活路都没有。你不和他打,根本想象不到地球上还有这么一个人。他是怎么练成这样的啊,我从没见过这么可怕的人。"

后来,奥尼尔再打姚明,赛场上还是要死要活地拼,可场下说的话却客气多了。这一是因为姚明确实不错,再就是因为姚明乖巧、会做人。

其实,彻底让奥尼尔改变对姚明的看法,是因为姚明的一张贺卡。

有一次,奥尼尔到休斯敦跟火箭比赛,比赛之前,他父亲走过来说:"把那些乱七八糟的东西都丢掉"。奥尼尔纳闷儿地问:"丢掉什么啊?"他爸

对于姚明来说,奥尼尔是目标,是一座很难超越的山

说:"把你对那个人(姚明)说的乱七八糟的东西给丢掉,你知不知道他给你寄了一张圣诞卡?"

接着,老头把那张贺卡递过来,打开之后,发现上面写着这样的话:"SHAQ,你是我最喜欢的大个子,我想在几年后变得像你那样出色。"奥尼尔说:"当时我就觉得以前我对他太糟糕了,我总是试图在和他比赛之前贬低他,可是这些没用。他不像其他的那些人,我可以轻易击垮他们,只要我在报纸上说点儿什么,然后他们作出了回应,那我就一定胜利了,可是对姚明,这没用。我很尊敬他,你必须尊敬一个你无法击垮的男人。"这就是"无法击垮的男人"的出处。

来到NBA的第一年的圣诞节,姚明给所有成名的现役中锋寄了张圣诞卡,当然也包括奥尼尔。他没有想到这张贺卡会有这样的效果。他美滋滋品味着奥尼尔口中的那个词:无法击垮。姚明念叨着:"起来的次数比倒下多一次,就叫做无法击垮。"每次琢磨起这句话,他就觉得浑身上下都是劲儿。

四十分败走达拉斯

季后赛是淘汰赛,NBA用一句口号来形容它:赢或者回家。

季后赛也是最耀眼的舞台,所有的英雄、传奇都是在这个舞台上诞生,然后被人深深记住的。到了2005年的4月中旬,火箭又迎来了季后赛。这是姚明加盟火箭的第二次季后赛经历,也是和麦迪联手后的第一次。对手,是同在德州的达拉斯小牛队。那之前的一个月,我们俩聊天时我问他,今年季后赛能走多远?他咂着嘴念叨:"这回怎么都该去打第二轮了吧。"

球迷比姚明想得远,有姚明,有麦迪,不就跟当初夺冠时一样吗?那时候有奥拉朱旺,有德雷克斯勒。连传奇中锋比尔·沃顿也说:"现在的火箭队,是火箭历史上最好的球队。"

"I Believe"标语又将在休斯敦城上空飘扬,很多火箭的老球迷都开始念叨起了历史,说现在的这一切跟十年前火箭夺冠的情形很像很像。十年前,火箭夺冠的那一年,也是开局不利,没有谁看好他们,到了赛季中期的时候,突

小牛队堪称火箭的克星,而且他们还有一个疯狂的老板——库班

然发力,除了当家球星之外,替补也都发挥得很出色,所以"I Believe"的口号流传了下来,意思就是:我们相信,只要我们相信,就一定可以胜利。

麦迪也说:"这是一个新的时代,亲爱的,一支全新的球队,崭新的面容,很神奇,不是吗?"

于是,姚明、麦迪这两个从未赢过一轮季后赛的常规赛球星,心里揣着美好目标上路了。他们飞向达拉斯,一个开车三小时车程、飞机只用40分钟的地方。到达拉斯的第一天,火箭全队出去吃饭,在一家牛排馆,距离那栋射杀肯尼迪的子弹飞出的大楼很近。姚明指着那栋楼问穆托姆博:"肯尼迪被杀那年,你不是已经来美国了吗?"那时候,大叔的官方年龄是38岁,而肯尼迪被刺杀是1963年的事情。穆托姆博想了一想说:"不,不,别胡扯了,那时候我还没出生呢。"众人笑得前仰后合,仿佛胜利已经在手里了。

火箭队出发之前,休斯敦市长亲临丰田中心给他们送行,市长说:"你们要好好打啊,我可跟达拉斯的市长打了个赌啊,如果你们赢了,他们的市长就要穿着姚明的球衣办公一天;要是你们输了,我可要穿小牛的球衣在办公室待一天了。"

除此之外还有另外一个赌注,如果小牛赢了,休斯敦的市长要请达拉斯的市长吃一顿姚餐厅;要是火箭赢了,达拉斯的市长请吃著名的Sonny Bryan's烤

A SHORTER YAO IN MY EYES

肉。其实,姚餐厅并非姚明所开,而是休斯敦的几个华人老板开的,其中一个是姚明父亲姚志源从前的队友,用姚的名字,分给姚家股份,日常经营却一点儿不用姚家操心。其中的一个股东姓余,听说这事儿后乐了:"那烤肉怎么比得上咱们姚家宅子大餐厅啊?"

火箭的开局很灿烂。在客场先赢两场,看着这意思,要往横扫的路子上走。传奇球星魔术师约翰逊在电视里评球:"如果火箭每场都这么打,他们能打进总决赛。"两场比赛之后,有人问姚明,是不是下个赛季之前不想回达拉斯了?他笑了笑,没说什么。又有人问:"常规赛的时候,火箭由于精神上的放松,成绩出现了多次下滑,那这一次呢?如何在胜利的情况下依旧保持谦卑的心态?"姚明抿了抿嘴,思索了一会儿,回答道:"谢谢你的忠告,第三场、第四场,以后每场比赛之前,你都问我同样的问题吧。"

那时候,姚明的大背包里躺着一本《李敖有话说》,在书的第一章节里写着这样一段话:我有一个很顽固的观念,就是这个东西没有到我口袋的时候,我都不算它是我的,我都认为可能在我看不见、想不到的时候,在我看不见、想不到的地方,它不见了,根本不是我的。姚明看到这段话后点头说:"没错,就是这样。"

可显然并不是所有人都和姚明想得一样,火箭放松了,小牛抓紧时机反击,比赛如同拉锯,一直拖到了第七场的决战时刻。

2005年5月7日就是决战日。决战之后,姚明的第三个NBA赛季将画上句号,因为火箭队被淘汰了。他说:"这一天就像一场电影。"对于他来说,这电影是出悲剧。

比赛之前,姚明坐在球馆里,看着空旷的看台、高高的穹顶,几个小时之后,这里将被噪音笼罩着,这里将是这部电影的舞台,这是人家的地盘。他说:"看来我们今天的角色是大家不太喜欢的,很不幸,这里是他们的主

场,我们是坏人,斗争的对象。"

他原本以为这会是一场酣战,可没想到,两个年轻明星带着一群老将组成的球队崩盘了。麦迪在板凳上坐了整个第四节。从他屁股贴上替补席的那一瞬间,就意味着火箭已经放弃了抵抗。姚明倒是还站在球场上,没人知道为什么,主教练范甘迪还让他打,记分牌上的分差已经拉得如同太平洋一样宽阔。

火箭被打傻了,没有意识了。终场哨声响起时,麻木的表情爬上了每个火箭球员的脸。他们中甚至有人已经不记得到底输了多少分,他们也不知道自己刚刚创造了火箭队在NBA季后赛历史上的最大分差——40分。

众人排着队溜达进更衣室,从越变越小的门缝里传出了摔凳子的声音,他们总需要找些方法发泄发泄。

大约七八分钟之后,这扇门打开,记者们蜂拥进去,眼前出现的是一片狼藉,地上到处扔着球员用来绑脚的绷带,还有空饮料瓶,没有任何的大吵大嚷。第三节就被罚出场的麦克·詹姆斯第一个钻出了更衣室,他在不停地喝水,拒绝了任何人的采访。

另外一些人已经静坐在衣柜前沉思很久了,姚明还没有走进洗澡间,韦斯利也坐在那发呆,肩头上挂着一条擦汗用的毛巾。每个接受采访的人,说话声音都微弱得难以听清,似乎他们已经在球场上用完了所有力气。

韦斯利是个长得很像米老鼠的后卫,他说话的样子让人想起祥林嫂,双眼

A SHORTER YAO IN MY EYES

无神，嘴唇颤抖，不停地重复着这句话："我们还以为可以追回来，中场的时候，我们还以为可以追回来，15分不是不可能完成的任务，我们真的还以为可以追回来……"

后卫苏拉，一副硬汉形象，很像后来的詹姆斯·邦德。后来的007电影出了新版本，邦德的扮演者从皮尔斯·布鲁斯南变成丹尼尔·克雷格。后来，姚明指着屏幕上的丹尼尔·克雷格说："原来苏拉退役之后去当明星啦。"苏拉顶着毛巾从洗澡间里走了出来，抓起地上的矿泉水瓶子，狠狠地砸向空无一物的战术板。两个半小时之前，这块板子上面写着这样的话："做你应该做的事情，做我们应该做的事情，相信自己，相信队友，相信我们的体系，相信传球……"这些字全都没了，瓶子砸在上面，发出"哐"的一声闷响。

火箭队的保安一直站在麦迪身边，待会儿他会出现在新闻发布室里，记者们很识趣地没有上前打扰。他低着头掏出一样样的护肤品，从头到手，无声无息地抹着，他没跟任何队友搭话，抹完就站起身来，离开了让人窒息的狭小的客队更衣室。那天晚上，麦迪穿的是一件蓝色的衬衫，蓝色代表着忧郁。

后来我问姚明，还记得那个第七场吗？你们怎么输得这么多？他摇摇头："只记得当时有多难受，根本记不清是怎么输的了。现在想想，那时候才第三年，很多事情我还不明白。"

那年夏天，小牛队的主教练老尼尔森来中国旅游，准备在中国买一道古色古香的雕花大门，安在自己夏威夷的大宅子里。我问他当时的火箭怎么了，他隐晦地说："有些人放弃了，可我没法说他们是谁。"

就这样，姚明和麦迪联手的第一个赛季结束了。很惨，可似乎充满希望，至少他们把第一轮季后赛拖到了最后的决战。

姚明说："不就差最后一哆嗦了吗？明年我们一定把这扇门撞开。"

姚明想错了，他和麦迪合作中最金色年华的一季结束了。

杰森·特里

内存不够的领袖

很快，两人联手作战的第二年开始了。主教练范甘迪给了姚明一个任务——尽快成为球队领袖。

范甘迪在纽约尼克斯队的成功，靠得就是内线，传奇中锋尤因一个人包打天下。到了休斯敦，范甘迪也想把姚明培养成这样的脊梁骨。那时候，尤因已经退役，范甘迪把他召进教练组，希望尤因能把本事倾囊教授给姚明。可没想到，尤因会打不会教，是个半吊子专家。范甘迪培养姚明心切，让尤因靠边站，还给他薪水，可不再让他带姚明训练，而是把自己的头号助理教练汤姆·锡伯杜安排给姚明，每天一对一教授。

汤姆·锡伯杜和范甘迪是一路子人，强调防守，理论极强，性格坚韧，勤奋敬业。每天早晨，范甘迪的汽车总是第一个驶入球馆的地下车库，锡伯杜的是第二辆。紧跟着来的是姚明，第三。姚明说过："锡伯杜就跟闹钟一样，一天到晚在我耳边闹腾，有他在，根本不敢偷懒。如果自己练，一定会放松，会跟自己讨价还价，昨天都练这么多了，今天可以稍微少点儿。可跟着锡伯杜，就没这些事儿了。他才不跟你讨价还价，你说，少做一组吧，他肯定会说，那还是多来一组。而且，每天早上的训练都约好了，教练吭哧吭哧地早上到了，你不去，能合适吗？"

锡伯杜不仅在美国练姚明，还跟着姚明来中国，姚明受伤的恢复期，他都跟着，帮姚明调状态。他擅长的不光是理论，实战训练也有一套，要么举着个垫子往姚明身上砸，让他适应篮下的身体对抗，要么就是举着把笤帚高高地在姚明脑袋上挥舞，影响他投篮。他虽然没有尤因的高度，也能找到办法帮姚明练习。后来尤因只能在一边看着，日子过得越发悠闲，小肚子越发的大。

是金子就会发光的。后来，范甘迪离开火箭，他的教练组也就此在联盟里散开。尤因还跟着范甘迪一家子混，火箭的这个叫做杰夫·范甘迪，他哥哥斯坦·范甘迪在奥兰多当教练，尤因投奔了自己大哥的大哥。锡伯杜则被波士顿招去了，这个防守专家为波士顿打造出无与伦比的防守体系，帮助他

A SHORTER YAO IN MY EYES

2008年,在锡伯杜的帮助下,里弗斯终于带领绿衫军三巨头夺得了总冠军

们在2008年夺下冠军。后来火箭打波士顿凯尔特人,姚明专门等在对方的更衣室门口,要跟锡伯杜聊会儿天。锡伯杜小心翼翼地从口袋掏出一个锦囊,再小心翼翼地从锦囊中掏出那枚沉甸甸的总冠军戒指。戒指上缀满了钻石,怎么看怎么觉得耀眼。姚明看得又眼馋又闹心,让锡伯杜赶紧收起来,不然自己找人给抢了。

范甘迪离开火箭之后,加盟ESPN电视台,做起了电视解说。火箭和凯尔特人的那场比赛,他就坐在场边,也看到了锡伯杜的那颗大戒指,他乐呵呵地逗自己曾经的助教:"这么沉的东西,你还天天带着,坠得裤子都快从腰上掉下来了。"为凯尔特人服务三年后,锡伯杜终于如愿,被从助理教练的位置上扶正,不过不是在波士顿,而是到了公牛。当然,这些还是后话。

在锡伯杜的帮助下,姚明茁壮成长,范甘迪觉得,姚明应该可以担当重任了。他想让姚明站出来承担更责任,一是相信姚明,二是觉得只靠麦迪一人太不保险。麦迪的腰一直不好,对于篮球运动员来说,腰不好什么都好不了。

范甘迪向姚明面授比赛战术

姚明与火箭熊在丰田中心

范甘迪迫不及待地希望姚明能够迅速成长起来。他在接受媒体采访时总说，如果把火箭比喻成大巴车，那他自己、麦迪和姚明都是司机，这辆大巴车往哪儿开、开得好不好，得看这三个人干得如何。

捧完了，范甘迪又扬起大棒鞭策。一个赛季，他不知道会多少次被问到这样的问题：姚明是不是一个伟大的中锋？伟大这个词，在英文里是GREAT，其实意思没有翻译成中文这么重。可范甘迪不愿意用伟大来形容姚明，他说："他是个好中锋，可距离伟大还有一定距离，差多远，我不好说，完全取决姚明自己。"

他送了姚明一本书，《From Good To Great》(从优秀到卓越)，书中写道："纪律和热情是这种变化的关键，'优秀'到'卓越'的转变是可以完成的，关键是要付出多少。"范甘迪希望姚明能从这本书中有所领悟。在扉页上，范甘迪的赠言是："姚明：这本书的主旨是，很多人因为满足，所以无法从优秀进步到卓越……这是一本很有趣的书。"

那本书姚明没看，拿到手里时，他还看不懂英文书，可他知道范甘迪的良苦用意。

2005年10月20日，早晨7点半，浅黄色的月亮还挂在天边一角，太阳就迫不及待地从对面的另外一角跳了出来。夜幕还占据着休斯敦凌晨的天空时，610和8号公路上又发生了两起车祸，这是休斯敦的环城公路，和北京的二环、三环路是一个意思。车流不情愿地在公路上缓缓地流淌，住在城外Sugar Land（糖城）或者更远地方的人，憋着一股劲儿往城中心冲。麦迪到了休斯敦后买的房子也在糖城。

7点多的阳光并不强烈，照到球馆丰田中心宽阔的玻璃上，再反射到四周，金光灿灿，让人觉得喜庆。

一个多小时之后，火箭队停车场的出入口忙碌起来。最先在这里进进出出的是几辆巨大的卡车，车身上有Gatorade（佳得乐）的商标，这是给火箭队运送饮料的。接着就是身穿火箭队工作服的工作人员，开着铲车在球馆四周来回地绕。

再过两个钟头，一辆比一辆贵的车子开进了停车场，球员们出现了。筹备这个新赛季时，每个人都很兴奋。火箭的训练馆里贴上了一句新的口号——No

A SHORTER YAO IN MY EYES

matter what happen today, find a way（无论今天发生了什么，找个法子挺过去）。这是范甘迪的主意，他喜欢在训练场、力量房里挂上这样的励志标语，连从训练场到更衣室的楼梯间里都贴着。范甘迪说，希望球员们能把这句话记住，一直到赛季结束的那一天。

这是火箭队一年一度公开训练的日子，免费向球迷开放。一个叫做胡安的拉丁裔球迷，一屁股抢到了看台第一排的位置就再没挪动过。他手里捏着火箭队免费提供的汉堡，胳肢窝里夹着瓶水，一边咀嚼着大汉堡一边说："等不及看火箭的比赛了，季前赛看起来实在不过瘾，麦迪和姚明打的时间太少了，今儿我得好好看看。"说完，猛灌了一口水，把嗓子眼的那口汉堡送了下去。

按照火箭公布的时间表，这次公开训练的开始时间是中午11点半。11点，丰田中心的正门口前就排起了一条长龙。11点半，大门正式打开，球迷们小跑着往球馆里冲，免费的食物都已经摆好了，可是球迷们都没先去抢吃的，呼啦啦往前排冲，先占个好位置再说。粗粗算了一下，来了大约3500名球迷，火箭的媒体官说这个数字比预计的要多，毕竟这天不是周末。

训练开始之前，是球迷提问时间。火箭副总裁丹尼斯·林德斯捏着话筒站在场上。轮到一个头发花白的老太太问问题，她推了推鼻子上的眼镜，尖声尖气地问："咱们这些球员吧，他们的腿都非常好看，肌肉很漂亮，既然是这样的话，为什么不让他们穿上更短的球衣，这样会更好看啊。"说完，又一本正经地推了推眼镜。可以容纳18000多人的球馆里只有3000多人，照样炸了锅，球迷们捂着肚子在座位上笑得翻来翻去。丹尼斯·林德斯不知道该怎么回答，只好捂着鼻子搪塞道："噢，嗯，对，这是个不错的问题。"

公开训练完成后

火箭球迷收集了很多姚明的摇头娃娃

是给球迷签名的时间，工作人员看台的台阶口摆起了桌子，一会儿工夫，桌子后面已经排起了长长的一条队伍，顺着台阶往上，俨然在二层的地方都还拐了好几个弯。姚明坐下来就埋下头使劲儿划拉，一边签一边抬头往台阶上瞥，看看到底还有多少人。还有球迷伸着脖子跟姚明聊天，一位大爷说："你还记得我吗？我在中国城见过你，问你要过签名。"姚明听得一头雾水，不好意思地摇着头，可手底下没歇着，继续签。按照规定，每个球迷只能得到一个签名，一个老太太不知道，拿了十多张《姚之年》的电影海报，签完一个再要的时候，被守在一边的工作人员挡住了。还有一个襁褓中的小婴儿被父亲抱着来向姚明要签名，孩子父亲指着小孩儿屁股上的尿片让姚明签，姚明摇摇头，不愿意自己的名字上了尿片，伸手把名字签在了孩子的衣服背面。

　　训练没多累，签名签了一身汗，姚明说："他们都盼着赛季赶紧开始呢，我也是，等了一个夏天，也憋了一个夏天，该好好干一场了。"

　　范甘迪的"司机论"认为姚明应该排在麦迪后头，他说："麦迪是我们最好的球员，他是我们第一号驾驶员，姚明是第二号。姚明已经准备好了去完成这个工作。他是个非常好的人，可以跟队友分享一些，从场上机会到责任，甚

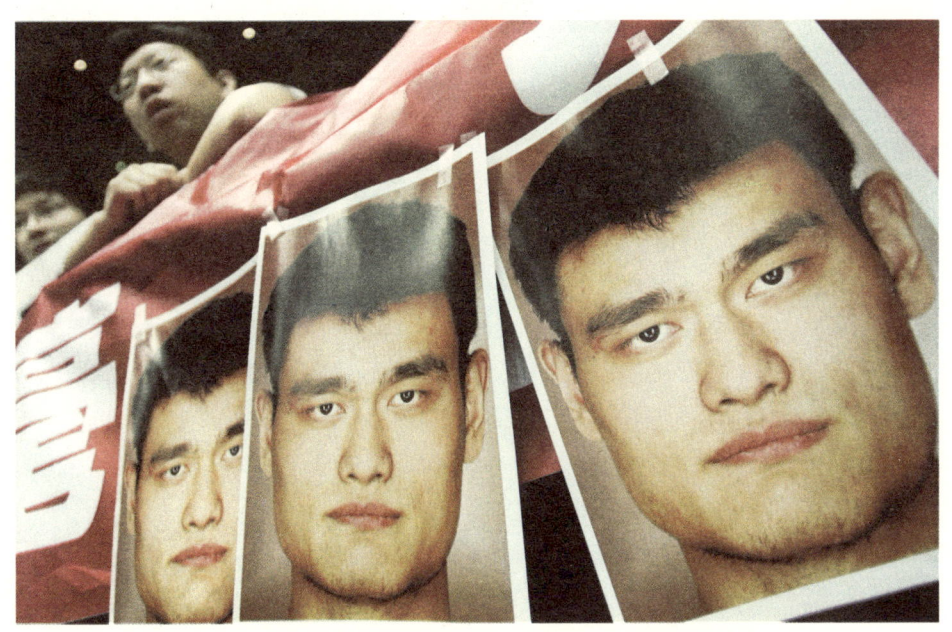

在世界大赛的看台上，也经常能看到举着国旗和姚明海报的中国球迷

A SHORTER YAO IN MY EYES

至指责,他是个非常好的人。"言下之意,姚明还差点儿的意思。

赛季快开始了,姚明的机会来了。麦迪膝盖上的伤发作了,状态大受影响。

也许膝盖上的疼还能坚持,但赛季刚开始两天,他在训练场上又把腰伤了。拿下揭幕战的第二天,大约中午一点左右,火箭的训练已经接近尾声,和训练场连着的等待室里挤满了记者,一切看起来都风平浪静的。突然,通往训练场的门被"砰"地一声撞开,火箭的媒

作为教练的范甘迪控制欲极强,且不容任何人对他的球队指手画脚,包括球队老板

体官一脸紧张,匆忙地张罗着。媒体官身后是队医、安全官和另外一个工作人员,三个壮汉抬着麦迪就往外走。

麦迪没穿上衣,脸上的表情除了痛苦就是痛苦,满身是汗,低声嗷嗷叫。记者们都看傻了,谁也不知道发生了什么。三个人把麦迪抬上车子,往医院开去。原来对抗训练时,麦迪往篮筐上飞,被从天上撞了下来,伤到了腰。主教练范甘迪说:"我没看到当时有太多的身体接触,如果有,我也记不得了。"

麦迪要休战。转天再见到范甘迪,他冒出来的第一句话就是:"三周,医生就是这么告诉我的。我不知道是最多三周,还是最少三周。"

就这么,担子压到了姚明身上。是担子,也是机会。来到NBA之后,他从没被摆在领袖的位置上。刚来时有弗朗西斯,两年之后又来了麦迪,现在麦迪挂了,至少缺席三周,都看他的了。他看起来有些紧张。

那些日子，姚明坐在更衣室里总显得很安静。衣柜上嵌着的黄色灯光照下来，在他那巨大的脸庞上形成阴影，看起来无比坚毅。他咬着嘴角，托着下巴，一声不吭。这不是正常的姚明，正常的时候他爱说笑，跟熟悉的记者闲扯着等待比赛开始。天南海北，国内国外，一直聊到更衣室关闭，比赛前45分钟，范甘迪站出来讲战术了，才一本正经地琢磨起比赛。

可那时候，姚明的话越来越少了，似乎已经决定不在比赛之前接受记者采访了，记者们走进更衣室，他会摆摆手拒绝采访，或者干脆走到更衣室后面不出来。他试图在比赛之前平静，肩上的担子重了，他得琢磨清楚。

可是人总有这样的问题：不停地告诉自己要平静，反而会焦躁起来。

尤其打一场输一场时，他快崩溃了，脸上多次出现了烦躁的情绪："我说不清楚，有些问题我也不明白……等我想想，明天再说吧……"他比所有提问的人都迫切地想知道答案，怎么自己就不能带领火箭赢下一场比赛？

教练劝他，别着急，看看录像，找找原因。他听话，在助理教练的陪同下看了近三个小时的比赛录像剪辑，花了这么长时间准备，心里似乎踏实了。他说："麦迪不在，我希望得到更多的球，因为我相信自己可以贡献。我需要得到球，然后在争取到的位置用正确的方式投篮。我应该更多地站到内线去，用勾手把球放到篮筐里，而不是依靠后仰投篮……"他觉得只要能得分，问题就解决了。可现实又给了他狠狠一击，下一场，火箭还是输。他又坐在板凳上，表情跟之前一模一样，思路混乱，叹气声不断："现在……唉，很难现在就说出来（原因）……明天看录像再说吧……唉，我说不出来……想不出来什么可以说的。"

他赛后的表情已经程式化了：一声不响地坐在自己的大靠背椅上，双手或者架在胸前，或者托着大脑袋，一根手指头硬是把本来就没多少肉的腮帮子顶出个坑来。双眼绝不直视前方，口中念念有词，无论是用英文还是中文回答问题，声音都小得跟他的个子呈现巨大反差。看着一帮记者包围到他身边，愣是一点儿表情都没有，像是砧板上的死鱼。

后来，麦迪复出了。根本没用三个礼拜。

11月4日，他被抬出训练场。

11月6日，火箭的录像课，麦迪没有参加，在治疗室里待了一下午。治疗完毕，拿着手机，弓着腰艰难地往停车场走的时候，姿势跟个小脚老太太没什么

A SHORTER YAO IN MY EYES

区别。他说："已经这么弯着腰走了三天了,我快难受死了。"

11月7日,谁都没有想到,麦迪居然出现在了训练场上,只是他还不能动太多,耳垂上两颗硕大放光的钻石耳钉表明他还是治疗为主。大约一个半小时的拉伸和治疗后,他决定到训练场上投投篮。他说："比我刚刚倒下的时候感觉好多了,可还是疼。我不知道什么时候能回来,可能是三个礼拜,也可能会提前。"可能他觉得有戏,跟着球队去了客场。

11月10日,在迈阿密,无论是上午的投篮训练还是比赛之前的练习,麦迪的状态看起来都非常好。和11月7日的投篮不一样,那时候他是原地静止不动的三分练习,到了迈阿密,麦迪可以急停跳投了,他多次拿球切入后跃起扣篮,正常得不得了。可那天,他耳朵上还是挂着那两颗诱人的昂贵耳钉,也就是说,他还是上不了场。

11月12日,到了新泽西,麦格雷迪出场了38分钟,拿下了35分,其中的30分是在下半场得到的,此外还抢了10个篮板,率领火箭99:91击败网队。麦格雷迪坐在更衣室里说："其实,在迈阿密我就想上场了,可是他们不许,我只好又休息了一场,这是好事情,多休息让我准备得更充分。"

这之前,姚明带领球队打了三场,三场都输了。要赢球,还得靠麦迪,新泽西的客队更衣室外头,范甘迪被记者们围住,他一撇嘴说："这就是为什么球队总抢着去签伟大

的球员。"更衣室里，第一年打NBA的新秀海德一边提着裤子一边说："哥们儿，我都看傻了，这是我第一次如此近距离地经历这样的事情。我知道他是个伟大的球员，可是，哥们儿，今晚他太绝了。"

姚明努力三场比赛没干成的事，麦迪一出来，轻轻松松就拿了下来。尤其是下半场，只看麦迪一人表演，姚明老犯规，被范甘迪摁在了替补席上。比赛之后，有媒体问姚明："麦迪在，你坐在场下看球，是不是心里特别踏实？"姚明笑得有些勉强，多少还带着些不好意思："还好，我总觉得，打比赛的时候，在球场上打的人心里比较踏实，在球场下看的反而不踏实。反正我是这么觉得的。"

话里的意思是不甘心。

没过多久，姚明的机会又来了。麦迪腰伤复发，又没法打了。领导球队获胜的重任和机会又落到姚明肩上。又试了好几回，还是没能成功。他焦头烂额，觉得自己会倒在沙场上，挺不到最后。

姚明想琢磨清楚，究竟哪里出了问题。他想到赛季开始之前那些自信满满的日子。整个夏天，他练得很好。他是跟着国家队练的，国家队早上9点训练，他提前一个小时到训练场，力量加上中锋技术的训练，练得来劲儿。日子慢慢逼近，季前赛，再到常规赛，姚明觉得自己像是升级过之后的大机器人，比以前好用多了。

在季前赛打了四场之后，姚明说了这样的话："我的感觉是，这是我的比赛，我在打属于我的比赛，我觉得舒服，把在夏天练习的那些脚步使出来的时候，那种感觉太过瘾了。"

可一个人打带劲儿了没用，得带着球队胜利。以前，姚明也当过领袖，在上海队，在国家队。在那时当领袖简单，拼命干活就成了。杀下30分，对手都冲着自己来，队友的担子就轻了，机会也开了。可NBA比那些都复杂得多，对手也更强。赛季开始之前，在联盟的实力排行榜上，火箭一度高居第六，赛季一开始就往下滑，第十，第十五……火箭的包机飞出去打客场，呼呼地降落到明尼阿波利斯机场时，他们在实力排行榜上已经落到第二十二了。再往后，就更不用数了，联盟里比他们差的球队实在没几支了，西部最后一名非火箭不可了。

麦迪又伤了之后，火箭再次开始连败，一败起来，好像就停不下来了。

人总会时不时撞上自己人生的第一次，或喜或悲。

2005年11月26日的晚上，姚明刷新了一个纪录，遭遇职业生涯的第一次七连败。

印第安纳步行者队的康塞科球馆

六连败，平了姚明这辈子的纪录。在NBA，他只在第二个赛季经历过五连败。那是在接近季后赛的4月，火箭高歌猛进，准备在季后赛中大展拳脚，一下子遭遇了五连败，精神头都输没了。接着，在季后赛里，遇到了鲨鱼奥尼尔领衔的湖人队，惨败。

再往前，姚明经历六连败是在印第安纳波利斯，2002年世界锦标赛。姚明记得很清楚，那时候，国家队输了第一场，赢了第二场，之后一连输了六场，一点儿颜面都没有了。那时候，姚明还不是国家队的领袖，还一场NBA没打，不会像2004年在雅典那样冲着队友大声怒吼。在印第安纳波利斯，姚明把所

没有麦迪的连败让姚明感到压力越来越大

有的怒气都往自己身上撒，他举起一把椅子哐哐地往桌子上砸，憋屈啊，一肚子火、一膀子力气不知道往哪儿出。眼泪刷刷往下流，他抓起一瓶矿泉水往脸上倒，不想让别人看到自己流泪的样子。后来姚明说了这么句话："我的泪，早在印第安纳波利斯就流干了。"

所以，输到第六场的时候，姚明说："也该到头了，就是拼了也得拿下下一场。"

第七场是打公牛，姚明打得快吐了，杀下30分，还是没能挡住命运。七连败已经成为了事实。

姚明又开始琢磨了，这到底是因为什么？怎么就没法带领球队获胜？他的一脸苦相，范甘迪看在眼里，想帮他减轻压力，接受采访时，还是捧着姚明说："如果没有姚明，我们会更惨的。"

姚明知道，教练帮他说什么都没用，连败早就把什么都说了。他愣声愣气地说："在核心的这个位置上，我做得不够好。是不是合格，要看目标，达成

和没达成目标是我衡量自己的唯一标准，目标嘛，就是赢球。"

他感觉到了领导一支NBA球队的困难，文化上的巨大鸿沟让他没法与队友形成共鸣，那是一帮黑人兄弟，和姚明的成长环境完全不同。文化的事，太玄，姚明把文化简化成了语言："虽然我现在英文说得还可以，但在球场上，在变化这么快这么多的情况下，想反应出一句英文不容易。在国内的时候，交流起来相对方便多了。一般来说，在球场上有什么情况，你最先反应出来的一定是你的母语，我说的是脑子里反应的。虽然你可以很快把它翻译成英文，可是有的时候场上变化太快了，你翻译好了，另外一个情况就已经出现了。"

姚明做了个新鲜的比喻："怎么说呢，就像一个机械手，你得用自己的手去控制它，你的手做什么动作，机械手就做什么，可它总是会慢上一小拍。"

他琢磨了一会儿，又想出来一个比喻："知道像什么吗？就像电脑的内存差点儿。"差点儿内存的姚明，没法带动火箭正常运转。

麦迪缺席了八场比赛，姚明挺了八场，八场尽墨。

我问姚明："这些日子里，你有没有在某个时候特别特别地想麦格雷迪，想着他要是回来就好了，球队需要他，姚明需要他？"

姚明的眼珠子转了两圈，说："有吧。"

"什么时候？"

"我记不清具体的时间了。"

"是在哪场比赛呢？"

"嗯……肯定不是在比赛中，这个我非常确定，比赛的时候，我哪有时间去想这个啊？"

他好强，不愿意说自己盼着麦迪回来解救困境。看着我一副不相信的表情，他解释："其实，越到后来越不盼着他赶紧回来。"这和一般人想的不太一样，正常人来看，肯定是输得越多就对麦迪的思念越迫切。他接着说："一开始，他不打，我们并不清楚在没有他的时候怎么去打球，所以那时候肯定是最迫切的，希望他赶紧回来。后来，我们已经逐渐习惯了，我们把注意力转移到了自己的身上。"

无论姚明说什么、想什么，他没能成为领袖，麦迪回来了。

他不在的时候，姚明总是最后一个被介绍出场。现在，姚明又是第一个被

麦迪回来后,火箭止住了连败

介绍出场的首发队员，压轴的活儿还得交给麦迪。麦迪复出那场，火箭的播报员大声吼出他的名字，全场不到10000名观众，发出了比平时18000人还响的叫喊声，直叫得让你觉得脚下的地板都在颤动，这就是麦迪的救星范儿。

那个晚上，火箭三喜临门。

一喜，麦迪终于复出。

二喜，火箭终于结束了连败。

三喜，这场胜利是范甘迪执教火箭队以来的第100场胜利，为了等这场，火箭队已经在血雨腥风里等了快两个礼拜了。

这个晚上的姚明，是典型的男二号，他也承认："麦迪站在球场上，我们每个人都松了一口气，第一节他打得太好了，为我们开了个好局。"可男二号也需要戏份，也想尽可能多贡献，他接着说："我们还需要做得更多，麦迪身上还有伤，我们不应该依赖他在球场上做每一件事情，从得分到组织再到防守。"

最后的技术统计，姚明、麦格雷迪各得25分，平分秋色，皆大欢喜。

一个人孤军奋战的艰难时间过去了，同时，一个绝好的机会也不见了，他没机会再去证明自己了。

姚明承认他有过这种想法："实事求是地说，真的，我真的想说，麦迪回来了，我就没有机会证明凭借我一个人的力量可以帮助球队胜利了。可是我怪不了别人，我只是对自己不够满意，而且对于现在的火箭来说，赢球第一位，说别的都没用。"

胜利后，夜深了，该回家了，他站起身子，微笑着把手里的饮料瓶抛起来又接住，转身离开前，冲我说了这么句话："机会？如果这种机会是建立在别人的伤病上的，你觉得这样好吗？"

我没回答他，他回答了自己："这种机会，不要也罢。"

可我怎么都觉得这句话说得勉强，有些酸。

A SHORTER YAO IN MY EYES

伤病中成为榜样

接下来的2005-06赛季，火箭像遭了瘟病，伤病如流感一般席卷整间更衣室，几乎每一个都受伤了。

苏拉，控卫，膝盖有伤缺席了整个赛季；琼·巴里，后卫，扭伤脚踝后再也没能回到正常轮转阵容中，随后退役；阿尔斯通，主力控卫，肋骨骨裂，休战了近两个月；斯威夫特，主力大前锋，角膜炎；安德森，小前锋，小腿受伤，随后被交易；穆托姆博，替补中锋，手指脱臼……更衣室里人人自危，说不清楚究竟是因为什么，怎么就躲不过伤病。

最结实的一个叫韦斯利，耳朵很大，个子不高，身上肌肉块子起伏，人称肌肉米老鼠。他一直坚持到了三月，健健康康。他爱搞笑，看着更衣室里的一堆伤兵说："你们太差劲了，跟你们说过要好好练力量，要保护自己，不听。人生要寻找榜样，看看我。"说完，砸砸自己结实的胸肌。

没多久，韦斯利也着道了，死活没有挺过整个赛季。他不是被对手砸伤的，而是飞出底线砸在一排举着相机、摄影机的记者身上，不知道肋骨撞在什么地方，硬生生地断了。韦斯利受伤之后，他太太不高兴了，摆出一副秋菊打官司的脸，嚷嚷着要找联盟掌门大卫·斯特恩投诉媒体。

火箭队更衣室里，没人关心韦斯利老婆的投诉能否成功，他们只想知道赛季什么时候才能结束。姚明也觉得这事情有点儿邪，赛季开始的时候他就说了，球队该找个地方拜拜神了，在美国不兴这个，那就去教堂。后来倒下的越来越多，他又说："等再有中国赛的时候，一定要带教练找个庙拜拜，改改运气。"

这个赛季，火箭本来就老，在联盟的老迈排行榜上，火箭排名第二。算是先天不足了，接着，后天也出了毛病。角色球员一个接着一个倒下，就得靠着姚明和麦迪拼命，两个人咬着牙跟对手五个人打，想把比赛赢下来。他们费劲地拖着火箭这辆老旧的破车，在庞大的NBA版图上一步一步地挪，在身后狼烟四起的映照下，这两位累得弓起了腰。那时候，这两位除了打球就是休息，不干别的，想干点儿别的也干不动。在客场，姚明倒在床上能睡一轮，直到第二天中午才睁开眼睛。麦迪也差不多，除了球队开会，绝不离开酒店房间，治疗，休息，等待下一场比赛开始。

实在顶不住了，两人也倒下了。

先歇的是姚明，他的伤在脚趾头上。以前，他只在比赛之后用消毒液泡脚，12月18日到洛杉矶打比赛，比赛之前就得泡。在灌满高锰酸钾的桶里泡了快20分钟，他把左脚拎了起来，小心地用浴巾擦干净上面的水珠。这只命运多舛的脚趾头比以往大了一圈，青紫青紫的，因为肿胀，看起来甚至发着光。

他说这是让对手踩的。这么几场比赛下来，连续遭遇不幸。赛季初，因为发炎，他做了个手术，把趾甲摘掉了。可没等恢复完全就上场比赛了，连磨带踩，就没好利索过。连走个路，袜子上都会留下血迹。被体重两百多磅的球员

2005-06赛季，姚明和麦迪先后因伤倒下，直接导致火箭队失去了季后赛资格

伤病期间的姚明只能无奈地坐在场边观战

踩上几脚，终于感染了，肿得好像个圆头萝卜。打洛杉矶的这场比赛，他其实是穿着拖鞋来到球场的，下大巴之前换上了皮鞋，生怕对手知道他脚趾头受伤，回头再重点照顾。其实，他的脚趾肿得已经很难塞进皮鞋了。

比赛之后，姚明做的第一件事还是泡脚，着实地泡了十分钟，再站起身去洗澡。一瘸一拐地走着路，低着头，眼睛小心地监视地面，生怕再有什么东西碰到了自己的脚趾头。这个2米26的大个子很少这么低头看路。记者们围上来采访，他一定会伸手把记者们往后面赶，嘴里说："小心点儿，千万看清楚我的脚趾头，千万别踩着了。"

打完那场比赛，洛杉矶的医生帮着姚明检查，发现炎症已经非常严重，不能再坚持比赛，必须提前回休斯敦接受手术。于是，队友们准备下一场比赛时，姚明在球队保安的陪同下登上了回程的飞机。

这手术可比之前摘脚趾甲时复杂多了。摘趾甲，麻醉之后，医生只要在趾甲旁的肉上切开两个口子，取出趾甲后清理下创口，就算搞定了，整个时间加起来也只有十几分钟。手术完了之后，医生还举着那个长歪的趾甲问姚明："这个，你要不要拿回去做个纪念啊？"姚明摆摆手："送给你了，拿网上拍卖去吧。"

这一次，因为在比赛中不停地被对手踩，创口开合的次数非常频繁，感染的情况也更严重，原本手术时间定在上午八九点钟开始，可最后一次检查时发现骨头也有问题，只好临时改变计划。一直到下午五点多，姚明的手术才完成。他左脚大脚趾被锉短了半寸，从那时候起，左脚比右脚的鞋子要小半个码。

我跟他开玩笑："得，你身上又多了一样残疾。"

他没心没肺地回答："有什么啊,这叫关云长刮骨疗毒,英雄。再说了,要是有钱,残疾了又如何。"

这次手术让姚明缺席了21场比赛,到了NBA之后最长的一次,他说:"以后再也不能缺这么久了。"可他错了,从那之后,伤病就再没离开过他。

他倒下了,麦迪就得顶着。没顶多久,麦迪也挂了,伤的还是腰。麦迪的腰伤由来已久,在魔术时落下的老毛病,也成了桎梏他发挥的命门。腰伤这事儿说不清道不明,这是麦迪的亲身体会:"有时候,前一天没事,还能拿30分呢,可一觉醒来,不对劲儿了,根本没法从床上坐起来,走路得弓着。什么时候好,说不清楚,有可能还是一觉醒来,没事儿了,又能飞又能扣了。"

就因为这说不清道不明,麦迪一直备受质疑。谁也说不清他的感觉,外人只能猜,不知道他是真疼还是装的。到最后麦迪和火箭之间分崩离析时,双方就因为这说不清道不明失去了信任,你不信我说的,我不听你说的。

其实,麦迪的腰就没好利索过。一次参加回馈社区的活动,麦迪坐在电视机前弓着腰,陪着一帮小孩子打游戏,看起来挺高兴,可玩到最后,要合

A SHORTER YAO IN MY EYES

影了，一群孩子一窝蜂全扑到麦迪身上。麦迪对着镜头笑，可脸上的肌肉却在哆嗦。活动终于结束，麦迪一边往外走一边扭腰，跟身边的随从说："真他妈疼，折磨死我了。"

后来，麦迪没撑到姚明复出就又挂了。1月8日，打掘金，上半场的最后一攻了，还剩下十几秒，球被习惯性地交到麦迪手中。丹佛坚决地夹击麦迪，他运球突破，急停，起跳，防守人还是跟了上来。空中的麦迪挺了挺腰，把出手角度又抬高了一些，扔了出去，没进。

防守人没碰到麦迪，他是自己安安稳稳降落的。落到地上，顿了顿，开始皱眉头。没人注意他脸上的表情，中场休息，大伙一路往更衣室里溜达。快走到门口了，球队保安官想了想，怎么没见着麦迪，转头一看，就看到了麦迪倒下的一幕。

他先是按住腰，想硬挺着走回去，可怎么都动不了，晃了晃，就轰然坍塌在地板上。他在地上疼得直打哆嗦，眉头拧到了一起，不停地猛砸地板。队医琼斯冲了过来，捏着条毛巾给他擦汗。又过来几个人，试图把他架起来，可不行，任何一次触碰都让他疼得哆嗦。琼斯放弃了，叫来了担架。

他们不是把麦迪抬上担架的，是一点点挪上去的。先是侧了侧他的身子，再一点点把担架塞进去。麦迪再次被直接送往了医院。

后来，麦迪复出，又复发，又复出，还复发。到了三月份，久病的麦迪飞到洛杉矶找世界上的顶级腰背专家检查，结果传回休斯敦，这回得缺席至少五周，也就是说，剩下的赛季都打不了。那时候，姚明已经回来打比赛了，缺阵21场之后，体能、状态都有恢复，第三次检验他领导力的机会来了。

也就是靠着这最后一次，姚明终于学会如何当好一支NBA球队的领袖了。

当领袖，是机缘巧合的事，很多因素凑到一起才能成。

刮骨之后，他休息，别人比赛。他回来，把状态调好了，别人已经打到精疲力尽，他却跑得正来劲。复出之后，姚明每场比赛比以往平均多打7分钟。休战21场比赛，当姚明再次走上球场的时候，新鲜得如同刚出锅的包子。姚明自己清楚："这相当于是别人已经打到赛季一半的时候，我才回来，我的体能状态就跟赛季刚开始一样。"

回来之后，打洛杉矶快船队。比赛之前，对方的中锋卡曼说，对付姚明最

姚明与爵士中锋奥库的较量

好的方法就是用速度拖垮他。可比赛刚开始姚明就跑了两个快攻，两次都是从卡曼的后面开始追，然后把宽大的后背留给卡曼，然后接球扣篮。卡曼喘得肺都快炸了，还是追不上姚明。

状态好，自信心就强，数据蹭蹭地往上窜。

我问他："你觉得自己到什么层次了？"

他摇摇头："我不知道，真的不知道。我能感觉到进步，就觉得一直在向上走，就跟爬山一样，一下子能看清楚好多。可是我分不清楚自己究竟是处于一个爆发阶段，还是真的上到了一个新的层次。"自己说不清楚，他身边的人却都说，他已经成了联盟里最好的中锋。范甘迪最实事求是，他说："我觉得，毫无疑问，他是常规赛里最好的中锋。"然后，范甘迪又补了一句："我说的是常规赛，不包括季后赛。有些人在季后赛会表现更好的。"

范甘迪还说，在姚明身上看到了纪律、坚韧、企图心："他是一个非常善于改进的球员，这说明他对进步的渴望。除非你自己想，否则没人能进步，这就是为什么这个联盟里有这么多人长期以来依旧原地徘徊。在姚明身上，我看到了这种企图心。你永远不可能在姚明身上看到一次大的跨越，可是回头看看这几年就能发现，他一直在不停地进步。以后，他还会有这种进步。我记得有一次去明尼苏达打客场，去的飞机上他一直跟助理教练坐在一起，讨论如何改进，其实前一场他抢了很多篮板，也得了32分，所以他能进步。更重要的是，他是一个罕见的不自私的人。这个联盟中，有很少的一部分人，不，是在这个联盟中根本没有像姚明这样的人，他无条件地、一心地只去考虑球队。他已经成为一个成功的领导者。"

有些人用言语领导球队，而姚明用行动。

每天早晨8点多，姚明就开着车子离开家。按照时间表，火箭的训练从中午11点开始，可是不到9点，姚明就把车子开进停车场。他说："早到总比晚到强，早来了，能干很多事。"他来跟着助理教练看比赛录像，队友们来到球馆之前，他已经把之前一场的比赛录像看完了，问题总结清楚，然后看下一个对手的录像。看下一个对手时，他重点注意的是内线，是近几场打得最火的球员，然后跟教练商量怎么帮队友协防。

后来，这个习惯一直坚持了下来。

姚明来到时，范甘迪也来了，把一切都看在眼里，他说："这对球队来说是一件好事情，新的成员来到之后，看到姚明每天都是这样准备比赛的，就会做同样的事。"

榜样光荣，榜样也辛苦。姚明有时候累了，跟教练讨价还价时，助教就跟他说："不行，你已经被杰夫（范甘迪）钉到黑板上了。"

姚明解释道："意思就是说，我是范甘迪树立的榜样，所以得用最狠的方法练我。"

这个赛季过得煎熬，伤病横行，火箭只赢了34场比赛，三月底就失去了季后赛希望。范甘迪希望大伙儿坚持到最后，没事儿就在更衣室里训话："除了姚明，我们阵容中的每一个人发挥都不如上个赛季。我需要继续考察你们。现在，我唯一关心的是，哪些人在精神上足够坚强，谁有足够的天赋，谁会成为我们球队中合适的配角，我的考察会一直进行下去。"

而这时候，麦迪变成了个胖子。赛季最后一场，谢幕时刻，麦迪用下巴夹着脖子上的皱纹走进了球场，他没法打球，是来说谢幕词的，随着腹部脂肪的起伏，麦迪冲着话筒喊道："我保证，下个赛季我们一定会好很多。"很久以来，他只能静养，长肉。

姚明与麦迪渐行渐远

又一个赛季开始时，姚明不再是仰视麦迪的那个姚明，麦迪也不再是35秒砍下13分的麦迪，因为志向不同，两人间出现裂痕。这是人世间最正常的事，道不同，不相为谋。

后范时代的权力真空

姚麦间的第一道裂痕，从范甘迪开始。

2006-07赛季结束，也为火箭的范甘迪时代画上了休止符。他花了四年时间，没能带着拥有姚明和麦迪的火箭赢下一轮季后赛，成者王侯败者寇，世界永远如此。

来的时候，休斯敦看到的是范甘迪的千般好：敬业勤勉，强调防守，讲究纪律，善带中锋……快走的时候，满眼填的都是错。

范甘迪控制欲太强，不喜欢任何人来干涉火箭队，哪怕是当时的球队总经理道森。道森当总经理之前是火箭的内线教练，奥拉朱旺都是他教育出来的。有时候他会给姚明建议："有些细节你得注意，这样你的失误就会明显减少。等有时间咱们去训练场，我来告诉你。" 姚明看着老爷子，欲言又止："可是杰夫……"道森曾想过单独训练姚明，被范甘迪制止了，他不想看到任何影响他对球队控制的事情和人出现。范甘迪还不善于使用新人，不管什么样的新秀，只要犯过几次错误，一定会被范甘迪骂，骂完之后，扔在替补席上，几乎永世不得翻身。范甘迪虽然勤恳，可执教方法僵化，他手下的火箭队缓慢、毫无激情……一堆的不是摆在火箭高层面前，亚历山大下定决心让范甘迪下课。

其实，范甘迪意识到了。有一次训练之后，他和姚明靠在训练场的墙壁上开始了一段谈话，谈话从姚明一个简单的战术疑问开始，可范甘迪说着说着就把话题扯远了。

他问了姚明的年龄，想了想说："你的职业生涯还会有很长时间，从此之后，你还会至少经历两个教练，你要坚持对自己的这种要求，你会一直进步下去的。我相信你会打好，一切的努力付出，最后收益的都会是你自己。"言语真诚，仿佛是在和姚明进行离别前的最后一次促膝长谈。

范甘迪在的时候，虽说火箭有三个司机，可头号司机是他自己。和姚明、麦迪相比，他的性格最强，控制欲也最旺。他不容许球队有丝毫偏差，犯任何错误。有点儿什么事，根本不用姚明和麦迪站出来说话，范甘迪早骂声滚滚了。

可继任者阿德尔曼不同，他温和多了，也松多了。在他看来，球员都是成年人，不用耳提面命，像对小学生一样什么都得教。他的任务是定下框架、掌控大

范甘迪走了，被姚明称为风清扬的阿德尔曼来了

局，至于球员之间、更衣室里的关系，都看球员自己，他控制不了，也不愿控制。

到了球场上，阿德尔曼也不像范甘迪那样不容变通、说一不二，恰恰相反，阿德尔曼希望球员能在阅读比赛的基础上自己拿主意，不用干什么都扭头看场边的教练。他给姚明留下的第一印象是：这老头简直就是风清扬。

2007-08赛季开始，姚明因为是特奥会形象大使，要参加特奥活动，迟到三天。刚刚抵达休斯敦，姚明在机场见到了前来接他的队医琼斯，急着补课的姚明问琼斯："你手里有没有战术手册，让我提前看看，也好能提前准备一下，有个大概的印象。"琼斯朝姚明嘿嘿一笑："哪有什么战术手册，怎么打，你

A SHORTER YAO IN MY EYES

担任范甘迪助教的锡伯杜掖下夹着厚厚的战术册子

到那儿一看就知道了。"

琼斯跟姚明三言两语就把阿德尔曼的战术体系说完了。姚明吐了吐舌头:"这不就是风清扬吗?"

风清扬讲究的是行云流水,任意所至,他是这么教令狐冲的:"蠢材,蠢材!无怪你是岳不群的弟子,拘泥不化,不知变通。剑术之道,讲究如行云流水,任意所至。你使完那招'白虹贯日',剑尖向上,难道不会顺势拖下来吗?剑招中虽没这等姿式,难道你不会别出心裁,随手配合么?"

拘泥不化、不知变通恰恰是扣在范甘迪脑袋上的帽子。姚明跟着范甘迪打了四年,清楚他的战术手册有多厚。基本战术有五套,每套里包括七到八条具体战术,而这些小条,每一个还有三四种变化,这么算下来,就是120种以上的战术。再加上边线和底线发球之后的战术,得将近140种。过去四年里,范甘迪总是手捏一摞密密麻麻写满战术的卡片,吹着哨子,把球员们如同积木一般地摆在球场上。他指着球场上固定的某个点喊道:必须跑到这里,一点儿不能差。终于脱离了范甘迪阴霾的球员戏称:"跟着他,我找不到节奏,我根本不了解球队的进攻战术,上个赛季我们有7500万个战术,可我一条都不清楚。"

阿德尔曼春风化雨般的管理方法,需要球队有一名强势的领袖站出来领导。这个领袖,是姚明?还是麦迪?

当拳头遇到棉花

其实，麦迪对当领袖没有任何欲望。

道森退休，莫雷上任，上任之后，莫雷就拜访麦迪，跟他聊天。两人说到了球队领袖的事，麦迪告诉新总经理，领袖这活还是让姚明干吧。

按说这是让贤，可麦迪没有把自己超级巨星的地位让出去，他还在球场上控着球，分配着进攻机会。其实，这也没问题，他是火箭队里天赋最好的，理应如此。可问题是，到了防守一端，麦迪就消失了。他不愿意拼命防守，尤其在范甘迪离开火箭后，没有那个声嘶力竭、不停咆哮的小矮个在场边压迫，麦迪在防守一端更不愿动了。他能在进攻一端夺分，也会在防守一端送分。每次到了最关键、最困难的时候，麦迪就消失了。

麦迪是榜样，因为他的球星地位，因为他挣着全队最高的两千万美元年薪。他怎么打，队友就会怎么打。他好好打，队友不好好打，他能站出来说。可一旦他不好好打，队友就更没必要好好打了，挣两千万美元都消极怠工，挣几百万的没必要拼命，拼了命也没用，角色球员不可能改变球队的命运。

于是，2007-08赛季的火箭起起伏伏，时好时坏。

姚明着急了，他是球队的另外一名球星，球队的命运也是他的命运。姚明算得上球痴，闲着没事儿坐下来扯淡，不管话题从哪儿开始，扯着扯着一定回到篮球。他想赢，想一轮接着一轮地在季后赛里走下去。他目标明确，而且定了目标一定会去尽力实现。所以，他受不了麦迪在球场上的懒惰劲儿。

不光是姚明，球队里的很多人都受不了。如果麦迪不好好打，会影响大伙儿的前程。火箭成绩不好，麦迪该是巨星还是巨星，该拿多少钱还拿多少钱。角色球员就不一样了，在签新合同时，东家总会考虑他给球队带来过什么样的帮助，他在场上时球队在赢还是在输。所以，麦迪不好好打，遭了不少人的恨。当时火箭的主力控卫阿尔斯通就抱怨过："他想当英雄，又不想站出来说话，好事儿都占着，还不好好防守。要是真想当领袖，有这样的吗？"

没这样当领袖的，因为麦迪不想当领袖，可他对火箭的影响已经侵入肌肤

阿尔斯通率先发飙，攻击державe有领袖风范

骨髓。很多话，他说了，自己可能毫不在意，可对士气影响很大。赛季刚刚开始不到一个月，他就谈起了自己退休之后的事情。在接受《体育画报》采访时，麦迪说自己老了，觉得比以往慢了。后来TNT电视台采访他，麦迪又说，自己将在这份合同结束后就退役去打棒球。对于一支谋划着冲击季后赛的年轻球队来说，主将在赛季开始不到一个月就谈论退休，是个不小的打击。姚明无奈地说："说不说退役，是他自己的事情。但是，我想大家都是职业球员，知道应该怎么做。现在还在打呢，就一定会全力以赴。"

坐在场下的姚明为队友呐喊加油

姚明影响不了麦迪，甚至控制不了球队的颓势。12月的第一周，在东部客场的路上，姚明怒了。

在多伦多，火箭就输了。猛龙不是支强队，火箭的目标是季后赛，要实现目标，就得保证拿下能击败的队，然后跟强敌死磕。放在平时，跟猛龙比赛是手拿把攥、轻而易举的胜利，这回居然输了。姚明这次发火，是到NBA以来最厉害的一次。他觉得奇怪，怎么一个多礼拜以来无论他说什么，球队没有丝毫改进。在多伦多，火箭打得没有精神，仿佛一边打盹儿一边打球。他受不了以这种方式输球，简直跟缴枪投降、跟扔白旗、跟跪在地上闭上眼睛放弃抵抗、等待刽子手擎大砍刀甩向自己的脖颈没有任何区别。有血性的男儿接受不了这个。姚明想领着球队改变，可使出浑身力气挣扎，也看不到任何起色。他怒上心头。

姚明在替补席上喊，在球场上喊，可没有效果，他的怒吼仿佛被困在一个腐

没有麦迪,姚明成为火箭队压轴出场的球星

朽厚重的酱缸里,只换来几声沉闷的回音。他说:"我想我该站出来说话了,我得吼两句,让队友们知道现在该振奋精神,该做点儿什么了,可我只听到他们嗯嗯地回答两声,就什么反应都没有了。我们仿佛还没睡醒就来比赛了,无论我怎么喊都没用。他们可能跟我一样,有个耳朵是聋的。"

从多伦多到了费城,他没在房间里多耗一分钟,换上厚一点儿的衣服,就跟着当地的朋友出门了。这是姚明来费城的习惯,每次都要吃口当地特产的奶酪牛排三明治。以往都是工作人员给他送到酒店,这一次,他想出去散散心。站在酒店门口等着朋友,跟他同去的球队保安说:"到门里面去等吧,外面太冷了。"他不听,倔强地站在外面,迎着风,挺着脖子。

他回想着在多伦多的爆发:"我骂人了,这一次,我说得挺狠的,可我不知道到底会有什么用。我说过很多话,我说如果投篮投不好,就提前到训练馆来,每天练上上百个。可有人练吗?这次估计也没用。我不知道这么打下去,这个赛季能赢回来什么。"看着费城夜色里的霓虹,姚明突然觉得很累,他的努力仿佛砸到棉花上的拳头。

吃完饭,姚明让朋友开车子带自己绕着城中心转了两圈,他不想这么快就回酒店,想散心。朋友看着郁闷的姚明,建议道:"要不找个酒吧坐坐,喝点儿东西。"姚明摇了摇头,叹了口气:"算了,还是回去吧,明天还要和费城比赛呢,这一次,我们一定不会像去年那样再赢50分了,这一次,我们可能……"他把后面的话吞回了肚里,他想在费城的冰雨里把多伦多抛到脑后,接下来还有比赛要打。

火箭没赢,输了12分。姚明彻底疯了,比赛之后接受当地记者采访时他说:"我觉得仿佛被交易到了另外一支球队,对于我来说一切都是陌生的。"

记者没听清楚姚明的英语,他们反问姚明:"你是说你想要被交易吗?"

姚明赶忙解释:"不,不,不要理解错了,我没要求被交易走,我说的是:我仿佛被交易到了一个新的球队。"

他拍着胸口,好像被什么东西憋得难受:"我说的不仅是发挥问题,谁的状态都会有起伏,我不担心,我知道怎么调整,可我们的问题不在那儿,我们不团结,我们的思想状态不对,我们……这不是战术的问题,不是传不传球的问题,不是技术问题,这是……就这样吧。"

再一次,姚明欲言又止。他扭头走出更衣室,一头扎进了费城痛苦的夜色里,清冷的雨滴开始飘落,风打在人的脸上如同小刀子一般,费城冰凉,一如姚明的心。

那个晚上,我还在费城,富兰老爷子打来电话。他看了三十年NBA,写了无数火箭的比赛,可那一晚的比赛

姚明对记者们做鬼脸

A SHORTER YAO IN MY EYES

他看傻了。他说:"如果不是因为工作的关系,我会立刻扭转频道去看美式足球的比赛,无论哪场都比火箭的比赛精彩。"

他还说到了姚明:"姚明应该继续吼叫,继续更凶狠地打球,他得替这支球队找回骄傲,因为在这支球队里,勇士实在太少了,姚明是,他应该继续站出来,越挫越勇。可是他太绅士了,没有人会听他的,他应该站出来,努力推翻挡在他面前的一切。"

其实,富兰最想说的是麦迪:"这个人绝不是成功者,绝不是斗士,相信我,如果你是战士,绝不愿和他一起肩并肩上战场。"

火箭防守的崩溃,是从麦迪身上开始的,可麦迪从不说自己有问题。

有记者问他,听到姚明发怒,他是怎么想的,麦迪回答:"终于,我终于听到姚说出他自己的想法。这就是姚需要做的,他需要开口说话,别把什么都埋在心里,得说出来让你的队友知道你想要的是什么。这是一个球队领袖需要做的,如果说我们两个谁该站出来说出这些话,我希望是他,相对来说,他更是这支球队的领袖。我很高兴他表达出了他的沮丧。"

半年之前,火箭势头正旺,打进季后赛时,麦迪说:"一切都在于我,我是这个球队的领袖,我是这个球队里唯一的组织者,无论输赢,所有的责任都在我肩膀上。"如今球队进入了危机时刻,他希望姚明站出来肩挑责任。富兰听麦迪说完这段话,瞥了我一眼,眼神在说:还记得我说过什么吗?

麦迪继续指责道:"现在的问题是,我们根本不知道自己是谁。我们究竟应该做进攻型的球队,还是做一个防守型的球队,还是说我们该是一个不停奔跑的快节奏球队?我们不知道我们是谁,在球场上,我们没有任何的体系。我们有充足的天赋,可在教练让每个人都清楚自己的角色之前,我们将是一支平庸的球队。"他的矛头又对准了主教练。

在阿德尔曼的普林斯顿进攻体系下,姚明尝到了打球的快乐

谈到队友时，他说："阿尔斯通受伤之后，史蒂夫替代他上场，可史蒂夫的身体状态不好，还没达到最好的比赛状态。"麦迪还说了很多话，可唯独没说自己应该做点儿什么。他把矛头对准别人，也就把自己拖进人民战争的汪洋大海。

麦迪在球队里总像是个异类，比赛打输了，队友们都垂头丧气的，麦迪不，一个人嘿嘿地乐。谁也说不清到底为什么，麦迪的微笑是如此神秘而不合时宜。就在这时候，一条谣言从休斯敦传遍中国的大江南北，"麦迪跟姚明说，我们要孤立你"。这是一家网站在休斯敦当地找的一个特约记者随口编的，绝无此事。后来我和姚明一起吃饭，他嚼着鸡块想了半天，也猜不出是什么场景让这位记者有了如此猜测。再说了，就算被孤立，也不该是姚明，而应是麦迪。

姚明和大伙儿相处得很好，他依旧用榜样的标准要求自己，他和队友们在一起时总是充满欢乐。姚明爱说笑话，没事儿还给大伙儿出算术题。一天训练之前，他的一道数学题忙晕了整支火箭队：小米是一家鞋店的老板，他每双鞋的进价是15块，加上利润6块，每双鞋的价格是21块。有人来向小米买鞋，给了小米一张50元的票子，小米没有零钱找，就到邻居家把这张50的换成零钱。等找完钱，买家离开之后，邻居找了过来，说那张钞票是假币，小米没有办法，只好再赔给邻居50块，请问小米一共损失了多少钱。

题目一出来，所有人都忙活起来，到处找纸找笔，低头狂算。不仅仅是球员，工作人员也都加入到了算数的队伍，姚明美滋滋地瞅着大伙儿，之前一天听到这个题目，他低头在纸上画两分钟就算出了答案。这里面有很多陷阱，一定会有不少人落马的。

没过多久，众人有了答案，可每说一个，姚明都摇头。一个人错了，另外的就更加踊跃，都以为自己的答案才正确。过

A SHORTER YAO IN MY EYES

了半天,姚明才听到有人喊出正确答案——44。可拿过演算的草稿一看,眼睛直了,上面赫然写着100-66=44。他差点儿没晕过去,冲着大伙喊:"在中国,这可是给十岁小孩儿出的题目。"

当然,火箭队里也有高手,负责比赛录像剪辑的韩国后裔约翰,只用了不到5秒钟就算出正确答案,后来他跟姚明说,他的大学专业是数学。

穆托姆博瞅着大伙儿算得人仰马翻,哈哈大笑:"这么麻烦干吗?不就是50块假币吗,找个方法再花出去不就得了吗?"大伙儿跟着他一起乐。

姚明像领袖一样带着大伙儿战斗。麦迪,则又喊着腰疼背疼,时打时不打。

球队去了客场,从丹佛到芝加哥。在丹佛,打了两个加时,火箭惜败一分。姚明拼了整整52分钟,刷新了职业生涯上场时间记录。在丹佛,他搂着布鲁克斯的脖子大声地鼓励,他拍着威尔斯的膀子不停叫好,尽管以一分之差输给了掘金,可姚明跟他的队友们说:"我知道,我们距离胜利已经很近了。"

来到芝加哥,比赛之前,姚明再一次把队友们聚拢到一起,冲着他们大喊:"这场比赛我们一定能够赢,因为我们打得努力。"一开场,公牛队手感好得出奇,命中率一度超过65%,最多的时候领先火箭10分。第二节一开始,阿德尔曼把麦迪换下场,姚明一个人领着火箭拼命地追分。阿德尔曼终于看到了梦寐以求的流畅进攻。火箭把球传到姚明手中,迫使公牛把防守往内线压缩,火箭的外线在不断地移动和跑位,制造了很多空当进攻的机会。火箭的防守也好了起来,姚明站在内线不停地叫喊着,提醒着队友哪里出现了漏洞。后来,火箭赢了近20分,姚明高兴得使劲拍穆托姆博的肩膀,快把老人家拍散架了,他满足地说:"我们的付出终于得到了回报。"

赢归赢,姚明却在比赛中受伤了,他说:"第一节的时候,我右手的小指就伤了,我以为没事儿,忍忍就行了。可没想到第三节的时候又来了一下,我都不知道是怎么伤的,是被人打了还是撞到什么上了,抢完篮板之后,就跟一个什么硬东西撞到了一起,就觉得大拇指一下子往后翻了过去,疼得我直转圈。"

队医琼斯告诉姚明,到了下一个客场,得抽时间做核磁共振检查,弄清楚伤究竟多严重。可姚明已经拿定主意,只要能坚持就一定会上场,"这是圣诞前的最后一场比赛了,我们得拿下来,高高兴兴地回家过节。"右手是姚明的投篮手,此时只有三个指头能够灵巧活动了,大胜公牛之后,他英雄一般晃着右手,大大咧咧地说:"有什么嘛,不就是伤了手指头嘛,豁出去了。"

其实,那一个月姚明身累、心累,眼窝已经深深地陷了进去,颧骨高高顶起,体重和身体脂肪含量不断下降。十场比赛里,他平均上场时间已经超过了40分钟,巨大的躯体处在超负荷的运转状态,可他说:"我不能想这个,老想着累的事儿,就会累得更快。打完上一个背靠背,来到芝加哥,我是觉得挺累的,一觉醒来,觉得跟没睡一样,可那也得挺住,只要站在球场上,我就会把这些都忘记,该怎么拼就怎么拼。"

麦迪和姚明,真的来自两个世界。

麦迪有点儿不舒服,立刻不打了。他的理由总是腰疼、背疼、膝盖疼,都是只能自己感觉,别人说不清楚的事儿。火箭队要求麦迪做核磁共振检查,他拒绝。火箭高层开始对麦迪不满,开始考虑交易他。和公牛比赛这一天的《芝加哥

姚明与费舍尔在比赛中拼抢篮板球

A SHORTER YAO IN MY EYES

论坛报》上，芝加哥记者写道："人们开始怀疑起麦迪的斗志，传言也越来越多，火箭发现，没有麦迪时这支球队打得很好。火箭赢下了一个背靠背。那两场比赛里，火箭有五个或五个以上球员得分上双，有麦迪在阵容里，这是很少发生的，这给了火箭更多的理由来交易走麦迪。最近麦迪已经在私底下表示，他在休斯敦已经过得并不开心了。火箭还在努力寻找一个优秀控卫，你将看到他们正在努力想办法用麦迪换来辛里奇和诺奇奥尼（公牛队的球员），可28岁的麦迪，是否还值得公牛去冒险追求？他是否还值如此多的钱？"

有些事，外人看是疑问，身边人都很明白。

芝加哥比赛两天之后，是圣诞节，球队里互换圣诞卡，只有麦迪没准备。队友们凑到一起念叨品评的，都是他的人品。

十天之后，火箭到西雅图打比赛，姚明去酒店大堂，一个球迷找他签名时说：You are No.1（可以翻译成你是最好的，也可以翻译成你是1号，而麦迪在火箭队身穿1号球衣）。姚明签完，冲球迷微微一笑："I am not No.1, I am No.11（我不是1号，我是11号）。"

再过十天，麦迪又缺阵了。火箭早就习惯了，不在乎了，甚至更喜欢在没有麦迪的情况下打球。那是2008年1月的最后一场比赛，对手是勇士。这些年，火箭打勇士向来很难。勇士打快，连冲带投，总能把姚明速度不够的缺点最大程度地暴露。而那场比赛火箭打爽了，姚明只差一个篮板就得到30+20（得分达到30分，篮板数达到20个），他想再抢一个篮板。这辈子还没拿过30+20的数据呢。他走到场边想跟教练说，别把我换下去，正想开口，看台上传来一片惋惜之声，一扭头，队友罚球丢了。姚明赶紧闭嘴，把大屁股放到了板凳上，数据第二，胜利第一。

公开接受采访时，球员脸上都是高兴，姚明说："这场比赛赢得太舒服了，好久没打这么爽了，不仅仅是因为我们获胜，更因为我们拼得凶，我们团结，是大伙儿齐心协力拿下这场比赛的。这么赢下来，感觉更好。"

更衣室里，关上门后可就不是这样了，一帮火箭球员你一言我一语地集体羞辱了在家看球的麦迪。有人喊："让他去死吧！"有人问："他不会把电视砸了吧？"

平视姚明 | Chapter 02

道不同不相为谋

一年之后,还是在费城,火箭队的反麦迪情绪达到了高潮。

2008-09赛季,麦迪和火箭间的关系彻底破裂,他把那间更衣室搅得乌烟瘴气,队友和高层都已无法忍受。

麦迪总想让自己听起来是个英雄。季后赛开始之前,他老说这句话:"一切都在我肩上(It is on me),如果球队没表现好,没能打过这一轮季后赛,一切都是因为我。"可所有人都知道那轮季后赛的结果,麦迪没有拯救球队,也没能拯救自己。这句台词随之成了笑话,每次提及,总有人摇头暗笑。

他想成为一方大哥,可摆不出大哥的样子。海德向来性格乖巧,话不多,来到火箭队之后,在更衣室里谨小慎微地生活着。麦迪说:"他很听话,你要是对他说,从桥上跳下去,他会这么回答你——现在吗?"可小弟海德跟着麦

阿泰与麦迪原本关系不错,但渐渐也站到了倒麦的阵营中

A SHORTER YAO IN MY EYES

迪出去吃饭,买单的总是拿着新秀合同的海德。有时候,穆托姆博会看不下去,抢着买单,哪怕他比所有人来得都晚,只喝了一杯饮料。连球队工作人员都看不下去,抱怨说:"他真不像个领袖,更不像球队里工资最高的。"

进入季后赛,球员没有额外工资,可会有季后赛奖金;和球员一样,工作人员和球童也没有额外工资,他们的收入得靠球员捐出奖金。每次季后赛结束,球员们就掏出奖金的一部分分给他们,这是规矩,约定俗成。可有两个赛季,麦迪拒绝捐款。连工作人员也受不了他了。

其实这个赛季里,火箭给了他很大的自由。他喊累喊疼,就让他休息;想回来了,立刻把比赛时间让给他;他说背靠背的比赛只打一场,那就只打一场;两场比赛里,他挑容易的,教练也都由着他。

可这么下去,队友们受不了了,拿钱最多的不努力,他们干吗要死要活地拼命?姚明说:"等会儿我也抛个硬币看看,再决定今天是不是打球。"巴蒂尔跟熟悉的记者聊天:"你没看到球迷举的标语吗?麦迪,为什么我能每天准时上班,完成我的工作,而你不能?这也是我想问的。"阿尔斯通生性顽皮,根本不在乎,在更衣室大嚷:"我知道对手的首发阵容,谁能告诉我,我们自己的呢?"阿泰斯特更绝,会等到比赛前最后半个小时再决定自己能否上场——他等着麦迪先拿决定,麦迪不打,他就上,麦迪打,他就歇着。

最后,连休斯敦的球迷也受不了了。火箭主场比赛,转播镜头经常能照到这么一名球迷,坐在很靠近球场的位置上,穿着一件改了号码的球衣。在1

号球衣的1旁边加上了个3,13号是韦弗,球迷还用红叉叉划掉麦迪的名字,换上了韦弗的。只要韦弗一进球,这个球迷就蹦起来,冲着四面八方指自己的后背,喊着:"这才是我们想要的。"他们希望麦迪赶紧消失。

1月6日,又到费城。上一年在这里,火箭惨败,姚明一个人冲着全队发火;这一次,更衣室的矛盾全集中到麦迪身上。

火箭的包机在费城机场缓缓降落,球员们一个接着一个往下走,姚明和穆托姆博没有着急下,在座位上聊天。阿德尔曼经过时随口一问,怎么还不下去?两人异口同声回答:"我们不打背靠背的第一场。"老爷子一步没迈稳,差点儿摔个趔趄。

比赛当天,上午的投篮训练刚结束,大伙儿围到一起,准备听教练最后叮嘱两句就散了,没想到麦迪突然发话:"今晚我们要好好打,之前我们打得太臭,像是粪便一样,我们绝不能再这样。"听完麦迪的话,其他人相互对视,互递眼神。训练一结束,大家凑到一起交头接耳:"我们?他刚刚是说的我们吗?他也好意思说我们?"开他玩笑的不仅是老将,新人也一样,刚入队没多久的兰德里哈哈大笑,意味深长、怪腔怪调地喊:"我们?我们?我们?"

更衣室里,麦迪再无地位。

麦迪也决定跟火箭对着干。2月17日,火箭正和新泽西网队打得如火如荼,麦迪宣布赛季终结的消息便登上了各大体育新闻网站。这事火箭毫不知情,第二天,总经理莫雷接受采访,依旧说麦迪的伤情没有确定,正在芝加哥看另外一个医生。可麦迪的个人网站早已更新了消息:"我不得不终结这个赛季。"火箭脸上挂不住了,记者们跟火箭的媒体官开玩笑:"难道你们给他这么多钱,还不够买个手机的吗?"媒体官苦笑着摇头,有关麦迪的一切,

A SHORTER YAO IN MY EYES

姚明与巴蒂尔玩电动游戏

他们都不知道如何解释。

阿德尔曼向来一副老好人样,可这一次没有沉默,他看了报纸、电视后才知道自己的球员发生了什么,他说:"至少我们得坐下来好好聊聊,弄清楚所有事情之后再告诉媒体。我不知道他为什么这么做,可显然这不对。迄今为止,我还没跟他通过话,我不知道他的情况,我所知道的和你们知道的一样,因为我只能看报纸。"

当天的《休斯敦纪事报》上,记者费根写道:"手术,赛季结束,也许他身穿火箭球衣的日子也要结束了。"

这一年,姚明终于确立了自己的领袖位置。这是他在火箭打的第七年,因为机缘巧合,因为水到渠成,也因为麦迪和火箭渐行渐远。

2月22日,火箭21分大胜山猫,没有麦迪,火箭迎来又一个四连胜。再不会像三年前那样,没有麦迪,姚明怎么都没法带着火箭获胜。《休斯敦纪事报》的老爷子富兰,腆着胖胖的肚子挤进人堆,他眨着眼睛,狡黠的目光穿过玻璃镜片投向还喘着粗气的姚明。他用了句火箭队最熟悉的词问姚明:"麦迪不在,从现在起,是不是一切都取决于你(Is it on you now)?"

姚明笑了笑,笑容里有些腼腆。这不是他的习惯,如果可以选择,他宁愿做,而不是说。来到美国七年,他学会一句话——Talk is cheap,和中国人常说的"光说不练是假把式"异曲同工。可沉默了两秒钟后,他还是开口了,点点头回答:"必须是,必须是。赢了,是因为我。到了输的时候,我也不会说那跟我没关系。这是一个领袖应该承担的责任。"

姚明试着去影响过麦迪，他曾在从客场回休斯敦的飞机上走到麦迪身边，摇醒已经睡着的他，聊起了球队的问题。可是没有用。这个赛季，姚明又在菲尼克斯召集老将开会，也叫上了麦迪，依旧没有效果。

他能用言行影响火箭的每一个人，除了麦迪。他能和老将巴里、巴蒂尔商量比赛该怎么打，他会指着底角吼向打了两年的海德和布鲁克斯，让他们跑到正确的位置，还会教育新秀多西：

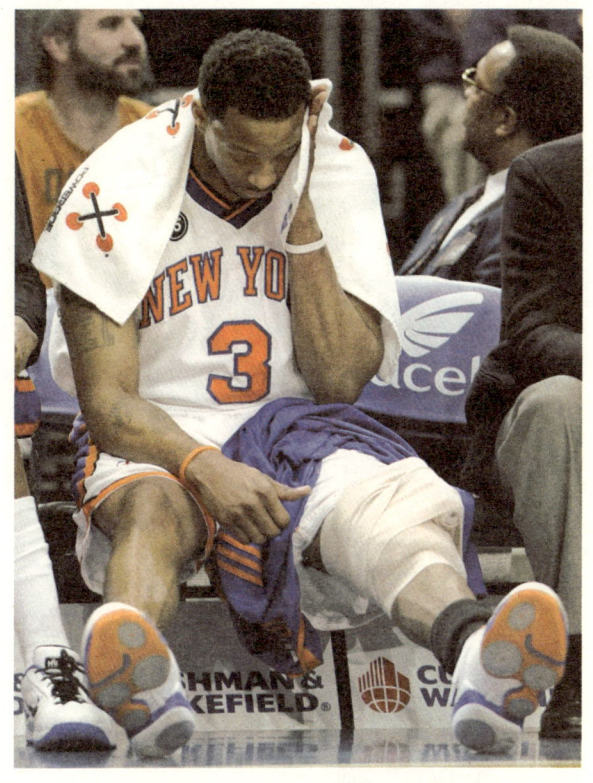

被交易到尼克斯队后的麦迪并没有证明自己

"别以为受伤了就没法练了，我脚受伤之后，就坐着练投篮，总能找到法子提高自己。"可他没法影响麦迪，麦迪不愿意当领袖，可他是超级球星，拿着两千多万美元年薪的合同，要按照自己的方法打比赛。

姚明回想起麦迪刚来休斯敦时的样子，"他太能蹦了，刚在一起训练的时候，我看他飞着扣篮，跟坐电梯一样，哧溜一下就飞起来，我都快能看着他的鞋底了。我心说，这也太牛了。如果那时候我能像现在一样打球，也许能影响他，说不定能一起赢下点儿什么，唉，可惜啊。"

你很难驾驭一个曾经仰视的人，就像姚明对麦迪。

2009年4月30日，姚明终于以领袖身份带领火箭跨过了季后赛第一轮。麦迪在家养伤，依旧背负着赢不了一轮季后赛的咒语。姚明如释重负，有人再跟他提麦迪，他说："我们俩能比吗？老子过第一轮了。"言语里全是骄傲。

2010年2月18日，麦迪被交易到纽约，姚明在休斯敦养伤。两人就此分道扬镳，相忘于江湖。

第三章
Chapter 03

黑和蜜

A SHORTER YAO IN MY EYES

麦迪离开,中国依旧有无数喜欢麦迪的球迷,被称为麦蜜或麦芽糖。

麦蜜中的很大一部分是姚黑。

黑和蜜,无休无止地斗着。

在没有边际的网络世界里,门派清晰地生活着两个阵营:姚黑和姚蜜。网络世界,言论无限自由,这两派人论战的炮火蔓延在各大门户网站和论坛,蔚为壮观。一场火箭的比赛过后,就是交锋最激烈的时刻。

这是一个奇妙且独特的现象。按照常理,姚明的同胞都该是他的支持者。他走出国门,来到NBA,在那个虎狼凶猛的联盟里生存下来,

NBA球队每年都要组织读书成才活动,以便让小朋友有机会跟球星接触

还打得风生水起。他以一个外来者的身份，成为一支NBA球队的领袖，在休斯敦的球馆里，他被介绍出场时，掌声呼喊声震耳欲聋。至少美国人都是这么理解的，他们觉得这个拥有庞大人口总数的国度，是姚明的国度，他的同胞都是他的球迷，会时刻支持他。

朱万·霍华德，一个在NBA打了16年的老将，转战过很多球队，也是唯一一个和中国三大中锋都做过队友的NBA球员，他说过："如果像姚那样过日子，一天我就疯了。有人喜欢、有人支持是好事，可十多亿人都是你的球迷，都期盼你打得好，就是让人窒息的压力了。"

霍华德错了，喜欢姚明的人很多，不喜欢姚明的人也很多。他们在网络间安营扎寨，或拉帮结伙，或各自为战。

有骂姚明骂出名的。姚黑里最有名的一个，网名叫洛阳花开。早些年，几乎每场火箭的比赛结束后一个小时内，一篇署名"洛阳花开"的战斗檄文就洋洋洒洒地挂在网上了。他的文章也往往是论战的导火索，文章后面的评论和跟帖里，两方球迷相互争论、指责、谩骂，甚至人身攻击。

姚明看过洛阳花开的文章，看过很多次。姚明算是80后，网络是他平日里获取信息的最主要通道。刚到联盟时，他会看着姚黑的评论生气，天长日久，也就习以为常了。他说过："有人夸，就一定有人骂，有则改之，无则加勉呗，我管不住别人怎么说我。"他看洛阳花开的文章时说过："你别说，有些地方他说得还挺有道理，也不知道他是他，还是她。"

蜜姚明的人，有自己的理由。这个中国青年一路走来不容易，他勤奋努力，勇于承担责任，风趣幽默，还有一片赤诚的爱国之心。

黑姚明的人，也有自己的理由。在他们看来，姚明没这么好，是国人意淫的工具，是被媒体捧起来的，是NBA为了盘踞中国市场塑造出来的假象，他不是伟大中锋，不是超级巨星，不是领袖……

姚蜜说姚黑人品低劣，姚黑说姚蜜幼稚可笑。其实，无论多少吨争执的唾液在空中飞溅，分歧的焦点在于姚明是不是一个好球员，一个好的NBA球员。

A SHORTER YAO IN MY EYES

几个火箭人眼中的新秀姚

实事求是地讲，姚明NBA职业生涯的最开始，不是球星，不伟大。

那时候，他刚刚22岁，火箭队最大号的训练服穿在他身上，仿佛挂在一个大衣架上，会迎风飘荡。那是一个起点，他刚起跑。

22岁的姚明很瘦，尤其是上身，能清晰地数出肋骨，胳膊仿佛麻杆儿。那时候火箭的训练师叫法尔松，也就是后来姚明的私人训练师，他还清楚记得姚明走进力量房的样子："我猜他之前在中国打球时，根本没怎么举过重。我记得很清楚，最开始时，我给他用的是40磅的哑铃，一手一个，他推得颤颤巍巍，我生怕那玩意儿从他手上掉下来，砸伤了他。"

想象一下，在一帮体重两百多磅、奔跑如风的黑人运动员之中，姚明要经受着多大的冲击。这是世界上最好的联赛，也是最难的。他像是一个外地来的

巴克利是NBA最著名的大嘴巴之一

小学生，谨慎地试图融入。那时候，国人对他加盟NBA寄予了巨大的期待，盼着他能如神仙下凡，一落地就能引来众生喝彩。

这是期待，美好却不真实。

开始就有开始的样子。姚明的首秀在印第安纳波利斯，步行者的主场。时至今日，他还能清楚记得那场比赛的很多细节："那是一个老球馆，球员通道很窄，比赛开场之前我们得排着队从通道里往球场跑，通过窄窄

的通道之后，巨大的球场一下子冲到眼前，灯光很亮，我一下子懵了。"突如其来的一切轰隆隆地压向姚明，他应接不暇。

首战，他替补上场一分未得，只抢了两个篮板。和舞台上的冷清相反，球场外的姚明带来的影响越来越庞大。印第安纳波利斯的康赛科球馆里有很多华裔球迷，他们用中文高呼着姚明，有的球迷提前制作了标语，在看台上使劲挥舞，上面写着"The New Ming Dynasty（新明王朝）"。这场比赛由TNT向全美直播，大洋彼岸的电视观众更多，有三亿人守在电视机前观看了姚明的这场处子秀。

很多人失望了。姚明也失望，可他也清楚这是开始，有这样的首秀垫底，不能再差了。比赛之后，他接受了中央电视台的越洋联线，主持人孙正平老师问："第一场感觉怎么样？"

他的回答简单却斩钉截铁："这就是一场战斗。"

他身处战场的最中心，无论多少支持、多少质疑笼罩，挺住的是他，挺不住倒下的也只能是他。他拥抱着挑战和刚刚起跑时的艰辛。

球迷在战场之外观看，可以自由发表看法，有人觉得姚明不成，有人觉得只要给他时间，姚明没问题。

负责直播姚明NBA首秀的TNT电视台有一个电视解说员叫查尔斯·巴克利，一个伟大的球员，也是一个著名的大嘴。性格开朗，生性豪爽，爱交朋友，有人见过他在一家餐厅用餐结束后，攥着一把百元美钞绕着餐厅转，给每个服务员小费，握手道谢。他曾是NBA的著名球星，和乔丹同时代，也是乔丹的好朋友。巴克利职业生涯的最后一站在休斯敦，那时候乔丹带着公牛来打比赛，巴克利写了张纸条让球童送到客队更衣室给乔丹，纸条上写着："比赛之后把你的球鞋签上名，给我送过来，不然我就去踢你的屁股。"乔丹也跟巴克利逗，那场比赛把火箭打得那叫一个惨。比赛之后，他脱下球鞋低头在上面写了好多字，然后交给球童带给巴克利。巴克利一看，乐得前仰后合，乔丹不仅仅在球鞋上签了名字和日期，还有比赛的最终分数，还有自己的得分。那意思，拿着这双鞋吧，好好臊臊你。

巴克利退役之后发挥了大嘴本色，干起了电视解说。最开始，他不看好姚明。火箭用状元签选中姚明时，巴克利就说这是"活见鬼"，说火箭疯了，有这么多出色的球员，干吗把这么宝贵的一号签用在姚明身上？那时候，姚明是整个NBA的热点，TNT转播了不少火箭的比赛，而巴克利只要一说到姚明，

巴克利（右）和史密斯（中）是TNT电视解说NBA比赛的一对黄金搭档

语气里全是不屑。在一场火箭和太阳的比赛之前，巴克利对解说搭档肯尼·史密斯说："如果姚明能在这个赛季任何一场比赛里得到19分，我就亲你的屁股。"肯尼·史密斯也在火箭打过球，是当年冠军队的成员，他的观点是姚明有潜力，可需要时间。爱出风头、爱开玩笑的巴克利没这么谨慎小心，毫不在意自己的言行。

姚明没想到巴克利会在全国直播的电视屏幕上说这些。巴克利按说是他的前辈，姚明刚进火箭队时，在球队训练馆里用的衣柜就是巴克利曾经用过的。姚明说："不就是在更衣室里占了他的地方吗，不至于这么小气吧？他真是想说什么就说什么，也不管说出来准不准。我这回就跟他赌这口气了，非拿个19分给他看看。"

新秀赛季刚刚开始半个月，姚明跟着火箭队去了洛杉矶，打湖人。奥尼尔因伤缺阵。这一天，巴克利运气不佳，姚明则手感太热。

没有奥尼尔，湖人内线无人能防住巨大的姚明，那时候他还没练出宽阔的肩膀，力量也无法与NBA内线相比，可他能投，他可以灵活地移动，在中距离连续发炮。那个晚上,姚明9投9中,拿下20分6个篮板。哪怕湖人另外一位巨星科比杀得天昏地暗,湖人也没能挡住火箭。火箭高兴,姚明更高兴,他已经很久没这么爽地打球了。

更高兴的是TNT的电视观众,他们将看到TNT转播史上神奇的一幕。又到了一个周四,肯尼·史密斯又和巴克利坐到一起。史密斯憋着笑,问巴克利:"怎么样,你说说啊,姚打得如何?"

巴克利装得好像自己什么话都没说过:"我早说过了,我希望他打出来。"

史密斯打断他:"别废话,你还记得自己说过什么吗?他9投9中。"

巴克利不愿意提亲史密斯屁股的事,无力地反击着:"9投9中怎么了,我也能,我现在还能,我可以做给你看。"

可没人想看巴克利投篮,大伙儿都想看这场玩笑怎么收场。史密斯没逼着巴克利亲自己的屁股,他花了500美金从附近的农场租来了一头毛驴,指着驴跟巴克利说:"亲它也行。"

说出去的话,泼出去的水,巴克利实在没办法了,只好撅起厚厚的嘴唇,在驴屁股上结结实实地亲了一下。这一幕刻在了很多人的记忆里。

可一场比赛不能说明姚明已经完成蜕变。他还是新来的,还是菜鸟,还在试图融入。

他自己清楚,火箭也知道,姚明是潜力,是未来,是个可造之才。可在他新秀那年,他是跟随者,球队的领袖是弗朗西斯,姚明是帮忙的。

他新秀那年,也是奥拉朱旺火箭球衣退役的年份。退役球衣,是一座城市、一方人民对一个球员的肯定,靠日积月

休城球迷希望姚明会是下一个奥拉朱旺

奥拉朱旺在指导姚明训练

累的喜欢积淀而成，是球员职业生涯结束后最光辉的一刻。

奥拉朱旺是休斯敦历史上最伟大的球星。他从非洲来，到休斯敦大学读书打球，刚来时，学习打篮球没多久，以至于当时的休斯敦大学校队根本没拿他当人才看，甚至没派个助理教练去机场接他，奥拉朱旺把修长的身躯塞在一辆出租车里，晃到了休斯敦大学。可几年后，他成为NBA历史上最伟大的中锋之一。身材是中锋的个子，却像后卫那般灵活，他的移动被称为"梦幻脚步"，不停地转身，假动作晃晕过很多人。老NBA球迷还记得马刺和火箭队的一场比赛，那是季后赛，也是马刺中锋大卫·罗宾逊接过常规赛最有价值球员奖杯的日子。可那场比赛的明星是憋着劲儿要让罗宾逊好看的奥拉朱旺，他闪躲腾挪，几次转身后，罗宾逊就找不到该他防守的奥拉朱旺了。那场比赛，最有价值球员被羞辱了。

奥拉朱旺能成为领袖，一靠技术出色，二是因为他的性格非常强势，统治欲极强，对比赛有自己的理解，有时甚至不听教练的安排。当时的主教练是鲁迪·汤姆贾诺维奇，鲁迪有时会安排奥拉朱旺到高位防守，挡住意图冲击篮筐的对手，可奥拉朱旺不怎么听话，反驳道："中锋是什么意思？中锋就应该站在篮下，站在防守阵地的最中央，这个球场的一切都应该围绕中锋组织。"鲁迪拿他没辙，于是奥拉朱旺这番非洲口音极浓的中锋言论，开始在休斯敦流传。

他为休斯敦连着拿了两个冠军，是这座城市的英雄、偶像。

球衣的退役仪式上，奥拉朱旺说："我走了，新的英雄会出现。你们已经有了新的领袖，你们有了弗朗西斯，还有莫布里，我离开了，可我会看着你们拿到新的NBA总冠军。"奥拉朱旺没有提姚明，那天姚明只打了7分钟，得到3分2个篮板，那时候，他只是一个充满各种可能的年轻人。后来姚明见到了奥拉朱旺，两人拥抱，奥拉朱旺在姚明耳边说了些话，可他的尼日利亚口音太浓重了，姚明一句都没听懂。

再往后，又一件事把他推到了风口浪尖上——入选全明星。

入选全明星没问题。全明星是球迷的节日，球迷想看谁，就把谁选进去。可问题是新秀姚明不仅入选全明星，还成为了西部的首发中锋，挤掉了如日中天的超级中锋奥尼尔。奥尼尔是NBA中锋时代的尾声，也是最有力的休止符。他像一个怪物盘踞在篮下，没人推得动他，没人能挡住他，他如同鲨鱼出水，横扫千军。因为奥尼尔太强大了,联盟不得不改变规则,允许联防,一个人推不动奥尼尔,那就两个人来顶;还增加了进攻三秒违例的规则,要求进攻球员不能在篮下盘踞超过三秒,这样奥尼尔就不能一直撅着屁股挡住防守人,轻而易举地扣篮得分了。

一个中国来的男孩,把这样的奥尼尔挤到了替补席上。无论姚明多么诚惶诚恐,在全明星上怎么乖乖地不抢镜,还是挡不住如潮的怀疑声。NBA见识到了中国力量带来的影响力,却也觉得姚明没这么出色。邓利维站出来说话了,他说:"一个不会跳球、篮板也比不上其他人的中锋,不应该得到全明星的首发资格。"

那时候,邓利维是洛杉矶快船队的主教练,打过NBA,还在休斯敦火箭打过四年球。后来休斯敦火箭为老总经理道森举办退役仪式时,还邀请邓利维参加。可邓利维没因为姚明也是火箭人就嘴下留情,作为一个主教练,他说了自己想说的话。

姚明没有争辩,无论是应对巴克利还是邓利维,他知道打好球是一切的关键。打不好,谁捧你也捧不起来;打得好,谁骂你也骂不倒。那年的全明星,他过得谨小慎微。西部全明星训练,别人都玩得特高兴,扭着身子变向运球,高高跃起在空中扣篮,只有姚明不知道该以什么姿势把自己摆在那儿。科比在他身后揉着他的肩膀,冲他喊:"放松点儿,放松点儿,别这么紧张。"姚明冲着科比嘿嘿直乐,科比怕姚明没明白自己想说什么,甩着肩膀,给姚明比划怎么放松:"看到吗?就这样。"

姚明冲着科比笑了,但该紧张还是紧张。那是他的第一次全明星周末,过得谨小慎微、如履薄冰。

从软蛋到伟大

姚明在NBA的前两年,是明星,可不是巨星。

明星是什么意思?在美国有这么一种解释:明星就是名字随处可见的人,明星就是名人。从这个概念上说,谁也无法否认姚明是明星,从他加盟休斯敦

姚明和科比,是最为中国球迷所熟悉的两位巨星

A SHORTER YAO IN MY EYES

火箭的那一刻,这位中国青年背后的庞大国度、神奇文化就让他变成了关注的焦点,NBA世界和美国观众对他好奇,对他身后的文化好奇。中国的球迷也一样,关心他在美国的经历,想知道他能否立足于那个更凶狠的世界。队友巴蒂尔说过:"如果一个人的目光是37度,那所有关注在姚明身上的目光能把他给烤化了。"

从明星到巨星是一条漫长的道路,需要一份又一份成绩。姚明NBA生涯的前两年,在一步步适应、学习,赞扬也好,责备也罢,他没法全都往心里去,哪怕他是一个2米26的巨人,他的心里也搁不下这么多东西。可这本就是一个聒噪热闹的世界,永远纷乱复杂。

和其他的NBA城市相比,休斯敦的生活环境温和多了。对此,范甘迪深有体会。范甘迪在纽约执教很多年,每天应付媒体就耗费了他无数精力。纽约是个大都市,生存着很多媒体,仅是一堂训练课就不知道有多少记者来采访。很多只镜头、很多双眼睛捕捉着蛛丝马迹,无风也能起浪。每个媒体都希望有独家的新闻、独特的观点吸引消费者,他们把这种压力转嫁到了球队身上。一场比赛打好了,媒体的热浪能把人捧到天上;一场比赛打差了,又重重地摔回地面。在纽约,没有秘密,没有隐私,更衣室的大门只是装饰,记者们有各种办

《休斯敦纪事报》首席篮球记者乔纳森·费根

法把故事挖出来。

采访他们主场的记者永远里三层外三层，连去客场，纽约的记者也是最多的，总有七八个，尼克斯去哪儿打比赛，他们就能把哪个球馆的媒体工作室填满。范甘迪说："我能干电视解说，得感谢纽约媒体，感谢和他们唇枪舌剑的锻炼。"

休斯敦没有这么多媒体，只有一家城市报纸，叫做《休斯敦纪事报》，平日里只有这家报纸的一个记者跟着火箭队跑来跑去。在美国，这样的随队记者叫做Beat Writer，在NBA发放的媒体手册上都会注明他们的联系方式，他们掌握着球队第一手的信息。休斯敦的Beat Writer叫做乔纳森·费根，因为写姚明，他在中国比在休斯敦的名气还大。有中国的网站给他薪水，给他开专栏，报道有关火箭队的一切。平日里，除了国内派驻休斯敦的记者外，只有费根扭着胖胖的身躯跟着火箭到处飞，跑客场。

主场比赛，来的媒体会多些，各家电视台都会出现，还有《休斯敦纪事报》的专栏作家们。专栏作家不像费根，费根每天都要跟编辑商量，有什么料，写什么故事，抓住比赛的哪个点来写。专栏作家不同，他们写什么，报纸上就登什么，嬉笑怒骂皆成文章。姚明到休斯敦的前两年，休斯敦这家唯一一份报纸的专栏作家也骂过他。

这些专栏作家里，有个名叫约翰·洛佩斯的，看不上姚明。他曾这样写过："休斯敦的球迷不要再欺骗自己了，火箭队有很多很多问题，可最大的问题就出在他们中体型最大的那个身上。"洛佩斯不客气，他多次用"SOFT"这个词来形容姚明，中国媒体把它翻译成"软蛋"，语气更狠，听起来更不客气了。

很多姚蜜把洛佩斯看成姚黑阵容里扛大旗的，其实不是。洛佩斯只是就事论事，他评论姚明，看的是比赛，评的也是比赛。那些专栏作家里，只有富兰·比林伯利能接触球场外的姚明，了解他的为人，其他的只能在球馆里接触到姚明，问两个问题，看他打比赛。所以他们根本不会把评论扯到球场之外，更不会像很多网络上的姚黑那样，不停地人身攻击。所谓的"SOFT"，形容的是姚明的球风，而不是他的性格。

NBA生涯的前两年，姚明确实球风偏软，他的力量挡不住黑人内线的冲击力，在球场上经常摔倒，别人一撞，他就一趔趄。他喜欢飘在外面打，利用

奥尼尔突破姚明的防守扣篮

出色的手感，用中距离投篮杀伤对手。这是他琢磨出的生存之道："我要是在篮下跟奥尼尔硬撞，早就牺牲了，我得把我的优势打出来，我的移动速度快，我能投。"为了生存，姚明只能以强攻弱，而不是把自己的缺点暴露给对方猛攻。那时候，他也开始了辛苦的力量训练，把胳膊、肩膀练得越来越厚实。

每一年，姚明都在进步。新秀赛季，他每场比赛平均得分13.5分，第二年变成17.5分，第三年变成18.3分，第四年变成22.3分，第五年变成25分，一路攀升。范甘迪说："姚明不会有飞跃，可你仔细看看他每一年的表现就能发现，他一直在进步，能做到这一点很不容易，只要这么坚持下去，他就能成为最伟大的中锋之一。"

美国人其实也爱说套话，也没羞没臊地捧人。有几句话是百说不厌的，留心NBA报道的球迷都肯定不止一次听说过这样的描述："这是个伟大的球员……他有难以置信的天赋……对于他来说，天空才是极限……"这些都是夸人、捧人最安全的方式，反正谁也上不了天。

可和姚明相处两年后，范甘迪说："姚是一个伟大的中锋、伟大的球员、伟大的人，这毋庸置疑。只有你执教一个球员，才能真正了解他，我想我能看清楚姚了。"

濒临灭绝的恐龙

早些年，姚明有个外号，叫"丹佛"。现在已经很少有人叫了，知道的人也越来越少。

这个外号是范斌给起的。范斌比姚明大11年，算是忘年交。姚明1998年进入国家队，就被安排和范斌一屋，住了两年。那时候流行一个动画片《最后的恐龙丹佛》，范斌的女儿爱看，老范也就跟着看，看完动画片回来再看姚明，觉得跟动画片里的那只绿色的小恐龙长得一模一样，就这样，丹佛的外号在国家队里传开了。

起外号是玩笑，可姚明没想到，自己真赶上了NBA的后恐龙时代。这话是姚明说的："如今NBA里中锋越来越少，我们已经像濒临灭绝的恐龙一样

A SHORTER YAO IN MY EYES

稀有了。"

过去十多年,NBA里好中锋越来越少,比赛速度也越打越快。观众们喜欢看快节奏的比赛,喜欢看小个子球员凌空跃起把皮球砸进篮筐,喜欢看闪电一般的运球,把防守人晃个趔趄,甩到身后。为了满足消费者,NBA调整着比赛规则,增加了进攻三秒违例,在篮下画个小圈,设为进攻免责区,只要进攻球员和防守球员在那个小圈里发生身体接触,就是防守球员犯规。这些规则都限制了中锋作用的发挥,因为他们喜欢慢节奏的半场攻防,篮下恰好是他们的生存区域。在规则的引导下,越来越多的后场球员进入这个联盟,后卫时代到来了。

中锋们被挤兑惨了,姚明进入NBA时,伟大的中锋只剩下奥尼尔了。

从张伯伦、拉塞尔到摩西·马龙,再到贾巴尔、奥拉朱旺,再到尤因和大卫·罗宾逊,他们曾经是NBA历史上最璀璨的巨星,也撑起过一个又一个时代。可到了莫宁,到了奥尼尔,出色的大个子已经凤毛麟角,可遇而不可求了。现在的选秀,内线球员依旧抢手,可是能打出名号的寥寥无几。奥尼尔是中锋时代的绝唱,也是一个最响亮的尾音。

奥尼尔为中国著名运动品牌李宁做代言活动

姚明进入NBA时，奥尼尔是偶像，是他追赶的目标。有很多人拿他跟奥尼尔比，其实这不公平，对奥尼尔不公平，对姚明也不公平。从水平和统治力上说，姚明赶不上奥尼尔，可奥尼尔一日日老去，他再强壮也挡不住时间的车轮，挡不住一日日变老。他还能像以前那样镇守篮下，依旧没有几个人能推得动这堵墙，可他无法像往日那样奔跑、冲刺，一场比赛打40分钟了。

姚明超不过奥尼尔，奥尼尔也没法等待姚明，两人一前一后，排着队走入NBA的历史书。奥尼尔说过："如今联盟里只剩下两个真正的中锋，我和姚。"对于姚明来说，目标的褒奖是最大的肯定。

迄今为止，姚明职业生涯的平均数据是19.1分、9.1个篮板、1.9个盖帽，投篮命中率52.5%，罚球命中率83.2%。这是一个成功中锋的数据，无论姚黑和姚蜜之间有多少争论，都抹杀不了这铁一般的事实。NBA联盟里有30支球队，每支球队都有首发中锋，没有几个能在七年的职业生涯里保持这样的数据。也许姚明打球不好看，可他是一个伟大的中锋，在他所处的时代里，像他一样出色的标准中锋少之又少。只看这些大个子，他不伟大，谁伟大呢？

费城76人队曾有个中锋叫戴伦波特，也是国际球员，来自海地。他已经在NBA打了八九年，平均数据是8.1分、9.6个篮板，即便如此，他还是得到了一份6年6千万美元的大合同。

没办法，NBA已经进入后侏罗纪时代，恐龙濒临灭绝。

全球化之子

中国篮协的前任掌门李元伟这样评价过姚明："这个身高2米26的大个子，聪明、机智、勤勉、积极、责任心强，而且天赋异禀。他身上既有东方人稳重豁达、重情义的内敛美德，又有欧美人幽默风趣、敢于表现的外向性格，这样的篮球天才不可能不成功。可以说，姚明不仅是篮坛的巨人，也是时代的巨人，他在篮球领域的成功，早已超出体育的范畴，成为国家和时代的象征。"

美国的《外交政策》杂志，和体育并无关系，是一本时政类的月刊，讲述和评论世界时事。但在姚明NBA生涯的第三年，它这样评价姚明："东方和西

A SHORTER YAO IN MY EYES

方即中国和全世界的融合,很可能成为21世纪的决定性碰撞。也许没有哪个人比姚明更能代表这种大融合。作为我们这个时代的两股巨大力量,中国的迅速崛起和跨国资本主义的扩张彻底改变了这位25岁明星的命运。他真的可以被视作全球化之子。"

在姚黑看来,姚明是被媒体捧起来的,是NBA为了进入中国市场特意塑造的偶像。

媒体捧过很多人,也骂过很多人。NBA确实因为姚明,加速了进军中国的步伐,无论是捧骂还是塑造,能否成功都取决于姚明自己。如果他不能打出20分10个篮板的平均数据,他成不了火箭队的基石,他不可能在数年之后变成更衣室的领袖,也没法聚集巨大的财富和影响力。

2010-11赛季,姚明重回球场,也将暴露于全世界的面前。之前一年,因为伤病,他过得如同隐士,很少出现在公开场合,火箭也很少安排媒体对他进行采访。一年后,评论将再次把他包围,姚黑与姚蜜的论战将在新的战场上卷起扬尘。他的每一场比赛、每一分钟比赛时间、每一次投篮、每一次失误,都会成为双方球迷争论的凭据。可无论姚明恢复得如何、打得怎样,没人可以抹杀

姚明是世界了解中国的一个窗口,也是NBA在中国市场上的最大王牌

他已经拥有的成就。

　　也许姚明再也无法回到曾经的高度,也许他将成为球队的配角,不再是一座城市崇拜的英雄,甚至面临被交易,要在NBA世界里四处流浪,可你能说他失败了吗?

　　竞技体育向来看重结果,人们不可能清楚记得一个人是怎样努力,怎样倒下去又站起来,不会记得那些失败者怎样沮丧地垂下头。成王败寇,历史浓墨重彩的永远是胜利的一方。可至少在一代人的记忆中,清晰刻画着这样的故事:一个22岁的中国少年,穿着土黄色的西装,头发翘起,青涩地出现在休斯敦国际机场,他

新秀赛季的姚明和乔丹也曾在赛场上有过较量

架起一座桥梁,让中国人更了解美国篮球、更了解美国,也让美国人更了解中国。在那些岁月里,他的身影如此巨大。他是时代的巨人,拥有属于自己的时代。

　　有关姚明,乔丹说过:"对这个孩子来说,他肩上的责任太重,不光是篮球,还有整个国家的期望。我只是希望,篮球能成为他放松和快乐的天堂。每当你走上球场,心中必须一片平静,没有人能够打扰你,你才能去表达真实的自己。"可姚明做不到,至少他还没做到过,除了篮球,他肩上还承担着太多太多。

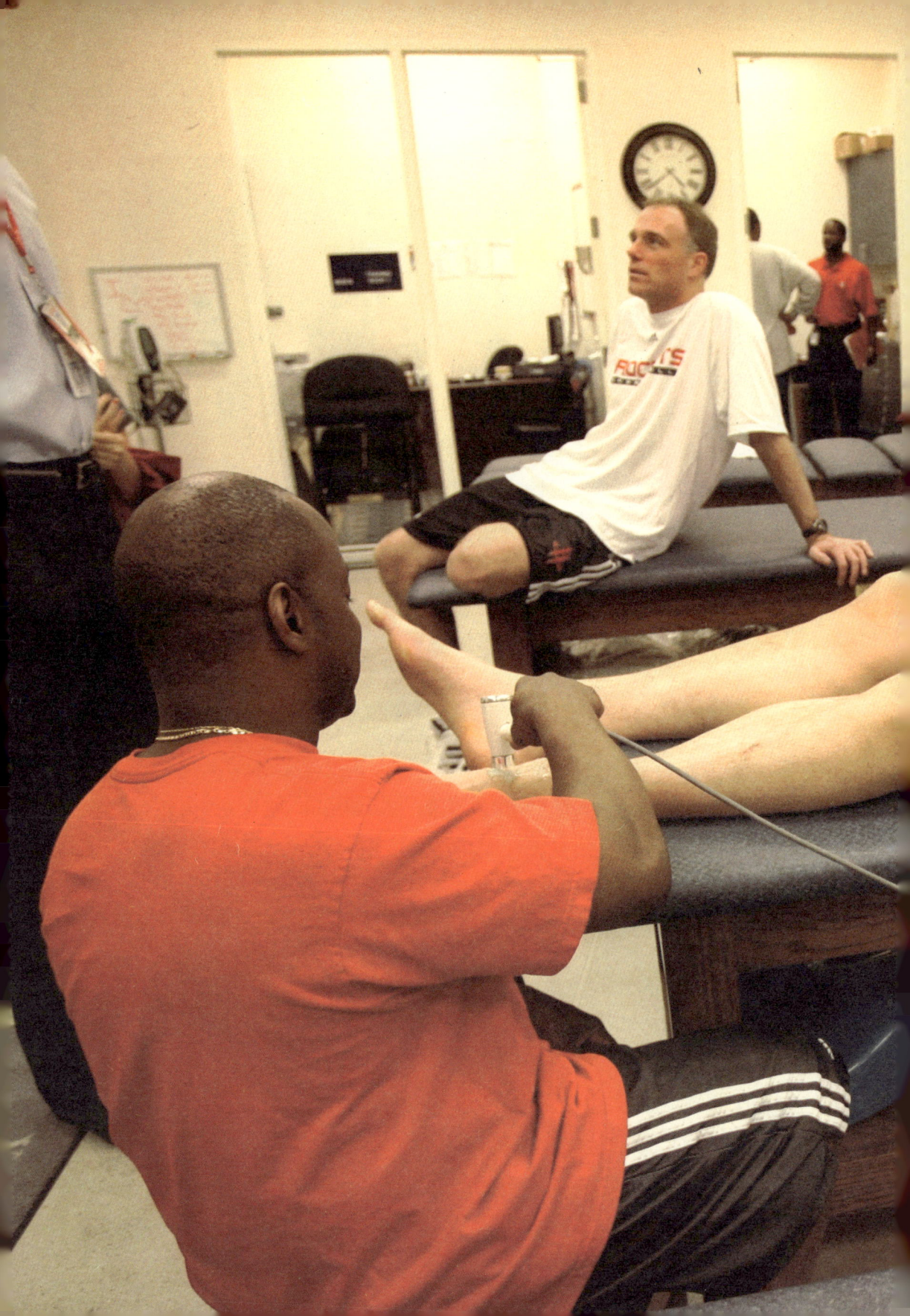

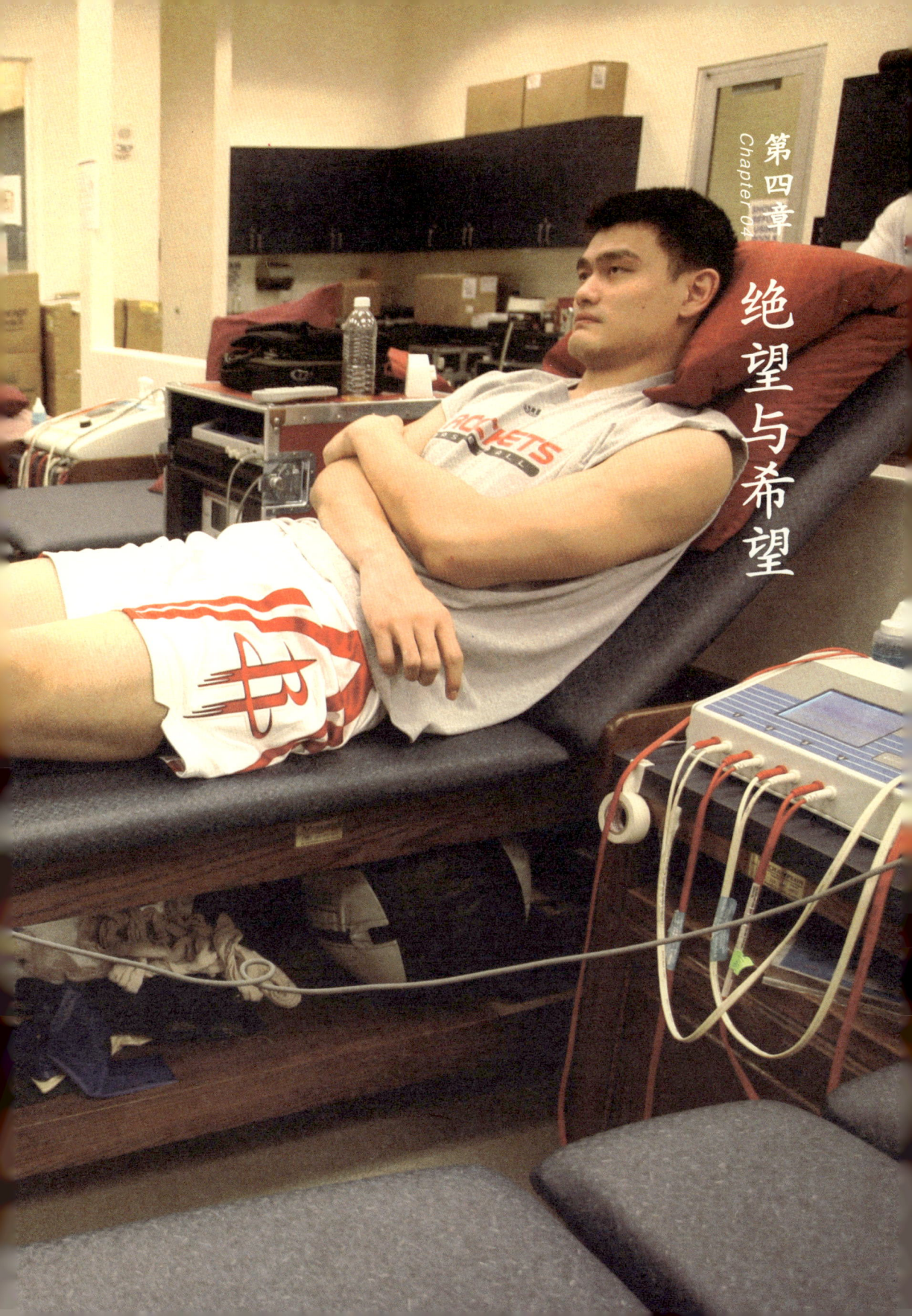

第四章 绝望与希望
Chapter 04

A SHORTER YAO IN MY EYES

　　我从没想过姚明会如此绝望，像每一个陷入困境的普通人，无助得仿佛是个孩子。

　　那是座巨大的宅子。它漆黑一片。它是姚明的家。远远望过去，毫无生气。姚明在家，只有他所在的房间开着一盏昏黄的灯。姚明就坐在那片光晕笼罩不住的巨大黑暗中纠结着。绝望如同夜色，把这个身高2米26的巨人吞噬其中，把他的希望、梦想一点一点碾碎。

　　那是2009年的初夏，左脚舟骨上一道细如发丝却久久不愿愈合的裂痕，让姚明如坠冰窖。

>>

终于跨过了这道坎儿

　　福祸相依，人生在世，仿佛总也逃不过"福祸"二字的纠缠。2009年的初夏，是姚明NBA生涯迄今为止最辉煌的日子，此前他也体会到过前所未有的绝望。

　　2002年，姚明以状元秀身份加入休斯敦火箭队，从中国到美国时还是个孩子，脸上挂满青涩，高高瘦瘦的，仿佛一根电线杆子。那时候，他还不能用英语与人正常交流。2002年10月的休斯敦国际机场，火箭队给他专配的翻译和工作人员一起等待着，看到身穿土黄色西装、因长途飞行头发胡乱翘起的姚明，他们如释重负地笑了。

　　状元秀到了，火箭心里踏实了，可姚明的心还悬着。那时候，没人可以清楚预测这位少年能否在动物凶猛的联盟中生存下去，包括他自己。

　　时光飞逝，七年过去，姚明，一个美国文化的外来者，终于成了火箭队的领袖。和七年前相比，火箭队大换容颜，除了姚明，从主教练、球员到球队工作人员都换了新面孔。姚明则越来越壮，越打越好，变成了火箭的根基。七年过去，懵懂、瘦弱、不知所措的少年不见了，一位目光坚韧、满脸皱纹与伤痕的领袖站在了火箭队最前头。

平视姚明 | Chapter 04

姚明说："我是这支球队的一部分，我很骄傲能跟这些队友们一起为共同的目标战斗。我也不会否认，队友们在盯着我，他们说我是这个球队的领袖，那我就应该站出来承担这些。如果我们不幸没能打过第一轮，我有什么借口说这不是我的责任呢？赢了，就是我打好了；输了，就是我没打好。"

他说这话时，很爷们儿。

可语气决定不了什么，成绩才是一个人价值的体现，大洋彼岸的NBA亦是如此。哪怕姚明已经拿着NBA的顶级薪水，每年光靠打球就进账千万美元，可他还不是超级巨星，因为火箭队一直在季后赛第一轮徘徊。一直到了2009年的初夏，苦等，也苦斗了七年之后，姚明的职业生涯终于往前迈进了一步。

那是2009年4月30日，休斯敦火箭和波特兰开拓者季后赛的第六战。

NBA季后赛采用7战4胜，火箭3比1领先回到主场，终结的一战马上开始。

命运有些时候就是这么奇怪，会给你很多提示，告诉你没错了，就在今天。

NBA的中国力量

A SHORTER YAO IN MY EYES

那一战开始之前，姚明觉得自己接到命运的通知了。

通常，有比赛的日子他会午睡。早上的投篮训练结束，吃完午餐，然后睡个踏实觉。可那个中午他躺在床上怎么都睡不着，辗转反侧，乱七八糟的东西一起往脑子里钻。一会儿是早上安排的防守战术，一会儿是对手后卫借着挡拆掩护杀到自己身边，一会儿是过去几场比赛的影像，混在一起，在脑海里不停地闪动。好容易睡着了，没过多久，姚明突然醒了，睁着眼，躺在床上足足等了一个半小时。他说："我也不知道为什么就突然醒了，是因为压力吧，我很久没这么紧张了。"

几个月前的北京奥运会，姚明带领中国男篮冲八强的那天也没这么紧张过。那时候，在国家队的公寓里一觉醒来，他还能乐呵呵地玩会儿网络游戏，用匕首刺倒几个怪物，为比赛的肉搏战预演。可这一天，他心里七上八下的，总也踏实不下来，直到抵达球场，从停车场一路溜达进更衣室，才把心情放松下来。姚明说："更衣室大门在我身后关上，心里的紧张一下子都没了。我觉得轻松了，看着更衣室里的队友们，我觉得今天能拿下了。"

姚明说北京奥运是他职业生涯中最重要的比赛

结束完比赛前的采访和闲聊，距离比赛开始只剩下45分钟时，姚明告诉我："就在今夜了。"

果然，火箭大胜，92：76。

在比赛结束前的1分30秒，姚明被替换下场。他那留着胡子、布满伤疤、已经有些浅浅皱纹的脸上露出了孩子般的笑。转过身，冲着身后的看台使劲儿挥舞了一下左手。看台上，距离球队替补席大概二十几米远的地方，坐着他的父亲姚志源和他的妻子叶莉。他们是姚明最亲的人。2002年起，父母就跟着他来到美国，姚志源一直戏称："我们的任务就是做好后勤工作。"叶莉是2007年开始到休斯敦生活的，姚明戏称："她是火箭队派驻到我们家的助理教练，我回到家，躺床上，她给我分析今天哪儿打得好，哪儿打得不好。"这些年来，他们一直陪在姚明身边，承担着点点滴滴，也承担着一切。

姚志源也冲着儿子挥了挥手。叶莉则一直站着，默默地、不停地给丈夫鼓掌。和身边疯狂的球迷相比，他们看起来太冷静了，可没有人能像他们那样深深地记住这个晚上发生的一切。2009年4月30日，一个不眠之夜，打了七年，从青涩菜鸟变成老兵的姚明，终于迈过了季后赛第一轮这道坎儿。

回到更衣室，一位工作人员分开众人挤到姚明身边，把一个杯子塞进他手里，那不是功能饮料，而是一杯啤酒，庆功用的。

杯子很大，姚明一口气灌了一半，坐回到靠背椅上，低头沉默了几秒钟，再把剩下的另一半灌进肚里，然后长长地吐出一口气，再次笑开了。

媒体官催着他赶紧洗澡，赶紧穿衣服，很多记者在新闻发布室里等着他呢。可姚明还是磨磨蹭蹭的，这个晚上，他话很多，思路很乱。媒体官喊了半天，他终于收拾好了，站起身，突然看到更衣室大屏幕上ESPN电视台的转播，自己就站在镜头里，和队友紧紧地拥抱着。姚明笑了，欣赏了一会儿，把那个镜头刻进记忆。

A SHORTER YAO IN MY EYES

细如发丝的裂痕

就这样，姚明这辈子第一次打到了季后赛第二轮，他们的对手是洛杉矶湖人。这一轮，火箭是第七场败的，只撑到第三场，姚明就伤了。

这伤，说轻不轻，说重不重。连着扭了几次，他左脚脚踝重度扭伤，踝骨上出现了一条细如发丝的裂痕。说不重，是因为姚明的脚踝受过比这更严重的伤。就在一年之前，他的脚踝因为应力性骨折刚刚完成一次手术，左脚脚踝植入三根钢钉。说不轻，是因为连续四年伤病就没停过，尤其那只命运多舛的左脚，谁都不知道新的伤病将把姚明的职业生涯引向何处。

姚明总说自己学会怎样面对职业伤病了，可总也做不到。

火箭队的前一任器材装备经理叫杰，一个东南亚与美国的混血儿。他总能从一堆球员的袜子里轻松挑出姚明的，杰说，不是因为他的袜子最大，而是因为他的袜子上总有暗红色。在中国长大的姚明，从小就接受轻伤不下火线的教育，他的大脚趾头总被踩得血肉模糊，脚趾甲总掉，但他总咬牙坚持。时间一长，留在袜子上的血迹很难洗干净。2006年，总坚持、总复发的左脚脚趾终于

过去四年里，伤病从未离开姚明，而这一次却是对他打击最大的

染上骨髓炎。医生摘除了脚趾甲，并把姚明左脚大脚趾削短了一截。他开玩笑说："这回倒是不复发了，可就是左脚穿的鞋子比右脚小一号。"

从那之后，他和家人都念叨要注意要注意，不能再受伤了。可每当比赛打到激动人心时，他就把所有的事儿都抛到脑后

姚明前队友卡尔·兰德里

了，一心就想着拼了。后来他说："没办法，已经深深地进入骨髓了，从小我就是这么被教育的，只要站在球场上，就拼尽全力打每一分钟。咱总说鞠躬尽瘁，死而后已，后来打职业篮球，想改，总跟自己说，这是生意，可一打到兴头上，还是鞠躬尽瘁，还是死而后已。"

2009年的季后赛第一轮之前，他就扭伤过脚，很疼，一直忍着。第一场比赛马上开始，队医琼斯问他还好吗，姚明摇了摇头说，打一针吧。于是，队医给他打了一针止痛药剂。现代医学很神奇，那针剂特别管用，能让姚明五个小时之内感觉不到疼痛，只是药效一过，疼痛依旧。他没说，一直到第一轮季后赛打完，没有外人知道这件事儿。

到了第二轮第三场，第二节打了一半就扭了第一次，接着还踩了别人两回，有一次是队友兰德里。

最开始，姚明不知道踩到谁了，后来回到替补席上跟队医说，我下半场踩人脚上了。旁边的兰德里低声低气地说，是我的。一脸的怯生生，生怕姚明把气儿撒他身上。姚明跟他说："怕什么，我又不打你，也不是只踩你一个人了。还有一球，我连续起跳抢进攻篮板，一开始没投进，再抢，后来被推地上了。那一下，其实推我推得并不重，可我落地的时候踩人脚上了。"后来，姚明又扭了两次，就再也挺不住了，比赛之后立刻去了医院，脚踝已经肿得猪头一般。

拍完片子后发现又骨裂了。姚明说："人活一口气，想赢啊，当时追得

感觉看到希望了，不想放弃啊。我要能撑，会下场吗？我一定得打到最后一秒啊。实在撑不住了，到后来我是用脚后跟跑，实在是疼啊。当时我就想，要是能追到还剩两分，有机会我一定扔个三分，如果再打加时，我肯定是挺不住了。谁想到，连最后一秒都没坚持到。"

姚明是笑着接受这结果的，因为医生说了，不用手术，静养就行。也因为七年来他终于迈过了第一轮。

姚明喜欢打游戏，也喜欢用打游戏的逻辑往生活里套。游戏，过了一关，心里踏实，原地存盘，再来时，从存盘的地方继续往下砍砍杀杀就行了。姚明笑眯眯地穿上保护左脚的铁鞋，回想着刚刚写入记忆的那些篇章，开始了暑假。

姚明带着太太叶莉回国，这是他每一年最幸福的日子。在休斯敦，他每过几天就要念叨念叨对家乡的思念，上海街头的生煎包子、炸油条的味道，上海清晨整个城市苏醒过来的忙碌劲儿……他说："就连推开窗户，使劲儿吸一口清晨的空气都觉得享受。"

那时候，另一个机会摆到了他面前，他曾经效力的上海男篮正在寻找新的投资人，他们希望姚明接手。

上海男篮隶属于上海文广集团和上海体育职业学院。2002年，也就是姚明前往NBA的那一年，他们击败中国篮球联赛霸主军旅八一队，夺得冠军。姚明离开后，冠军球队瞬间分崩离析，加上一直以来的经营不善，球队成绩不佳，日子越过越难。2007年，西洋集团和上海男篮签署了五年的赞助合约。这家主营钢铁、化工的企业承诺每年向上海队提供1500万人民币，用于球队的经营和建设。可上海队与西洋集团的合作并不愉快，问题很多，最大的分歧在钱上。西洋集团提供的1500万中，只有750万被用在球队建设上，另外的750万被挪作他用。花了钱却看不到效果，投资人决定撤了。2009年的春天，西洋集团提出终止与上海男篮的合约，从那时起，断了粮的上海队人心惶惶，全力寻找新的接手人。

此时，他们想到了姚明。

离开上海滩七年，姚明和他身处的这个世界一样，早已发生了翻天覆地的变化，他成为中国在世界上的一张面孔。姚明和另外两位NBA球星巴克利、韦德拍的广告在全美国的电视网上循环播放。那是一则有趣的广告，巴克利和韦德在中餐馆里点菜，要了姚明最喜欢吃的醉虾，盘子端上来，拿掉罩子，活虾在这两位面前活蹦乱跳，韦德吓得一个趔趄，从椅子上摔了下去。后来导演告诉姚明，那镜头是真的，韦德确实被吓傻了。

姚明的影响力在国内更是惊人，他的脸出现在大街小巷，商场外墙上，车站灯箱上，甚至擦手的面巾纸上……很多到中国来的外国人，走出机舱后就指着墙上举着电话或者捏着张信用卡的姚明广告说："我认识这家伙。"

七年来，姚明累积了名声、财富，也学会了有关篮球、篮球商业的很多知识。所以在很多上海人看来，姚明是最恰当的接手人选。首先，他是上海体育的标志，有巨大的号召力，能够把球迷和赞助商的注意力重新吸引过来。其次，经过七年的锻炼，他和他的团队拥有丰富的经验和充足的人脉关系，将把更科学的球队经营理念带到上海队。包括球队未来的建设、寻找外援、聘请教练、青少年篮球人才的培养，姚明和他的团队都有着绝对的优势。很多人都期待着姚明能把上海队建设成一个CBA的典范，为中国篮球打开新的局面。上海市政府也希望姚明能把上海篮球重新经营成一张城市名片。

但是，姚明入主上海并不是一片坦途。面对竞争者，虽然姚明有优势，可竞争者出价更高，他们比姚明更有钱。金钱的力量，姚明知道："钱不能决定所有事儿，但能决定很多事儿。"

在中国，随处可见姚明的广告海报，图为姚明在帮《体坛周报》拍封面

A SHORTER YAO IN MY EYES

当时，他心态很好："我想接，我觉得这将成为我职业生涯的延续。这几年，岁数越来越大，受伤越来越多，我想过退役之后该干点儿什么。现在看到了一个切实的目标，还没离开我最热爱的篮球，还没离开我最牵挂的中国篮球。可要真是竞争不上，那没辙，我就还继续过我自己的日子呗。"

季后赛过关和收购上海队的机会，仿佛双喜临门一样，让他快把脚踝上那条细如发丝的裂缝抛到脑后了。反正医生说了，静养就成。静养，就是吃吃喝喝，娱乐娱乐，看看话剧，斗斗地主。玩十块钱一把的斗地主，赢了，他也兴奋地砸桌子，就像打比赛时远远扔进一个三分球那样高兴。

姚明足足在国内待了一个月，矛盾地幸福着，每天都琢磨，今天去吃点儿什么不一样的。在美国一待就是七八个月，想吃的那些，早已经列成一个长单子，等着他一样一样实现。可每吃完一顿，他就站到镜子前审视半天，对着自己的大脸念叨："胖了吗？是不是又胖了啊？唉，吃起来容易，跑下去可难。"他已经历过受伤、康复、恢复训练、重回状态巅峰很多次，对那种苦心知肚明。

球迷也盼着姚明能够扶持危难中的上海男篮

他形容道:"每次康复期,状态就像是开了闸的水库,一下子全流空了。身体就像一个容器,等重新训练时,得想方设法把那个容器扩大,再扩大,一次又一次地达到极限,你练得多苦,就能把容器刺激到多大,状态就会有多好。"他看着镜子上微胖的脸,想起了前一年训练的情景。那是在上海波特曼酒店的健身房,姚明正在训练师的怒吼声中挥汗如雨,一位推着婴儿车的住客走了进来,姚明瞅着婴儿车里含着奶嘴、舒舒坦坦睡着的孩子,羡慕地说:"唉,真想跟他换换啊。"

姚明以为,等待他的又将是一个汗水像江河一般流淌的夏天。

但他错了。

最绝望无助的日子

在国内修养了一个月,姚明再次登上回美国的飞机。上飞机之前他跟我说:"我这趟可快,回去检查一下就回来,就待几天,下个礼拜咱们就能在上海见面了。"甚至,他在去医院检查的路上还在给朋友打电话,聊过些天回上海的安排,要见什么人,去哪儿,吃什么……可事与愿违,下一次再回到上海滩,是半年以后的事了。

等待他的,是一个晴天霹雳。医生检查的结果是,那条细如发丝的裂痕非但没有愈合,还越长越宽。

姚明崩溃了,那道裂痕在他心里赫然如沟壑。

那道裂痕造成的后果,远远超越所有人的想象。要彻底修复,需要一场耗时数个钟头的手术,还将耗费姚明整整一年的时间恢复。它给姚明的职业生涯带去很多很多问号,30岁做这样的大手术,他还能不能恢复到百分之百?他还能每个晚上无所顾忌地在球场上冲撞奔跑吗?他还是休斯敦火箭队的核心吗?下一份合同还能不能拿那么多钱?甚至,他职业生涯还能继续多久?

不仅是打球,还有生活。如果职业生涯就此戛然而止,他能接受吗?接下来该干点儿什么?连续接受手术的身体能否支撑他在以后的日子陪孩子玩玩篮球,像当初父亲姚志源陪自己玩一样……

  这是姚明从未遇到过的情况。

  他不是没遇到过难事儿。从小就有人说他不行，连他母亲方凤娣都说过："他小时候确实没有表现出多少篮球天赋，除了长得高以外，几乎什么都不好，看上去胖胖的，跑跳能力也不强。"一位篮球专家在姚明十一二岁时寻宝一样地到上海看过姚明，他让胖乎乎、一米九的姚明比划了几个动作，就开始摇头，毫不掩饰心里的失望。可能这位专家忽视了一个孩子感知世界的程度，姚明记得那一幕："我忘了他跟我说过什么，反正没几句，我就记得他对我没什么兴趣。"

  少年时，他也不是最突出的。17岁，他去巴黎参加欧洲篮球训练营，同去的中国少年还有来自辽宁的金立鹏和八一队的陈可。回想多年前的往事，方凤娣说："我记得金立鹏打得特别好。"那一年，金立鹏是训练营的最佳得分后卫。又过了一年，姚明去了美国，晃晃悠悠地去了很多城市，打了很多比赛。后来带他们去的上海队领导先离开，只给他们留下很少一点儿盘缠，他和队友刘炜靠着酒店的免费早餐和麦当劳最便宜的汉堡生熬，后来借了一个美国教练一百美金。成名后，姚明还记得这事儿，说找机会一定把钱还给人家。

平视姚明 | Chapter 04

去美国前,他得先在中国联赛成功。那时候八一队是霸主,2002年4月20日的那个雨夜,八一主场宁波雅戈尔球馆被姚明率领的上海队攻陷了。那之前,姚明被八一灭过很多次。之前一年,在上海的卢湾体育馆,八一剪下篮网,这是胜利者欢庆的仪式,尤其在客场,就像把对手踏在脚下搜战利品一样。那一晚是方凤娣的生日,姚明悄悄走到母亲身后,搂住她:"今天是你的生日,我真想赢下这场球,拿冠军献给你。"方凤娣说:"那时候我就觉得喉咙一阵发紧,我早忘了那天是我的生日。"

再后来,姚明跟着国家队在釜山、在印第安纳波利斯一路惨败。再后来,他到了休斯敦,和球队合练的第一堂训练课就被打晕了,一帮面容陌生的黑人队友高高跃起,拼命在姚明脑袋上把球砸进篮筐,示威炫耀一般。他们想不通,这个大臂没自己手腕粗、一撞就倒的中国孩子怎么就成了状元秀。有人开玩笑地问:"他是来打球的,还是来擦地板的?"

休斯敦的姚餐厅开幕,姚明总说,那是他父母的产业,跟他没关系

A SHORTER YAO IN MY EYES

就算经历过这多难事儿，也没有任何一件让姚明心生绝望，让他想在29岁就离开深深热爱的球场，让他瞬间陷入不知所措，不知道在余下漫长的生命中自己该做点儿什么，能做点儿什么……

那段时间里，我们聊过很多次。烦躁包围着他，好像所有好玩的、有趣的事情到他那里都变得没意思了。他被朋友拉着去看了刚上映的《变形金刚Ⅱ》，朋友看得津津有味，电影完了，兴奋地跟姚明聊这聊那，可他一皱眉："我怎么觉得挺没劲的。"他可是变形金刚迷，花过不少钱收了一堆玩具摆在家里，《变形金刚》电影刚出第一部，他电影院、DVD、网络上看了好多遍，越看越高兴。

心里变得没意思，眼前的世界也跟着变。

姚明就这么孤单单地坐在巨大宅子小小的一个房间里，对着这不知能不能熬过去的坎儿默默发呆。他的父母不在，太太叶莉也尚在国内，还没来得及赶回休斯敦陪他。有朋友、队友来看过他，夜幕降临，朋友得回家了。人们都有各自的生活，他们能在姚明身边唉声叹气，或努力跟他聊天说笑，试图把他逗高兴，可时间一到，任何人都得离开，无一例外。一位朋友在离开时跟姚明说："把家里的灯都开开，灯火通明的，至少看着舒坦点儿，没这么压抑。"

他笑了笑，把朋友送出门口，转身默默地关上了门洞走廊的灯，让身边的世界再次暗下来。坐在黑暗中的姚明百感交集，根本把握不住自己的思路。他思考着，却不知道思考会有什么帮助。生活已经跳出他的决定范围，可这就是生活。

伤病期间，游戏是姚明少得可怜的消遣之一

前一年做手术之前，姚明看过三个医生。这是NBA球星们都能享受的待遇。他们每一个人都身价惊人，而他们能创造出的价值比身价更惊人，每一个NBA球星都像大熊猫一样被保护起来。一旦出现重大伤病，球队会找出该领域内最好的专家，满世界飞着，至少看三个医生，然后把每个医生的意见放在一起比对，不断论证，再得出最终结论。

前一年，姚明的左脚脚踝被钉入三根钢钉。看第二个医生时，他听到这样的建议："做脚踝重建手术吧，如果仅植入钢钉，治标不治本。一旦复发，会更严重。"重建脚踝，意味着改变脚踝的物理结构，让原本承受巨大压力的那块小小骨头不再背负重压。姚明听完一哆嗦，赶紧摇头。他说："听医生说说我都觉得恐怖。"

可有些事，真就躲不过。

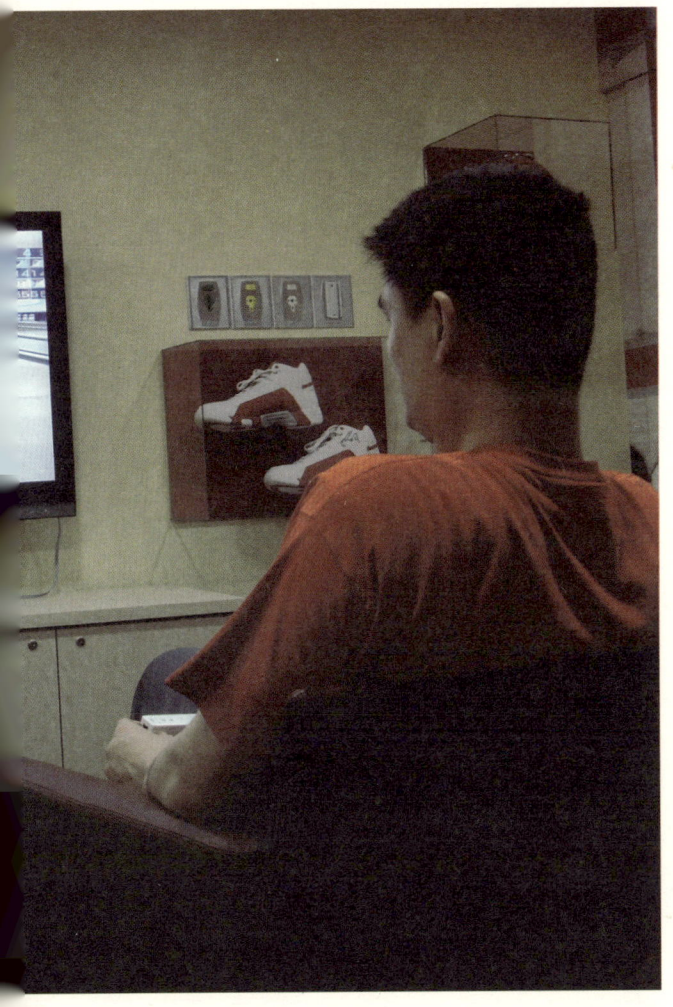

现在，重建手术变成了首选答案，他知道那意味着什么。这是姚明生命中的大事，是医生要好好准备的大手术，也是可能影响火箭队历史的大转折，没人敢轻易决定。姚明只好飞着接受检查。他去了北卡罗莱纳，到杜克大学看第二位专家。再往后，又飞到华盛顿，听第三位专家的意见。这是程序，走程序需要时间。他本以为，到了别的地方会比在家好点儿。待在空无一人的大宅子里，时间跟小刀一样凌迟着他的耐心，过得思绪万千、心乱如麻。可异地的新鲜感消失得很快，陌生的餐厅，陌生的房间，并不舒服，只能睡对角线的床，只有难受依旧。

他乐观过，说："也许打上石

体检之后，姚明离开医院

膏，拄着拐杖静养三个月也能好。医生说了，脚部的血液循环没有问题，就是有希望的意思。"

很快，他就把自己的乐观推翻了："可等上三个月，肌肉一定会萎缩，医生说可能会影响手术的效果，那就麻烦了，相当于错过了手术的最佳时机。"

他试着想点儿高兴的事儿："至少要休息一年，唉，也是好事儿，这么多年，从来没这么闲过。赛季打NBA，到了夏天打国家队，这回好了，逼着我一次歇足，把之前的那点儿假都给补上。能在国内踏踏实实地过上大半年，也算有得有失。"

可说着说着，他又发现自己根本不是个能歇的人："一想到要这么久打不上球，我就浑身难受，这么过了十多年，突然停下来，迷失了。"

翻过来倒过去，他想让积极的情绪占据高地，总不成功。

他想到了退役，连续几年，他伤怕了："我不想拼了，得留着身子骨，以后跟我儿子一起打打球，享受天伦之乐。"

不止他一个人这么想，太太和父母都这么劝他。他们看到的姚明与外人不同，别人享受姚明扣篮的激情与振奋，他们想到的是姚明手腕砸在铁质篮筐上的疼痛。别人看到的是姚明振臂一呼，应者云集，是千万美元的年薪，是他的诙谐幽默、风趣机智，他们看到的是姚明脑袋上缝的七十多针，是他拄着拐杖蹒跚挪步的辛苦，是饭桌上看着别人大鱼大肉，自己嚼两根青菜减肥的无奈……

姚明说："真的，我心里不止一次地跟自己说过，再受伤，退役算了。"

我跟他说："你要真退役，那NBA得疯了，NBA中国公司的人说，姚明一年不打，中国看篮球的人得少多少？体育网站也都叫苦连天，不知道明年的流量靠什么来冲。"

姚明刚听完挺高兴："你这么一说，我觉得自己还挺重要。"

就这样，他的情绪似乎好了些，笑呵呵地骄傲起来："如果我还能打球，算是职业生涯死过一次了，大难不死必有后福。男人嘛，之所以叫男人，是因为承受了很多。"

看他高兴了，我逗他："就知道你离不开这种生活，你怎么舍得呢？"

这事儿，我们聊过不止一次，他亲口说的："真退役了，我肯定会不适应，日子一下全变了，我知道有些人是离不开聚光灯，离不开别人的关注的。我不知道自己……我可能不需要关注带来的光环，可过了十几年的日子突然变

姚明参加北京奥运的誓师大会

A SHORTER YAO IN MY EYES

了，得适应一阵儿吧。"

我以为他会继续跟我逗，跟我开玩笑，要在以前，他大概会说"我退役，你饭碗不就砸了"之类的话。可他没有，情绪一下子变了，仿佛心里最柔软的地方被刺痛，反应无比强烈，连着反问了我很多句："手术的伤痛是你承受的吗？还是我？重新训练的挫折感你承受吗？还是我？将来我的腿影响我生活是我自己承受？还是你？我这几年夏天有多少时候是穿正常鞋子的？多长时间了，我健健康康地生活过一年吗？"

他突然间问了很多问题，让人措手不及。他仿佛在跟自己论证退役的理由，可说了这么多之后，他还是在黑暗中摇头，"我不知道，我想过退役，也想重新回来比赛，我不知道未来是什么样的。"

2008年夏天，他带领国家队在北京、在家门口杀进奥运八强。他说："那将是我一辈子最宝贵的财富。"

2009年初夏，他又带着火箭队杀进季后赛，迈过第一轮，好像推开一扇门，一番新世界在他眼前展开。

一步一步地，姚明似乎往一个更高的山峰稳稳迈过去。

可咕咚一声，他跌落到最低点。

他问自己，想干的事都干完了吗？打完08奥运，好像国家队的任务已经完成了。他说："心里空空的，有点儿失落。我人生中最重要的一个目标完成了，可那之后呢？人要是没了目标，是很可怕的，我跟自己说，得定新的目标，有了目标，就有冲劲儿了。"

琢磨了半年，他找到好多目标，他说："该给火箭一个交代了，打了这么多年NBA还原地踏步，说不过去。"他还说："如果国家队能培养出新人，打进2012年伦敦奥运，我可以考虑去，那就不再是只靠我一个人了，我们可以往更高的目标冲。我还可以在伦敦大桥上拍张照片，就找我父亲当初拍照的那个位置。"

姚明家里有一张姚志源的黑白照片，拍摄于1976年。那年，姚志源26岁，作为上海男篮中锋出访，那时，他还没有和上海女篮的中锋方凤娣结为夫妇。四年后，姚明在上海出生。又过了四年，姚明得到他人生中第一个篮球。姚明27岁时，娶叶莉为妻。30岁时，姚明得了一个闺女，姚家的血脉在继续。他琢磨着,只生一个不够,孩子太寂寞。

还有收购上海队的机会,事情尚未确定,他已经在用老板的角度考虑问题,琢磨如何把上海篮球提高,然后以那为原点,影响整个中国篮球,他想着"星星之火,可以燎原"的名句,为自己描绘了一张巨大的蓝图,姚明说:"现在我也能说自己是投资人了。"

无论是家庭还是事业,他给自己定下了很多目标、方向……那时候,他往更高的山峰爬,昂起头向上看,面带微笑。现在,掉下来了,所有的目标都摔没了。

姚明与太太叶莉

煎熬着等医生宣判时,他总在网上翻新闻,找图片和视频看。他看到北京奥运会上自己激动得涨红脸颊,挥臂吼叫。看到从2002年到2009年,自己的胳膊一天比一天粗,肩上的担子也一天比一天沉,也终于迈过了季后赛第一轮的坎儿。看这些,他会笑,可视线一移开,面色就立刻沉了下来。在事业、家庭、祖国、荣誉、健康、冒险、退役中,他的思路来回跳跃,不知道何处是归宿。

2009年6月末的那些天,姚明就这么孤独地待在家里,他的生活陷入无限的未知,他说:"就跟在大海上漂浮的草一样,不知道什么时候就会被吞没。"

这是二十多年来,他最绝望、最无助的日子。

痛并快乐着

HOUSTON'S餐厅，一家西餐厅。名字和休斯敦有关，却不仅在休斯敦有，全美国都有连锁，价格不便宜，可什么时候人都满满的。去之前，必须预约。

2009年的深秋，姚明让朋友给这家餐厅打了个电话，中午时分，想定个在角落的桌子。角落的桌子不好订，如果报出他的名字，肯定会容易很多，可他没让朋友告诉餐厅是姚明要去。这个人总在嘴上耍横："休斯敦，咱平趟啊。"可一到要动真格的，横劲儿全没了。

这天中午，姚明要请客，客人是休斯敦的一位老记者——富兰·比林伯利。

比林伯利是位老爷子，德高望重，脾气秉性耿直，文风犀利，不乏风趣，是休斯敦当地最好的记者。他已经56岁高龄，写NBA超过30年。费城人，后来搬家到了休斯敦。他说刚搬到休斯敦时，这座全美第四大城市里还有很多荒地，火箭队也刚刚从圣地亚哥搬到休斯敦没多久。老爷子见证了火箭在休斯敦兴衰起伏的这些年。

据他说，和现在的一票难求不同，当时火箭的媒体官得开着车满城逛悠，看到一个体育酒吧就推门进去请人喝啤酒，然后送上火箭的比赛球票，请人去看。火箭为了推广比赛，组织一帮球员到商场里给球迷签名、送票。一位白发苍苍的老太太问这帮篮球运动员："你们是宇航员吗？都这么大的个子，那航天飞机得多宽敞啊？"（休斯敦又名航天城，美国国家航空航天局坐落于此）

后来火箭不停地易主，由弱变强。富兰看着奥拉朱旺从一位懵懂的非洲少年慢慢成长，直到两夺总冠军。富兰的书房里摆着一件奥拉朱旺的球衣，上面写着2001年4月17日。那是奥拉朱旺代表火箭队打最后一场比赛的日子。比赛之后，奥拉朱旺把球衣一脱，扔给球童，让他们赶紧洗净烘干，签上名字后给富兰拿来，那位老中锋对老爷子说："这么多年，留个纪念。"

奥拉朱旺在1994年总决赛的最后一场比赛前告诉富兰："无论今天的比赛结果如何，我都会努力记住这个晚上的每一分每一秒，记住每一个细节，这是我人生最宝贵的财富。"那场比赛，火箭赢了，距离比赛结束还剩下最后几秒

A SHORTER YAO IN MY EYES

HOUSTON'S餐厅是美国著名的连锁餐饮店

钟,奥拉朱旺走到场边的媒体席,一屁股坐上去,昂起脖子环视着球场。和比赛前说的一样,想把看到的所有内容刻到记忆里。当时,他屁股后面就坐着富兰,富兰敲了敲奥拉朱旺:"留心我的电脑。"

后来,奥拉朱旺退役,平时定居约旦,只有夏天回美国,每次回来都要找富兰吃饭,绝无例外。

奥拉朱旺退役后,2002年,富兰又看着姚明懵懵懂懂地穿着一身土黄色的西装,钻出从中国来的飞机。富兰说:"当时他的头发有点儿乱,肯定是在飞机上睡着了,头发被压得乱七八糟。可看着他乱蓬蓬的脑袋,我有种感觉,他的这次亮相也许将像当年的奥拉朱旺一样,意味着一个新的时代就此拉开大幕。"

离开机场,姚明被火箭接到球馆里开新闻发布会,中间只间隔了一个小时,也就是这么短短的时间,富兰就喜欢上这位中国青年,因为在新闻发布会上,姚明说了这么句话:"很抱歉,我只有一个人,不能满足所有在机场要我签名、想跟我合影的人,如果下次你们给我一个机会,我保证一定做到。"

为了看姚明的比赛,富兰满世界飞,到希腊看奥运会,到日本看世锦赛,到北京再看奥运会。多年来,这一中一外、一老一小早已形成默契。尤其到了奥运会和世锦赛这样的世界大赛，没有赛后更衣室采访，只能在球员从球场到更衣室途中的混合采访区简单聊上几句。通常在这条路上姚明要停两次，一次是对着中国记者，用中文，第二次用英文。而这第二次要停哪儿，完全取决于富兰站在哪儿。

北京奥运是姚明的主场，来自世界各地的记者都想采访姚明，可发现不管怎么喊他的名字、拉他的球衣都没用，他就径直走到富兰面前，跟老爷子聊天。比赛第一天，还有人跟富兰抢着问姚明问题，三场比赛过后，大伙儿都明白了，还不如让这二位好好聊，把录音笔伸过去录就成了。富兰说："还有人找我帮忙，问两个他们想问的问题。"奥运之后，在体育总局公寓旁边的日本餐厅，姚明请富兰吃饭。他看着老爷子满头花白的头发和膨起的肚子说："等我到了你这个年纪再回忆现在，北京奥运将是我最珍贵的财富。"

作为记者，老爷子问过姚明很多问题；作为朋友、长者，也提过不少建议。他总跟姚明讲以前的故事，讲那些伟大的球员、伟大的中锋们如何打球。

奥运结束后，姚明请富兰·比林伯利吃饭，这是我们三人的合影

A SHORTER YAO IN MY EYES

他总说奥拉朱旺如何领导球队，如何击败对手，如何在每一个细节上做得更好。姚明很看重他的话，富兰也尊重姚明，他总说："我说的都是我这么多年经历过的。可姚明是特殊的，不是来自非洲，不是来自美国街头，不是来自美国大学，他有他的方法。"富兰曾经希望姚明能像奥拉朱旺一样凶狠，无论是跟对手还是队友，可两人相识越深后，富兰越清楚："姚就是姚，他的成长经历，他背后深厚的文化，和他来到NBA打球的经历，决定了他是个怎么样的人、怎么样的球员，他很享受自己。"

在富兰·比林伯利的写字台上，一抬头就能看到的位置，贴着富兰克林的一段话："如果你不想一死去就化成灰烬被人们遗忘，那就写点儿东西值得读，或者做点儿事情值得写吧……"老爷子说："我一个人，势微力薄，能做到的微乎其微。我能保证的只有一件事儿，对得起我名字以下的那些文字。"

他向来正直，很多人并不喜欢他，甚至包括火箭队的一些工作人员。可姚明尊重富兰，他说："富兰是个让我敬畏的老爷子，他睿智，说话一针见血。我喜欢跟他聊天。"

这次姚明请富兰吃饭，是几个月来两人第一次面对面，也是姚明手术后第一次跟休斯敦当地的记者见面，当然，姚明没把富兰·比林伯利当记者，富兰也没把姚明当采访对象，姚明嘴里没有官腔套话，富兰手中没有录音笔、采访本。

那是休斯敦普普通通的一天，阳光一如往日般明媚。这座靠近墨西哥湾的城市，冬天很短，夏天很长。姚明开着那辆硕大的Infiniti QX56驶入了HOUSTON'S餐厅的停车场。推开车门，他磨磨蹭蹭地往外移。要下车，他得先把横在车厢里的拐杖拿出来，再把半边屁股悬空，拐杖夹在胳肢窝下，在地上放稳、放瓷实了，再把另外一半屁股从椅子上抬起来。这些年，他用了很多副拐杖，好一次扔一次，他说："留那个干吗，晦气。"他希望这是最后一次靠这玩意儿行走。

他用肘子把车门撞牢，然后一步一步地迈向餐馆正门。靠拐杖走路，节奏很慢，他开玩笑说："我这是用退休的节奏过日子，好在有拐杖，还能练练上肢力量，我现在越来越胖，两臂负重也就越来越大，就当举着自己到处溜达了。"受伤后，姚明的生活节奏慢了，生活范围也小了，走一步、换一个位置都得小心翼翼。

A SHORTER YAO IN MY EYES

原本卧室在大宅子的二层，手术之后，家人在一层布置了个房间，摆上个床垫，放上小冰箱，省得他爬楼辛苦。一天二十四小时，得有一大半在床垫上度过。床头摆了一摞书、一台笔记本电脑和一台电视，供他打发时间用。手术之后，他只上过一次二楼，是因为国庆，二楼的电视更大，看国庆阅兵清楚过瘾。那一次，他也不是用脚爬楼的，而是坐在台阶上，用手撑着，一级一级地往上挪。

我跟他开玩笑："你有点儿四大名捕之一无情的意思了。"他抓起床头一个空水瓶扔向垃圾箱，瓶子咣啷啷掉了进去，他乐了："看咱这扔暗器的手感。"

好容易养啊养啊养啊，医生终于允许他开车了，姚明的生活空间才就此开阔起来。

从停车位到餐馆正门，不过十几米，姚明走了近一分钟，一是因为挪得慢，二是在享受阳光和空气。一旁的店铺在换新的招牌，工人们乘着升降机在半空作业，瞅见姚明，就远远地打招呼："姚，你什么时候能回来打球啊？你得小心啊。"

即使丢掉了拐杖，看着队友上场比赛的姚明心里也不好受

姚明冲他们挥挥手，喊回去："你们也小心，谢谢你们给我一次昂着脑袋打招呼的机会。"

富兰看到这些，笑了，一场手术，数月未见，姚明还是姚明，还是爱说笑。

餐厅的灯光是暖色的，侍应生仰起脖子，笑眯眯地盯着姚明，把他引到角落里的一个位置。他们还是给姚明安排了个少人打扰的地方。他一路走去，两旁用餐的客人都用同样的姿势迎接，仰起脖子，张大嘴巴，然后笑呵呵地挥手。姚明没法挥回去，他的手被双拐占着，他低着头笑了一路。

两人相对而坐，姚明指着富兰变尖的下巴："你瘦啦？"

富兰看着姚明隆起的腹部："你倒是胖了不少。"

侍应生帮他把拐杖靠在餐桌背后的墙上，姚明隔几秒钟就瞅瞅两米之外那两根比普通人身高还高的拐杖。他恨拐杖，可离不开它。富兰说："别怕，丢不了，这么大的拐杖，别人偷了也没用。"姚明笑了笑："我是在琢磨要少喝点儿水，省得去洗手间麻烦。"富兰也爱说笑："等你到我这个年纪就知道了，能一直忍着不去也是种幸福。"言罢，两人都哈哈乐了。

后来富兰说，如果不是那拐杖，不是姚明左腿高及膝盖的保护靴和他缓慢走路的样子，他根本找不到这次大手术的痕迹。

十多根钢钉

这手术，确实很大。

手术之前，他跟我说过手术过程，描述时，心平气和："切断脚跟和大脚趾上的骨头，这样我的脚弓就能降低下来，切断的地方用新的钉子固定，去年打进去的那三根钉子得拔出来。把骨头上的碎片复位，用股骨的组织填充，用钢片、钉子重新固定。基本上就是这样了。医生说了，最差的结果也可以保证我50岁之后还能正常走路慢跑。"

他说得慢条斯理，我听得浑身哆嗦，一股莫名的疼痛感从心底升起来，我跟他说："听着都疼。"他嘿嘿笑了笑，没再说话。他才是亲身体验这所有一切的那个人。

A SHORTER YAO IN MY EYES

扔掉拐杖后，姚明不但要减肥，还要苦练恢复体能

这是姚明人生迄今为止的一个大坎儿，他前所未有地绝望过，无助得仿佛婴儿，可他还是迈过来了，因为他除了接受现实，别无选择。如果养着、挺着、熬着，裂缝就能愈合，就能上场比赛，他绝不会做这个脚踝结构的重建手术。可席地而坐过不了沟坎儿，只能硬着头皮迈过去。

姚明要了份沙拉，一大盘各式各样的叶子，上面摆着几块烤好的鸡肉。喝的就是一杯水，冰水。

他在减肥，更确切地说，他在为减肥做准备。手术后，他一直在静养，身体状态如同开了闸门的水库，倾泄一空。肌肉也在一点点消失，手臂还好点儿，因为要驾着拐杖行走，尚能保持；腿部，尤其是左腿，几乎变成了一根脂肪柱子。距离恢复训练的时间还早，他还得继续这么养好几个月，身体状态会更差。为了接下来的康复能容易点儿，他死死地扣住嘴，每天除了水和绿茶，不喝任何有卡路里的饮料，有时候他饿得难受，馋得心急火燎，也拼命忍着，细嚼慢咽着与他体重毫不相符的一点点食物。

坐在他对面的富兰要了盘鱼、一杯冰茶，跟姚明说："我陪你减肥。"其实，老爷子确实在减肥。一年之前，他中了一次风，幸亏发现及时，恢复得不错。之后坚持运动，每周至少慢跑三次，每次不少于40分钟。人老了，就越发惜命。富兰向来是个喜欢吃喝的老头，不像一般的美国人，饮食内容简单，他爱世界各地美食。可自打那次起，也扣着嘴，不狠吃了。他说："我特别爱吃米饭，所以我去吃中餐时能把别人吓到，有多少米饭，我都能吃完。"姚明说："等我好了，请你好好吃一顿中餐。"

两人就这么吃着健康食物，用语言和回忆幻想着享受饕餮的快乐。嚼着菜叶，姚明说起了这次手术。

距离手术已经过去了几个月，他终于能平静、微笑着说起这事儿了。

"决定接受手术，是因为我问医生，如果不做，以后我还能跟儿子打球吗？"姚明回忆着，"我看医生想了一会儿才说，也许能，也许不能，当然还是做手术的可能性更大。"医生话语含糊，姚明心里就更含糊了。哪怕不为了打球，为了以后的生活，为了能跟孩子享受天伦之乐，他也得做。

为这手术，医生光论证就耗费了几个礼拜，他们得精确，得研究一分一毫的事，尽可能做到百分之百成功。力求精确的医生告诉姚明："这手术有一定的危险性，大概1%的可能，你会有生命危险。"还是那样，为了确定，医生会把任何的可能都想清楚、说明白。他们口中的这1%，够让姚明和他的家人忐忑好几天，总也心神不宁。

躺上手术台，麻药起作用之前，姚明又想起了医生口中的1%，他跟自己说："这是你最后的机会了，现在后悔还来得及。"

可姚明没喊停。富兰问他那一刻怎么下定主意的，姚明笑了，逗了起来："没来得及喊啊，我刚跟自己说完这是最后的机会了，再下一秒，麻药就起了作

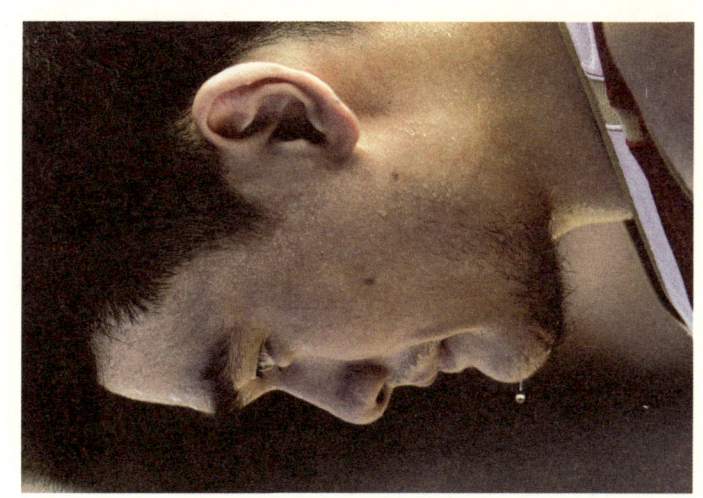

为了站立到NBA舞台上，每位球员都付出了辛勤的汗水

A SHORTER YAO IN MY EYES

用，我就昏了过去。"

要完成脚踝重建手术，得把去年手术的三根钢钉拔出来。说起来容易，其实费劲儿。整个手术花了近五个小时，拔这三根钢钉就用了45分钟。姚明从昏睡中醒来后，主刀医生告诉姚明："有个好消息，你的骨头很硬，这是好事，受伤的几率会减少很多。不过坏消息是，我费了半天劲儿才把之前的钉子拔出来。"

现在，那三根钢钉就在姚明家里摆着，看起来很长，怎么都无法相信那能植入脚踝。和三根钢钉摆在一起的是一张X光照片，是脚踝重建手术完成后，从上往下俯拍的。姚明的左脚脚踝里，密密麻麻横竖植入了十多根钢钉，看得让人心中又是一紧。

这不是他第一次手术，却是第一次在手术之后感觉到难以忍受的疼痛。姚明跟富兰说："从前，我手术过这么多回，从没用过吗啡。当时也是年轻，觉得不是太疼，能忍，干吗用那个。这回是真挺不住了，疼得什么都干不了，手术之后，我一天得用上好几次吗啡。"富兰咂了咂嘴，他知道那意味着什么。

在和小球迷一起玩WII游戏的姚明

可姚明像是没事儿人一样，云山雾罩地侃起来了。

手术了这么多次，之前的那些，姚明心里都有谱，一年又一年，老是重复同样的事。这一次，他没谱，25岁和快30岁的人不一样。他跟56岁的富兰说："我说我觉得自己老了。你别笑，真是这样，真觉得现在恢复不如以前快。不说受伤，就是比赛之后的身体恢复也不如以前，慢多了。所以我不知道这一次经历了这么大的手术后会怎么样，心里一点儿数都没有。"

姚明第一次做骨刺清除

手术时毫无经验，没管住嘴，没时刻警惕着。一不留神，变成了个大胖子，下巴都圆了。原本的方框脑袋变成圆的，一低头，好几层下巴。休息了六周，脚上没力气，手上没感觉。那个夏天，他跟着国家队练，等医生说可以参加对抗训练了，就跟唐正东打，被唐正东踩躏得几乎崩溃。

唐正东是CBA球队江苏队的主力中锋，身高2米13，体重120公斤，是姚明之后中国篮球内线的后起之秀，在国家队里是姚明的替补。关系虽说是一主一次，可唐正东每次打姚明都很来劲，铆足劲儿地连撞带扛。以前姚明吃得住唐正东，那回手术之后没戏了，两个人膀子刚对上，姚明立刻觉得脚下无力，脚下无力，根就没了，没根了，就被唐正东撞得如风卷柳叶、雨打芭蕉。

姚明一边被踩躏一边琢磨："我还回NBA干吗？还能打回去吗？就我这水平，在CBA都只够打个替补的。"

后来，姚明挺了过来，也就此有了康复的经验。只是，之前的那些都赶不上这一次漫长，要歇整整一年，姚明说："和这次比，清骨刺是小菜一碟，这次就是满汉全席。以前那次是逃课，这回，彻底休学了。"

姚明正说得起劲，富兰忽然问了一句："就吃这点儿，你真够吗？"

姚明摇头："不可能啊，现在我能吃下一整桌菜，可我得忍着。不行，不能老喝冰水，一点儿滋味没有，喝得我快崩溃了。我得来杯咖啡，不加奶不加糖，据说这样能帮助人减肥。反正所有能减肥的法子我都看过，研究过。"

富兰点点头："你是比我女儿还过分。"

两人就这么喝着咖啡继续聊。这时，富兰看起来像是个记者了，姚明是他的采访对象了。

"你觉得自己熬过去了吗？"

姚明抿了口苦苦的咖啡："不知道，这不是还熬着呢吗？"

"这个过程里，什么是最难的？"

姚明琢磨了会儿，说了句耐人寻味的话："最容易的是已经过去的昨天，最难的永远是还没来的明天。"

A SHORTER YAO IN MY EYES

苦与乐都回来了

  两人正吃着,有人走近。是一位老太太,脸上带着抱歉的笑容,对姚明说:"祝福你,姚,非常非常抱歉,打扰你了。能不能请你帮个忙,今天是我好朋友的生日,能否请你对她说声生日快乐?她正在洗手间,待会儿就会从你身边经过,很好认,她围着一条红色的纱巾。"

  姚明笑着点头。

  之后,每过十几秒钟,他就扭头看一下指向洗手间的通道。富兰笑了。后来他说:"姚还是姚,他终于熬过了那段最难的日子,重新变成他自己。只要他答应做一件事儿,就会放在心上,惦记着要做好。我跟他说,你还是放心地喝吧,等她出来,我会提醒你的。"

和队友斯威夫特一起玩游戏,后来斯威夫特曾加盟过CBA的山东队

他们拦住了从洗手间出来、围着红色纱巾的另一位老太太。老人家的尖叫声在餐馆里荡漾，对着姚明连声道谢。其实，姚明跟她一样高兴，这让他觉得生活又回来了。

其实，生活还是老样子，只是他把以前过日子的状态又找回来了。他不会再把自己关在漆黑一片的大房子里唉声叹气、胡思乱想。那没用，有那工夫，还不如干点儿正事儿。

姚明的生活空间没变，生活内容也没变。他的左脚还打着厚厚的石膏，他还是没搬回二楼的主卧，生活的主要空间依旧是一楼的那间小屋。每天的大部分时间还是在那张床垫上度过，床垫旁边依旧摆着一摞书、一台笔记本电脑、一台电视机。太太叶莉在这间屋的台子上找了块稍微宽敞点儿的地方当书桌，她在休斯敦大学念本科，每天有很多书要看、很多作业要写。她把书房搬进姚明的临时卧室，想多陪陪姚明。可叶莉发现，有时候跟姚明说话，根本没有反应，她说："人家老大忙着呢，一打游戏，戴上耳机就谁也不理了。"

姚明努力让自己变得很忙，操很多心，该他管的不该他管的，他都在琢磨。他总会用这样一句话给自己的长篇大论开头："这事儿咱决定不了，可你要让我说……"

他面前的那台笔记本电脑，几乎二十四小时开机，他也变成了朋友中消息最灵通的一个。打球时，他也看新闻，可没这么勤，有时候实在忙，没工夫上网，就给朋友打电话，问问这一两天又发生了什么事儿，对话的头一两句总是："我说，有什么新鲜事儿没有啊？"现在他跟朋友聊天，都是这么开头："听说了吗……"从篮球圈的事儿到社会新闻里那些鸡毛蒜皮的小事儿，能博人一乐，算个话题能聊聊的，他都看。

他还看球。夏天，NBA没比赛了，他看的是中国国家队的比赛。不管是可有可无的热身赛，还是后来亚锦赛的正式比赛，他都早早起床打开电脑，靠着并不时刻通畅的网络看。这些比赛，大多是在北京时间晚上7点左右，跨过一个太平洋，黑夜就变成了白天，要想在休斯敦看比赛直播，得凌晨5点起床。即使这样，姚明上了闹钟也起。

姚明的父母睡得早，起得早。他们发现，只要中国队有比赛的那天，姚明一定比他们起得还早。姚志源和方凤娣也看，看完了跟儿子聊。方凤娣会把早餐端进姚明房间，瞅着姚明眼睛不离开屏幕，把整个鸡蛋塞进嘴里，风卷残云般生吞。

没有姚明的国家队在亚锦赛上败给了伊朗

他还看书。床头那一摞和财务、企业管理有关的书，都是他让朋友特意买来的。入主上海队的可能越来越大，他在提前装备着自己："当老板，总不能什么都不懂吧？至少得学会看财务报表，还得看怎么管理一个企业。打球的时候，咱也当过领导，可那不一样，和管理企业相比，带领一支球队简单得多。打球，我先把自己要干的事儿做好，我在篮下攻得凶，把对手压制住，把防守吸引过来，就能给队友创造空间。管理企业要复杂得多。我现在看的这些书，都是别人的经验，得琢磨透了，然后总结我自己的。别人的只能是借鉴，要把我的球队管理好，必须用适合我们情况的方法。"

从球员到老板，姚明看比赛的视角复杂了。

他还会用球员的角度看比赛。国家队在天津打亚锦赛，他一场没落。远在休斯敦，还没忘记给国家队出主意，对伊朗该怎么打，伊朗的中锋哈达迪有什么特点，擅长什么，怕什么。

我跟说他："好好养伤，别老咸吃萝卜淡操心。"

他回了一句："你懂什么，穿过一天国家队队服，就是一辈子的事儿了。"

亚锦赛决赛，一个雨夜，中国队惨败给伊朗。一年前曾经在奥运会上杀进八强的中国男篮输了个底朝天，被手持圆月弯刀的伊朗割下了最后的遮羞布。中国篮球千疮百孔、后继无人的现状，被残酷地暴露在世界面前。

比赛结束，中国队

伊朗队在哈达迪的带领下夺得了2009年男篮亚锦赛冠军

乘坐的大巴驶出球馆时，晴天霹雳的一声巨响，那雷声震耳欲聋，震得人一哆嗦。有人说："看，中国男篮这球把老天都给气哭了。"有人说："希望这雷声能把他们惊醒吧。"

有人想起了2002年的印第安纳波利斯，中国队兵败世锦赛。有人说："这张球票，我要永远留着。"还有个姑娘，眼睛红红的，找人要了根烟，想以此排解郁闷。中国篮球圈子里的每个人都有自己独特的方式来记住这个夜晚。姚明则坐在休斯敦的清晨，对着电脑屏幕发呆，他想了很多，想着十年来为国家队付出的汗水、努力、青春，想着曾经的美好记忆，想着很快自己就要以投资人的身份重回中国篮球……

很多和中国篮球有关的人都说，一辈子也忘不了那个镜头：易建联举着球站到三分线上，哈达迪根本不扑上前去，后退到两米之外，摊开手臂，用表情逗易建联：你倒是投啊。眼神里全是蔑视。易建联失去了果敢，哆哆嗦嗦，跟掉了魂儿一般。看台上的天津球迷吼了起来："你妈妈，干嘛呢，你倒是扔啊。"姚明也记住了这个镜头，他更想知道这样的崩溃是如何发生的。

伊朗的主帅说："有姚明，你们是亚洲冠军；没有姚明，我们是亚洲冠军。"姚明斜靠在床垫上，看着脂肪越来越多、肌肉越来越少的左腿，不知道自己还能为中国男篮当多久的遮羞布。

那一晚，他往天津打了电话，发了很多短信，也画了很多问号：我心疼奥运会上攒下的心气，将来怎么办？我们的心血是不是都被埋葬了？这还是亚锦赛吗？我们的对手，难道是支欧洲队吗？这就是我从小就想加入、一直为之奋战的中国男篮吗？向左走还是向右走？CBA联赛将来到底怎么走？他问了很多谁也回答不了的问题，也许，只有他才能找到这些问题的答案。

津门的那一夜过后，姚明接手上海男篮的决心更加坚定。这位伤痕累累的老将打不动了，只能换一种方式来改变中国男篮，他说："希望有一天，我做的这些能带来彻底的改变。"

于是，他越发地忙了起来。接手上海，是件大事儿，也是件难事儿，千头万绪。

姚明算有钱人了，可和真正的CBA老板们相比，他是穷人。那些老板大都有别的生意，已经进入了用资本赚钱的阶段。姚明不是，他财产的大部分靠打球、代言广告所得。投资篮球，对于别的老板来说，一是为了兴趣，二是为了生意。CBA球队的老板都有各式各样的生意，他们清楚单纯从投资篮球上讲，近几年是赚不了钱的，多多少少一年得亏损上几百万到一千万人民币。可在其他地方，他们却能省下不止千万，仅仅是广告宣传上就节省很多。另外，篮球也是获得政策支持的一种手段。很多领导爱看球，球队取得成绩也是当地政府体育文化事业的政绩之一。就连公关费，也省了很多。投资篮球有很多表面上看不到的利益。

可姚明没有实业，他成为老板的初衷，就是因为他早把篮球作为自己一辈子的事业。家人，包括他的经纪团队都劝他再考虑考虑，毕竟这是很大一笔投资，除了购买股权的两千多万人民币，按照中国联赛的现状，他每年还得至少亏损八百万左右。对他来说，这是一笔不小的支出。脚伤并未痊愈，未来的职业生涯依旧是问号，可能挣到的那些绿油油的美金也是未知。可姚明咬牙跺脚，还是决定干了。

以上的这些，普通人看不到。球迷不是老板，也永远不会站在老板的角度考虑问题，建设球队的每一分每一角人民币都来自姚明的腰包，不用球迷出。对于普通球迷来说，姚明给上海男篮带去何种改变，才是他们最关心的。

姚明成功收购上海男篮

Chapter 05 第五章 美国来的姚老板

A SHORTER YAO IN MY EYES

　　姚明最终成功收购了上海男篮，但是他带来的改变让很多人吃惊，他改得太彻底了。先拿掉上海队主帅李秋平，接着又传出和刘炜闹僵后刘炜要求转会的消息。

　　李秋平是姚明的恩师，一日为师，终身为父；刘炜是姚明最好的朋友，他们拿对方当兄弟看。网络上有球迷用了个狠词儿来形容姚明——弑父杀兄，把他比喻成李世民。

>>

"弑父杀兄"

　　李秋平，人送外号"小诸葛"，没有他，就没有上海队的复兴，也不会有姚明2002年捧起中国男篮联赛冠军，也许，就没有姚明后来的一切。

　　圈子里的人都知道，李秋平讲情。他的第一任妻子名叫张珏，上海队夺冠的那个赛季，因胃癌去世。

　　那是2001年12月31日，新的一年很快就要到来。到医院看望妻子的李秋平说："比赛完，我还没来得及洗个澡。我现在回梅陇去洗个澡，半个小时就回来，好吗？"还在回去的路上，妻子去世的消息就传来了。李秋平心口绞痛，两次昏倒在地，醒来后，强撑着一路狂奔回到医院。1月2日晚，上海主场迎战陕西，翌日便是妻子的追悼会。旁人以为李秋平不会出现在那晚的赛场上，可他来了，面沉如水地站在场边。一台摄像机始终对着他的脸部拍摄，拍他冷静的国字脸、浮肿的双眼和双鬓的白发。

　　姚明说："秋平明明心里很痛，但他还要努力作出坚强的样子。我当时真想把摄像机挡开，其实男人是不需要永远这样的，男人也是可以哭的……"后来上海在宁波夺冠的那一夜，李秋平哭了，他说自己激动，也思念妻子。躲开电视转播镜头，他找了根烟，使劲儿地抽，嘬得两腮深陷。

　　姚明和李秋平情谊很深，要拿下他，姚明犹豫了很久。

姚明和一个美国朋友聊起过这事儿。在篮球这件事上，美国人逻辑清楚明确，他们接触NBA时间很长，都清楚老板和主教练的关系是生意，人情再大也抵不过生意。那位美国朋友问姚明："这有什么可犹豫的？去年你们的战绩是多少？6胜44负！倒数第二名！肯定得变，怎么变，最简单的肯定是从教练下手。"

姚明点点头，又摇摇头。这话，听起来简单明确，也有道理，可同样的道理，到了中国人之间就很难讲清楚，尤其是回到家乡，回到跟自己有万千联系的上海，更难。

姚明用外教邓华德取代了恩师李秋平

他想换教练，不是觉得李秋平不行，而是想把一种新的模式、理念带到上海队。他在NBA打了七年，也学了七年，学会了很多建设、管理、经营球队的方法。如果还用原来的教练、原来的球员、原来的体制，自己接手还有什么意义？不如找个更有钱的投资人。

一片骂声之中，姚明想起了当初的上海往事。

那时候，李秋平也被戴上了"忘恩负义"的帽子。1997年，顶着巨大的压力，李秋平开始了上海男篮历史上最著名的大清洗，毛海滨、邵联根等一批旧臣皆在被调整之列。他们是帮助球队从乙级重返甲级的功臣，可李秋平知道，如果这帮人不走，旧日运动队的风气永远不会消失，新人永远得不到机会，来一批被同化一批，他必须为上海队创造上升的基础和空间。姚明和刘炜都是大清洗之后被调入一队的，也成了数年后上海夺冠的中流砥柱。被清洗的那批人，很多与李秋平结下怨忿，就此成为路人。

姚明说："后来我想想，秋平确实挺狠的，能做出那样的决定确实不容

姚明前队友小卢卡斯加盟上海男篮

易，可要是没有那些，我和刘炜都上不来，年轻球员都没有机会，也就不可能有2002年的总冠军。这就是成功的代价。"他似乎在寻找理由说服自己。

也许多年后，人们会像分析李秋平的大清洗那样，去理解姚明拿下恩师、聘请外教的行为。可当时当地，很少有人能跨过那个"情"字，姚明也不能。他决定聘李秋平为顾问，至少保证恩师的收入。即便如此，他还是遭到口诛笔伐。在中国的传统文化里，一日为师，终身为父。姚明是顶着背信弃义的压力和骂名，重新回到上海滩的。

上海队的助理教练和球员们都为李秋平不服，上海球迷的美梦也破灭了。姚明接手上海队的消息传出，他们立刻回想起2002年那最甜蜜的日子，姚、刘、李三人为上海夺下总冠军。现在他们又将以新的模式联手，老板姚明，球员刘炜，教练李秋平，在球迷心里，这三个人加起来等于冠军。球迷的梦想被击碎时，他们愤怒了，球迷团体愤愤不平地策划着在揭幕战时打出"姚明滚出上海滩"的标语。

只是，李秋平一直都没说什么。

后来，姚明回到上海滩，像往年一样跟恩师吃饭。那顿饭，也有两个熟悉的上海媒体在。李秋平说："外界就一直猜测我和姚明的关系，是不是我们之间出现了什么矛盾？教练的上课和下课都很正常，他现在要把NBA的一套东西带到上海队同样很正常，我觉得大家不会因为这个事情闹矛盾。在面对媒体的时候去说些什么，我觉得完全没有必要，至于姚明要不要给我什么解释，我同样觉得没必要。他回来后，我们也吃了顿饭，聊了聊。我觉得姚明成长的速度很快，他吸收了很多美国化的东西，无论在球技上还是为人处世上都成熟了许多，超越了现在的年龄所应有的成熟，我感到很欣慰。"

在解读这番话时，一位上海的老记者说：木已成舟，秋平又能说什么呢？

从李秋平开始，姚明入主上海队一路坎坷。上海有多方势力，看似歌舞升平，其实暗藏玄机。

果然，风波从李秋平转到了刘炜身上，他是姚明多年来最好的兄弟。

要说刘炜和姚明之间的风波，得先说说另外一个人——沙伊峰。姚明躺在摇篮里时，他和沙伊峰就认识了。

两家是世交。沙伊峰的父亲沙凤翔曾是上海男篮队员，1968年出任上海女

A SHORTER YAO IN MY EYES

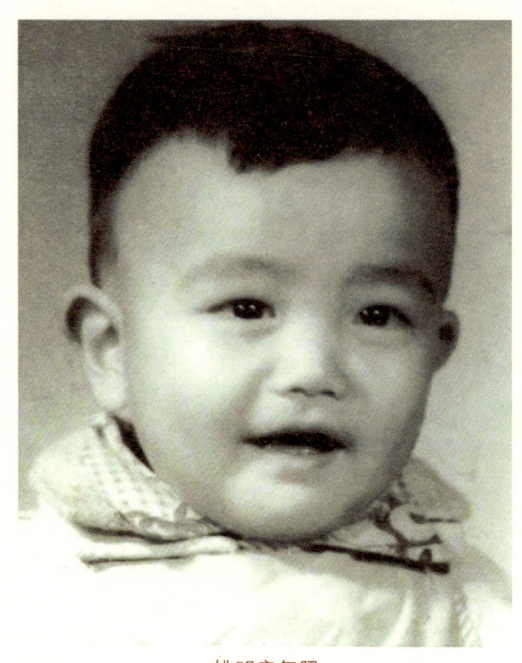

姚明童年照

篮主教练，姚明的母亲方凤娣是他手下的队长兼主力中锋。姚家喜得贵子后，众人前来道贺，其中就有沙凤翔带着太太林美珍和儿子沙伊峰。沙伊峰看到还没满月的姚明，蹦蹦跳跳地跑过去玩了起来。

两人差着5岁，说是从小玩到大，其实最开始是姚明跟着沙伊峰他们玩。一帮大孩子和姚明玩不到一起去，他们还把姚明折腾哭过，姚明记得清清楚楚："那时候他仗着岁数大，经常欺负我，我没办法了，只能哭。"沙伊峰莫名其妙地摸着后脑勺："有这么回事吗？我怎么不记得？"

姚明17岁进入上海男篮一队，那一年，沙伊峰进入耐克工作。姚明签约耐克，成为他们力捧的年轻球员之一，这其中，沙伊峰出力不少。从1997年开始，耐克多次把姚明送到国外参加训练营，尤其是1998年的美国之旅，是姚明NBA梦想的开始。现在姚明上海家中的书房里，还摆着一本耐克特意为他拍的影集，当时姚明受伤了，耐克就用艺术手法为他塑造硬汉形象。

再后来，姚明和沙伊峰先后离开耐克。姚明告别中国联赛去NBA时，两人关系发生转折。为了姚明加盟NBA的事，沙伊峰跟着忙前忙后，出了不少主意。按说，凭借着沙家和姚家的关系，再加上沙伊峰在中国篮球圈中混了多年，拥有不少人脉，沙伊峰理应成为姚明的经纪人，至少也是经纪团队中的一员。当时，中国篮协也确实要求姚明必须拥有一名中方经纪人。可在很多人眼里这顺理成章的事情并没有发生，姚明的经纪团队（俗称姚之队）里没有沙的一席之地。沙伊峰知道姚明的价值，也看到了姚明抵达NBA之后掀起的铺天盖地的影响力。姚明到了休斯敦之后，那座城市高速路旁竖起一块巨大的广告牌，这是火箭的广告，也是姚明的广告——Be part of something big（让我们一

A SHORTER YAO IN MY EYES

起开创大场面）。原本，沙伊峰也该是这大场面中的一份子，可他被远远地抛下了。

沙伊峰说过一句意味深长的话："当朋友之间涉及到利益……"

有人说，姚明从上海飞往休斯敦后，沙伊峰把自己关在屋子里长达一个月，茶饭不思，不见天日。

现在，沙伊峰是刘炜的经纪人。

2002年10月19日的晚上，姚明飞往休斯敦前夜，他在上海肇嘉浜路上的美粤华大酒店请诸位好哥们儿吃饭，那一夜后，他们将在数个月内无法见面。大伙儿喝了不少酒，面红耳热，也都说了很多暖心窝子的话。酒冷人散，姚明和刘炜搂着穿过马路，看着不远处的卢湾体育馆，他们一起征战八年的地方。姚明指着夜雨中的球馆说："以后，我不在了，咱球队就靠你了。"

可现在，曾经的队友，曾经的兄弟，变成了老板和雇员的关系，两人都得重新适应。说两人都得重新适应，更难的，其实是刘炜这边。以前两人关系平等，哪怕一个在CBA一个在NBA，还是铁哥们儿，不涉及到任何利益关系。现在，姚明花了钱，成老板的那一刻，率先完成了角色的转变。可刘炜还把两人间的关系当成朋友处，朋友间怎么都好说、都好办。后来风波起来之后，刘炜说过这样的话："只要姚明说一声，多少钱我都帮他打，为朋友嘛。"

没涉及到钱，朋友总是朋友；钱夹杂进来，就乱了。很少有人能把友谊和利益分清楚谈明白，还能两者兼顾。在姚明这边，既然已经成了老板，就要用自己希望的方式来管理球队。他有一个团队来操作上海队的各项事务，包括和球员谈新的合同。刘炜和其他任何一个球员没有区别。

可刘炜和其他人不一样，他是上海队的头牌，唯一的国家队成员，是上海球迷心中的一杆旗帜，还是姚明的兄弟。

续约的事儿，刘炜打电话给姚明，姚明说："这事儿得跟我的团队去谈。"在姚明看来，这再正常不过，可对刘炜来说这句话伤人心了。刘炜想了想，也理解，姚明不能什么事都操心，就找到姚明的团队。姚明的绝大多数事务都由姚之队操作，可姚之队不是姚明本人，并没有把姚明的情绪和意见传达准确。他们和刘炜见了一次，没谈合同，没谈具体价格。刘炜更伤心了。在大家看来，姚之队代表姚明，他们的态度就是姚明的态度，也许姚明没有，可姚

邓华德后来接任中国男篮主教练

之队让刘炜觉得被怠慢了，让刘炜心生去意。

情让位于利，刘炜只好和上海队谈起了生意。他关掉手机，消失了，沙伊峰被推到台前。

有人猜测，沙伊峰是带着报仇的情绪面对姚之队，眼前的这些人占了他本应拥有的位置，挣去了他本应获得的利益。可猜测只是猜测，单纯看沙伊峰的行为，他确实做了一个经纪人应该做的事情。姚明要公事公办，那就公事公办，他给姚之队报了一个不低的价格。

风波之中，姚之队的负责人章明基告诉媒体："刘炜曾经给我们开出天价续约合同，这个价格是除了姚明和易建联之外，目前国家队中现役球员最高收入者的两倍。这实在是一个我们难以接受的价格，所以我们并没有接受。"刘炜开的价格确实不低，近两百万人民币，可章明基说的也不是实情。刘炜绝不是CBA里挣钱最多的人，新疆队的巴特尔年薪400万人民币，是刘炜开价的两倍。中国篮球在一步步地市场化，球员的价值在慢慢被认可。

有人问，刘炜值不值这么多钱？可别人怎么想都不重要，问题在于：在姚明心里，刘炜是不是值这么多钱。

姚明和刘炜续约风波公开后，成了所有媒体关注的焦点，也传出了八一队希望刘炜加盟的消息；沙伊峰甚至说："我们与八一队已经谈好了，刘炜希望能够长期转会到八一队，这里已经不值得他留恋了。"根据CBA的转会规定，球员申请转会被老东家拒绝后，必须一年内不打球，才能在下赛季获得注册资格。沙伊峰又说："刘炜可以休息一年再转会，总之他已经下定决心，现在姚明出面都没用了。"似乎，刘炜伤透了心，铁定离开上海滩。

沙伊峰、刘炜、姚明，三位原本兄弟相称的人，把上海滩搅得血雨腥风。

A SHORTER YAO IN MY EYES

章明基甚至在接受媒体采访时说起了姚明前往NBA时和沙伊峰的往事，试图让媒体明白沙伊峰的情绪和用心……他们都很冲动、着急，都说了一些不该说的话。

所有的这些事情，把远在休斯敦的姚明折腾得焦头烂额，坐在那张床垫上的姚明越来越忙。

每天早晨醒来，是国内傍晚时分，他会先打一个电话到上海，询问一天的情况。上午，到了国内的深夜，往往又到了每天总结会的时候，姚明还得等着姚之队开完会，再听一次汇报。好容易熬到休斯敦傍晚，国内新的一天又开始了，他又要和姚之队联系，指示这一天要做的事情。自从拿掉李秋平、和刘炜发生续约矛盾后，国内舆论认为姚明根本就是甩手掌柜，否则不会发生这些。其实，姚明恨不得生出双翅飞回去，把所有的矛盾一一摆平。

那个大手术让姚明的生活一度中断，让他绝望，让他百无聊赖，让他对生活失去控制，让他的心思如浮萍一般没着没落。可到头来，和每一个普通人一样，他还是被现实包裹起来，跌跌撞撞地往前走。他接受了现实，因为谁也挡不住现实的到来。

每隔几分钟，他就会刷新一下新闻网页，看看遥远的上海滩又发生了什么，或者又有什么人对这件事发表了什么看法，蜚短流长。

那些天，他总问我："你觉得我错了吗？"

其实，谁也无法评判他的对错，除了他自己和现实。他和刘炜间的风波是个坎儿，这是入主上海队众多问题的头一遭，他得迈过去才行。这也是他成为老板后遇到众多问题的头一遭，他还是得迈过去。

有人说，姚明变得冷酷无情，商人重利轻别离。这话不全对，可商人都得求利，没有人盼着自己把买卖干黄了。一笔又一笔数额巨大的支出从姚明的账户划出时，有些事情就再也改变不了。

姚明惜情，他问我："你说我和刘炜还能像以前那样吗？"

我不知道该说什么，我猜，他心里早就有了答案。

那时候，刘炜在接受采访时说："我们不可能像做队友的时候一样了，我有很多的苦楚，但是现在不能说，可能过两年吧，也许那时候我会说出来。"

一起长大的铁哥们儿

姚明还是拨通了刘炜的电话。

拨之前,姚明攥着电话想了半天,他得把说什么、怎么说都琢磨清楚。这已经不像是给好朋友打电话了。

两人都清楚通电话的目的,都知道最后一定会说到合同、说到生意。可一开始,两个人都在扯闲话,当然,你也可以理解为他们不愿意把话挑得如此明朗,都还拘谨。刘炜问起叶莉的情况,那时,叶莉已有几个月身孕,预产期在2010年5月。刘炜比姚明大八个月,还没准备要孩子,姚明就问起他家里的宠物小狗如何了。两人闲扯了一会儿,终于在最敏感也最关键的问题上会师了。

刘炜还是刘炜,他的位置没变。他还是觉得,如果姚明早说,早跟他联系,问题早就解决了。两兄弟,有什么话不能说?有什么忙不能帮?

姚明的位置变了,无论如何,他都没开口和刘炜谈价钱,只是说,会让姚

上海卢湾体育馆

A SHORTER YAO IN MY EYES

姚明和刘炜在国家队也是最好的搭档

之队尽快跟刘炜联系，把该搞定的赶紧搞定。

那时候，事情已经超出两人的控制范围，不是姚明留不留得住刘炜的问题，而是上海市放不放刘炜。刘炜是国家队成员，上海市体育局曾公开表示："刘炜是上海培养起来的，是这支球队的一面旗帜，现在还不希望他去其他球队。"除非撕破脸，刘炜继续效力上海的大局已定，剩下的就是和姚老板谈价钱了。

市政府找刘炜和沙伊峰聊天，那一次，刘炜痛哭流涕。他说："我在上海9万6一年的工资拿过，20万工资拿过，30万工资也拿过，就去年有了点儿好转，拿了96万。大姚要是跟我说，我今年运作资金有困难，兄弟你帮我一把，只要他说这句话，我刘炜二话不说，一定帮他，但他用这种处理方式让我的经纪人和我很为难。说我光为了钱，我是那种人吗？"

沙伊峰也说："我跟刘炜说，你跟大姚讲清楚，我不介入，陆浩（姚明的中方经纪人）不介入，你们兄弟谈。要是我介入，陆浩也介入，这个事情就变成了商业谈判，商业谈判有时候是要伤感情的，商业谈判是要通过商业手段来达成商业目的的。"

可姚明没办法，他手下有一帮人，如果这一次他和刘炜一个电话就把问题解决了，价钱谈好了，很难向手下的人交代；也开了个先例，所有人都明白，找姚之队没用，有事儿跟姚明说就行了。姚明说："那我以后还怎么管这支球队？"到最后，还是由姚之队和刘炜、沙伊峰完成了谈判。

朋友坐到谈判桌两侧，就很难当朋友了。一个当了老板，一个成了雇员，就更当不成朋友了,自古以来,少有例外。更何况,做姚明的朋友本来就难,曲高和寡。这些年,姚明的朋友越来越少,现在,最铁的刘炜,也和姚明之间有了嫌隙。

　　姚明和刘炜成为朋友时,两人还是孩子。
　　14岁时,两人一起进入梅陇体院,成为上海男篮青年队的一员。之后的八年,一直在一起。八年后,姚明去了美国,刘炜孤身带领上海男篮越战越苦。可夏天到了国家队,两人还是队友,还同屋住,就和当年一样。
　　刘炜进入青年队,是因为小小年纪打得好;而姚明,是因为他的身高和潜力。一帮孩子在篮球场练得昏天黑地,没人想过国家队,更没人想过NBA,最开始,姚明得在父母要求下才会去看看电视里的NBA总决赛。
　　孩子和孩子在一起,自然喜欢干孩子爱干的事儿。打游戏是两个人共同的爱好,当时体院旁边就有游戏厅,一到训练结束,他们就往里钻。打游戏得花钱,可当时没有谁大手大脚,每个礼拜的零用钱都是固定的。于是,两个人把零用钱凑到一起花,一个小时的费用是两块钱,两人的零用钱加起来正好。
　　刘炜说:"大姚一周的零用钱有十块,我的比他多点儿,凑一起,每周就能打

A SHORTER YAO IN MY EYES

爱玩游戏的姚明

八九个小时，这样从礼拜一到礼拜四，每个晚上都能玩两个小时。白天训练的时候就琢磨晚上玩点儿什么，时间过得特别快。"和打球一样，两个人打游戏也是从小打到大，从少年时代的街霸、魂斗罗玩到后来升级了，在电脑前玩起了网络游戏，两人还是肩并肩战斗。

慢慢地，两人一起长大，不仅长大，还一起熬过重重考验。同一批进入上海青年队的有16个人，只有刘、姚打了出来。姚明说："我们俩举国闻名了，可其他的那些是谁，根本没多少人知道。那14个人当中，或许有些也同样优秀，可因为受伤或者病倒，再或者因为教练的一个决定，他们打出来的机会就没了。我记得，国家队有个候补队员，原来在国家青年队是首发上场的队员。有一次，青年队出国打锦标赛，有人却忘了给他办新的护照，没能成行。没有这次意外的话，也许他的运动生涯会截然不同。但没有人会记得这些事情，这似乎无关紧要。那些未能成功的人，已经成为往事，被人遗忘。这不太公平了。"也许是因为能一起挺过考验的人越来越少，姚明才会特别珍惜和刘炜之间的友谊。

他时不时地就会想起1998年第一次走近美国篮球的故事，一是因为他第一次觉得也许自己有一天也能打进NBA，二是因为那段日子他和刘炜一起过得很苦，却很单纯快乐。

两个人在美国参加训练营和巡回比赛，待了快两个月。最开始还有上海队的领导带着他们，可领导中途回国，也没去多想这两个孩子在美国的花销，把钱全带走了。当时姚明身上有200美金的零花钱，刘炜的只有150，两个小伙子天天琢磨怎么用这点儿钱吃饱肚子。

姚明说："幸亏酒店有免费的早餐，我们就拼命地吃，争取吃一顿管半天。剩下的，就是去麦当劳吃最便宜的汉堡，99美分一个，双层芝士的。后来到了训练营，终于有人管饭了，我们才终于能敞开肚子大吃，那狠劲儿，跟要报仇一样。"

刘炜说："当时大姚每天吃两个汉堡，我只吃一个，因为我受伤了，没法打比赛，所以我们俩决定让他多吃点儿。"

再后来，两人飞去小城波特兰，耐克总部在那里，姚明要去跟耐克签约。那时候的合同很好谈，所以那次波特兰之旅充满欢乐，他们去看了NBA球队波特兰开拓者的球馆，去了棒球场学习打棒球，姚明说，挥十次能打到一次球就算不错

2006年男篮世锦赛，王仕鹏绝杀斯洛文尼亚后，姚明与其拥抱在一起

的。工作人员还带着两位少年去威拉米特河玩，开水上摩托，在河面上飙。后来姚明开的那辆出了问题，是被刘炜的那辆拖回码头的。

他们两人的记忆里，快乐的画面比比皆是。

后来，两人都进了国字号的球队，不过不是同时。国青队，是刘炜先进的，他拿到胸口锈着国旗的国青队球衣，就跑来给姚明看："看到了吧，感觉好极了。"姚明看了着急，拼命练，一年后也进了国青队，打了一年后从国青队升到国家队。姚明在国家队打了三年，刘炜也进来了，姚明也像是当初刘炜用国青队服刺激他一样，用国家队的队服刺激刘炜。

那之后，两人就在国家队并肩战斗，一直到2008年北京奥运。姚明说："北京奥运将是我人生最宝贵的一份财富，打了一辈子球，我觉得都是为这一次奥运会准备的。"

2002年之前，两人之间的争执、分歧很少很少。姚明说："和刘炜一起打球这么多年，我们总共只吵过一次架。"那是1997年八运会后，在江苏打客场，输给了江苏南钢队，被对方老将搞得一肚子火的刘炜进了更衣室就破口大骂。那时候，全队的岁数都不大，都年轻气盛，姚明也压不住输球的火，和刘炜对骂开了。接着，两人进入冷战期，谁都不理谁，一直到第三天晚上，刘炜闷在宿舍里实在无聊，犹犹豫豫地，想拉姚明出去打游戏，又觉得面子上过不去。斗争半天，拉开房门，看到那个大个子也在门口溜达来溜达去，比自己还煎熬难受。两人嘿嘿一笑，你的肩头并着我的胸口，到游戏厅里杀了个昏天暗地。

姚明爱看战争片，尤其是美国导演斯皮尔伯格的《拯救大兵瑞恩》、《兄弟连》，看着看着就想起自己，想起自己的球队："看《兄弟连》的时候，就想到跟刘炜一起一级级晋升的历程。许多人一起开始，但一个走了，又一个，再一个，最后，只有少数人留下。留下的越少，就越特别。"

A SHORTER YAO IN MY EYES

姚明：最大的单笔出口商品

一辈子不变的事，太少太少。

决定友谊的，不仅靠意愿，更要看各自的生活环境、生活状态的变化。两个人生活的交集越来越少，共鸣越来越少，友谊的基础也就越来越弱。姚明和刘炜都为人真诚，也都希望努力维护这十多年来的珍贵感情。可从2002年开始，两人就走入了完全不同的生活轨迹。

离开的是姚明，他从上海飞到休斯敦，新的生活、新的环境扑面而来。那时候，姚明还没法用英语进行日常对话，姚之队从315名候选人中挑出了一个个子不高的白人青年作为姚明的翻译，他叫潘克伦，之前在弗吉尼亚政府做翻译工作。第一次见到这么大的场面，跟着姚明每天和这么多人对话，他比姚明还紧张。第一年，他住在姚明家里，帮助姚明完成各种过渡。更衣室里，十多名球员，十多名工作人员，光名字就得记半天，一堆厚厚的战术册，一堆英文的战术代号，一种从未经历过的篮球文化和风格，把姚明冲得七零八落。还有能把他深深埋起来的各种大事小事。光买房，姚明就在房屋经纪那待了两个小时，签厚厚的一摞文件，还要到银行开户，考驾照，接受各种媒体采访，参加政府、领馆、社区组织的各种活动……

接下来就是拼命地训练，想尽办法在NBA站住脚，扎下根。往后，是知道点儿门道，总结出经验，想着达到更高的目标。再往后，他成为球队的领袖，站在球队

美国总统奥巴马也是个铁杆篮球迷

最前面，领着大伙儿往正确的道路上走……

那都是球场上，球场外姚明要干的事情更多，责任更重。他早已经成为全世界最熟悉的一张中国面孔，无论他愿不愿意，世界已经把他看做了中国人的代表。

克林顿还是美国总统时，就在公开演讲时说过："姚明是中国对美国最大的单笔出口。"

后来，美国总统换成了布什，布什一家子都住在德州，他父亲前总统老布什经常去看火箭的比赛，也爱去姚餐厅吃饭。老布什回忆第一次和姚明见面的情况："你们知道吗，姚明刚来休斯敦的时候，我正在接待当时来访的中国国家主席江泽民。我问江主席，你见过姚明吗。他说没有，然后姚明就被邀请到了我的图书馆……在美国遇到了他自己国家的主席。我想，姚明回到中国后，会告诉他的国家，美国体育、美国人是什么样，这对他的国家和我们的国家都是一件大好事。"

现在，美国的总统是奥巴马，一个著名的篮球总统。2009年访华，他在与上海青年互动时说："1979年中美建交的时候，我们两国人民的联系十分有限。当年在乒乓球领域的好奇如今已延伸到许多领域，美国现在数量最多的留学生都来自中国；而在美国的学生中，学中文的人数增加了50%。我们两国有近二百个友好城市，美中科学家在许多新的研究领域和发现领域进行合作。我们两国人民都热爱篮球，姚明就是个例子。不过，此行我不能观看上海鲨鱼队的比赛，有点儿遗憾。"当时，姚明在休斯敦养伤，听完后高兴得从床上蹦了下来，多大一个广告啊，赶紧抓起电话联络姚之队，让他们赶紧准备上海队的球衣、帽子，给奥巴马送去。

法国人埃里克·伊兹拉莱维奇写了本书，名叫《当中国改变世界》，他这样描述姚明："在休斯敦，姚明就代表了中国。很多年轻的德克萨斯人不知道毛泽东的故事——不知道他在上个世纪70年代初用乒乓外交恢复了中美关系。他们将异乎寻常的热情倾注于姚明身上，关注他在NBA每一场令人难忘的比赛。这位来自上海的年轻人在美国已经成了中国整体形象的代表。他用自己的活力、自信、富有、集体精神和微笑赢得了公众的赞赏，几年之内，他成了名副其实的民族象征，他的姓氏——YAO已经成了一个大众符号。"

2002年离开位于上海肇嘉浜路上的家时，姚明从未想到会发生这些。

A SHORTER YAO IN MY EYES

刘炜：留守上海，生活依旧

看起来，刘炜的生活没变，他还留在上海滩，留在中国联赛，过着似乎一成不变的生活。其实，这是种误解，刘炜的生活也变了。

2002年，上海男篮是冠军。可他们登上顶峰的那一刻，也正是一支冠军球队分崩离析的时刻。少数记者在年初就已知道，姚明将在这一年参加NBA选秀，前往那个更大的舞台。

那时候，已经能从姚明身上找到些细微的蛛丝马迹，显示他与NBA越来越近。他戴上了绣有自己名字和NBA标志的红色手带，他签约的耐克公司也已经着手设计姚明在NBA的比赛用鞋。对这款球鞋，姚明只有一个要求：鞋的侧帮上要有五星红旗的图案。上海队捧起总冠军奖杯时，姚明并不像刘炜和其他队友那般兴奋。他跟着球队欢庆，也喝了不少酒，甚至在酒酣后说了一些冲动的话，可他心里很清楚，一切都结束了。

姚明说："哨响的一瞬间，我就在心里念叨着，在中国联赛的一切就这么结束了。老实说，这一年我过得并不开心，看到了很多我不愿意看到的事情，这个冠军

姚明与王治郅在NBA终于有了见面的机会

不像是2001年总决赛在我心里那么重要,它只是个任务,是我走出中国的一个台阶。"他最想拿到的是2001年冠军,但没成功,也想在2001年参加选秀,去NBA,也没成功。

2001年,上海队禁止姚明参加选秀,夺冠是姚明去NBA的必要条件。一年来,他和他的家庭承受着外界难以想象的压力,有无数说不出的委屈。夺冠之后不久,上海电视台就把姚明请到球馆里的演播室,宣布了俱乐部全力支持姚明前往NBA打球的消息,熟知内情、且同情支持姚明的人都如释重负。

姚明走了,上海男篮也变了,新科冠军的实力大打折扣,战绩下降很快,甚至不能用下降来形容,他们是在飞速跌落。而刘炜是这支上海队的领袖,担子砸在他一个人的肩膀上。姚明穿过的15号球衣被退役,高高挂在卢湾体育馆的穹顶上,在那巨大球衣的注视下,上海队被CBA众列强欺凌,他们跌出了季后赛。

名次越排越靠后,球市也越来越差。最少时,上海男篮比赛的门票只卖两块钱,在上海,两块钱已经很难买到什么了,最便宜的地铁票价也要3元。可两块钱的门票还是没多少人买,几百人坐在拥有三千座位的看台上,零落得可怜。

A SHORTER YAO IN MY EYES

刘炜拼了。姚明在的时候,他的任务是给姚明传球,也很少有人比他更懂得如何给姚明传球,有时候就是这么往空中一抛,姚明就能接住,然后把球放进篮筐。看似简单,可换个人,就没法把球扔得那么恰到好处。姚明离开,就看刘炜的了。刘炜开始拼命得分,经常能拿30分以上,能把球投得非常漂亮,可还是没用,上海队总被打得毫无还手之力。刘炜也着急,也琢磨,托着脑袋想:"有些球,传出去他们也进不了,传过去也没用。你说我怎么办?没办法啊。"

一次比赛之后的新闻发布会上,输球后的主帅李秋平带着队长刘炜来了,李秋平对台下坐着的记者说:"没办法,刘炜也不喜欢啊。以前姚明在的时候总赢球,现在老是输球,刘炜需要一个适应的过程。"

坐在一旁的刘炜皱着眉头,无可奈何地笑了笑,脸上挂着的都是苦涩。

他和兄弟姚明的生活在2002年分道扬镳,更多时间,他是在电视上看到姚明。他有自己的生活要考虑,上海队的薪水一直不高,可上海的消费水平一直在涨,一个篮球明星要在上海体面地生活,不容易。还有未来,中国球员退役

后的人生选择并不多,刘炜同样逃不出体制的桎梏……

刘炜琢磨的事和姚明琢磨的事,早已相差万里。没有美国的总统、非洲的娘娘轮番夸奖刘炜,也没有无数赞助商举着支票争先恐后敲他的门。姚明签约锐步几年之后,就有数家中国球鞋企业找到姚明,说他们可以出钱买断姚明与锐步公司的合同,然后再给姚明一笔不菲的赞助费。刘炜在2008年奥运之前签约过阿迪达斯,可合同很快结束。刘炜在上海的家,还在卢湾体育馆附近,站在阳台上就能看到卢湾体育馆后面的操场。夏天,姚明会在上面跑步,刘炜就打电话过去,告诉姚明身边的人:"跟他说,别偷懒,我在阳台上喝着冰镇饮料监视着呢。"

姚明原来的房子也在那附近,后来变成了姚明父母住的地方,他早已在上海最好的楼盘里拥有一套住宅,虽然每年根本住不了几天。

姚明想着如何以上海队为起点慢慢地影响中国篮球时,也许刘炜正在考虑是否接受国内篮球品牌一份几十万一年的代言合同。可姚明并不因此就比刘炜高尚伟大多少,他们面对的都是现实无比的生活。

生活的轨道早把他们拖到了两个不同的方向上。

第六章 Chapter 06
什么是NBA

A SHORTER YAO IN MY EYES

2009年10月18日上午,火箭在进行和雷霆季前赛前的投篮训练。

季前赛,顾名思义,赛季之前的比赛。通常,一个赛季从训练营开始。十月初,经过了漫长的暑假,也经过了选秀,经过夏天自由球员签约,各支球队以新的面貌重新聚在一起。这是一个赛季的开始,也是给新赛季奠定基础的时刻,谁将在未来一年里扮演什么样的角色,总能在十月中露出端倪。当初的弗朗西斯,就因为在训练营中状态不佳,始终没能获得阿德尔曼的信任,也始终没能找回在休斯敦振臂一呼、应者云集的霸气。

阿德尔曼站在场边,表情有些着急,挠着花白的头发,肩头上布满头屑。距离赛季正式开始只剩下不到十天,可这支火箭队距离捏合成型还差得太远。阿德尔曼希望时间能晃得慢悠点儿,再慢悠点儿。一幅布满漏洞的火箭蓝图触目惊心地挂在他面前,老帅摘下眼镜,揉着红红的眼睛。尽人事,听天命吧。

>>>

从 销 售 员 到 教 练 员

阿德尔曼早已年过花甲,总把一只老花镜装在上衣口袋里,无论看球探报告、阵容名单,还是摆在酒店房间里的免费报纸,老爷子都离不开那东西。事实上,每次去客场,他都会带不止一副眼镜,没有它,日子会变得很麻烦。

老帅说话做事都慢条斯理,遇到什么问题,就从鼻子上摘下老花镜,摩挲着镜框仔细琢磨。他说话语速缓慢、语调温和,很少暴风骤雨般发火。接触老帅不久之后,姚明说:"有时候,球队没打好,输了比赛,他批评我们的时候也很少大声骂人,听惯了爱吼叫的范甘迪,还真有点儿不太适应。他骂人,你都不能用'骂人'这个词儿来形容,脾气实在太好了。"

这是阿德尔曼执教火箭队的第三年。他是个被证明过的好教练,包括火箭

A SHORTER YAO IN MY EYES

在内一共带过4支NBA球队，都是季后赛常客。他的常规赛胜率在NBA历史上仅次于帕特·莱利、菲尔·杰克逊和红衣主教奥尔巴赫。很多人都觉得他应该进名人堂，可阿德尔曼自己摇头："我觉得我不会被选进名人堂，迪克·蒙塔赢了几乎一千场比赛，还有一个总冠军，他没进。三角进攻的发明者温特也没进，我猜，我也没什么机会进。"

他很谦虚，总说生活对他已经够好的了，能找到一份NBA主教练的工作，过上富足生活，把孩子抚养长大，很满足。老帅说："我从没盼着能有一天在NBA里执教，我原本的计划是找一支高中球队，努力当好主教练。"

球员时期的阿德尔曼在NBA里打了七个赛季。那时候，靠打职业篮球挣得的薪水，只能勉强支撑一个家庭的日常生活。为了过得好一点儿，那时候的球员甚至会在夏天打零工。他没有多少存款，更不会像今天的NBA球员过着奢华生活。1975年，职业生涯结束后，阿德尔曼必须寻找新的工作养家糊口。他想成为教练，投过多份简历，皆杳无音信。于是，阿德尔曼变成了Converse（匡威）公司的销售，要每天开着车子四处推销。他想回到球场边，卖鞋的那一整年不停地投简历。阿德尔曼没把目标定得太高，只是高中而已，在南加州有如此多的高中，可没有一家对这位曾经的NBA球员感兴趣。今天，打进NBA是很多孩子小时候的梦想，可那时候，这并不是一份人人羡慕的职业。甚至，在NBA打球的七年经历，让努力竞争中学教师或教练职位的阿德尔曼失去竞争力。

他回忆道："面试时，我总干得很糟。我发现我根本不知道执教中学球队应该是什么概念，离开大学后，我打了八年篮球，而和我一同毕业的那些人都开始了工作，他们比我多了至少六七年的工作经验，我什么都没有。"

有些事的发生，的确是机缘巧合。如果没去参加麦克·皮特里的洗礼仪式，阿德尔曼不可能知道一家社区大学球队主帅的位置正空着，那是他教练生涯的开始。而麦克·皮特里是乔夫·皮特里的儿子，后者是他曾经的队友、去客场打比赛时的室友，正是在这位老皮特里的推荐下，阿德尔曼得到了克蒙可塔社区大学球队主教练的工作，也正是这位老皮特里在1997年聘请阿德尔曼出任国王队主帅。在社学大学，阿德尔曼执教了六年，赢下三个联赛冠军，然后接到传奇教练拉莫西的邀请，加入开拓者队的教练组。

哪怕到了这时候，阿德尔曼依旧没盼着成为NBA主帅，他知道这有多难，会有多大压力。尤其是看着拉莫西这般伟大的教练也终于失去对球队的控制，和球队老板关系破裂，离开帅位，他更犹豫了。拉莫西离开后，麦克·舒乐接手，两年半之后，被中途解雇。那时候，波特兰大学打来电话，希望阿德尔曼能去那执教，可开拓者的球员，尤其是德雷克斯勒这些主力球员，强烈要求阿德尔曼接手教鞭。后来，有人说这是开拓者球队历史上最正确的决定之一。

到现在为止，他还清楚记得执教第一场比赛的情景。他坐立不安地在边线上徘徊，把手插进口袋，又掏出来，根本没法踏踏实实地坐在教练席上，哪怕球队已经领先了15分，距离比赛结束只剩下最后一分钟了。

身后的替补席传来了这样的声音："教练，你能不能安静地坐会儿？放心吧，你已经赢了。"阿德尔曼扭过头，看了看说这话的那些老球员，点点头："那好吧，就听你们的吧，我只是想百分之百确定。"

一分钟之后，阿德尔曼赢下了NBA主教练生涯的第一场比赛。

2009-10赛季，阿德尔曼再不会如此紧张，风霜雨雪，他经历了太多，见过太多。他只是焦急，想尽快把眼前的这支火箭队捏合成型，而10月份的季前赛是他唯一的机会。

这支火箭队充满了未知数。姚明经历脚踝重建手术，确定缺席整个赛季；另外一名球星麦迪也始终没能从前一个赛季的手术中恢复过来。当家的是一堆年轻人，

2007-08赛季，姚明与篮网队的马格洛伊尔在比赛中的对决

A SHORTER YAO IN MY EYES

首发控卫布鲁克斯还是个孩子，喜欢开玩笑，买新奇玩具，能攻却并不擅长组织球队。得分后卫阿里扎，夏天刚刚加盟火箭，阿里扎曾是洛杉矶湖人的角色球员，拿到总冠军戒指后对职业生涯有了新的期盼，希望到一支新的球队扮演更重要的角色，他想成为姚明、麦迪那样的球队领袖，可他并没有成功，于2010年夏天被交易到了黄蜂队。小前锋巴蒂尔，不到32岁，却已经是火箭队中最年长、经验最丰富的球员。他善防守，进攻能力不足，是火箭的队长，可威信尚未被证明。在NBA球队里，威信的建立与天赋息息相关，说话顶用的往往是球场上大杀四方的那个，而巴蒂尔不是。大前锋斯科拉，接近30岁时还在拿新秀合同。这个阿根廷人早在2002年就被圣安东尼奥马刺选中，可一直留在欧洲打球。2007年夏天，火箭和马刺完成交易，才把他带到NBA。NBA是一个能飞能蹦的世界，而斯科拉是在地上打球的，他天赋一般，却基本功扎实，是阿根廷国家队的领军人物，只是尚未在NBA证明自己。至于顶替姚明的首发中锋查克·海耶斯，是NBA最矮的首发中锋，身高不足两米，强壮，是防守专家，可进攻能力严重不足。

看着这样一支球队，阿德尔曼没法不着急。

和雷霆比赛之前，火箭刚打完两个客场，多伦多和印第安纳的背靠背。背靠背的英文是BACK TO BACK，就是连着两天晚上都打比赛。背靠背意味着

背靠背的比赛是对姚明体力的最大考验

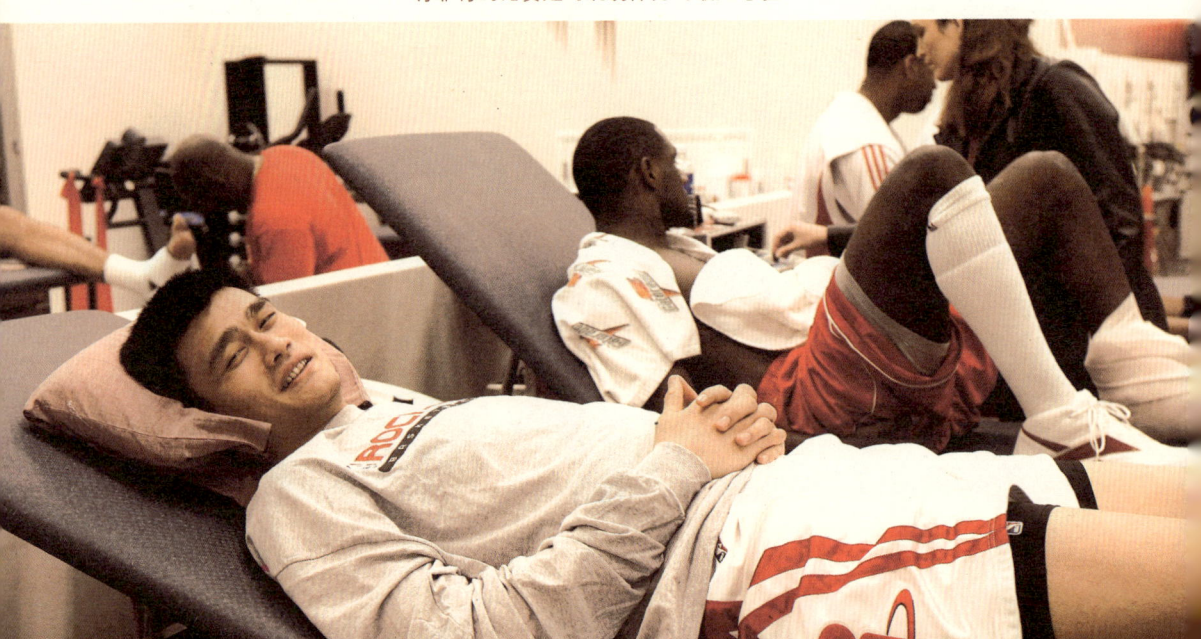

头一场比赛之后要立刻离开球场，飞到第二个城市，带着一身疲惫和旅行的辛苦，第二晚再打一场。

客场背靠背是最折磨人的，哪怕NBA已经想尽办法照顾好球员，包机、五星级酒店，可比赛之后飞上几个小时，凌晨时分入住酒店，球员很难从前一晚比赛的疲劳中恢复过来，谁也没法倒头就睡，往往天快亮了才能睡着。飞多了，人容易晕头转向，姚明就犯过错，背靠背第二场到了新的酒店，抓起门卡就奔房间去，可怎么都捅不开门，刚想扭头去找服务员，房门自己开了，助理教练从里面探出脑袋：“姚，你又走错房间了，你的在楼上。”姚明一看房号明白了，前一晚前一座城市，自己住的是这个房号，今天换房间了。

在多伦多，火箭打得很好，可到了印第安纳，几乎忘了怎么打比赛。阿德尔曼生气了：“前一个晚上，我们做到的所有事情都消失了。”在前进与退步间，时间消失了，老帅没法不一肚子邪火儿。

他想知道，为什么会有这样的赛程安排。从休斯敦到多伦多要飞五个小时，光这样的飞行就把球员折腾得昏昏欲睡了，本可以用来训练的时间被花费在了飞机上、酒店里。客场的训练条件又总是很差，这还不够，他们又要连夜赶到印第安纳打背靠背。背靠背的比赛意味着，球队在飞回休斯敦之后，阿德尔曼不得不给球员一天的休息时间，至少得让他们的身体恢复。阿德尔曼没法算一共损失了多少时间，越算越着急。他问：“我想知道这是谁定的？”其实，他只是抱怨抱怨，老帅很清楚这样的赛程是谁安排的。

一般来讲，季前赛的日程是球队自己安排的。常规赛的赛程，也和球队实际情况有关。联盟在制定每年的赛程前，得先咨询各家球队。各家俱乐部会把接下来一年的球馆使用情况上报给联盟，球馆除了打比赛，还要用来开演唱会、做其他活动，对于老板来说，全是绿油油的美金。办演唱会能收场租，能卖纪念品，能卖各种消费品，不说别，光是食物饮料，老板就能挣很多钱。外面超市里，一瓶啤酒一块钱，进了球馆，至少翻五倍。老板希望球队成绩出色，更希望挣钱。有时候，球队会抱怨背靠背安排得太多，其实这也跟球队的利益有关，多一场背靠背，就少一些在客场的花费，机票、酒店、差旅补贴、人员工资，全是花费。教练对球队成绩负责，可老板得从全局考虑。而火箭队的老板亚历山大是个精明的商人，有这样的季前赛背靠背的赛程安排，也就不值得大惊小怪了。

A SHORTER YAO IN MY EYES

华尔街来的股票高手

火箭老板,叫莱斯利·亚历山大(Leslie Alexander),是个犹太人。出现在公开场合时,总戴一副小小的墨镜,喜欢眯着眼睛,一副笑模样。他起家于华尔街金融圈,是个素食主义者,致力于慈善事业、动物和环境保护。1998年,世界善待动物组织宣布,莱斯利·亚历山大是他们最大的个人捐赠人,在保护动物和环境上,他捐赠的钱已经达到了几百万美元。在火箭球馆附近,经常能看到亚历山大的助理牵着一条老狗缓慢地溜达,那是他收养的。

亚历山大每年都要组织燕尾服和球鞋慈善晚会,所有宾客都得穿整套燕尾服,脚下穿上球鞋

平视姚明 | Chapter 06

他向来低调，很少接受采访，每年只在赛季初、交易后、慈善晚会和赛季末接受休斯敦当地记者的采访，回答的问题还大多与球队有关。因为火箭，低调的亚历山大逐渐浮出水面，几乎每年他的名字都会登上《福布斯》杂志。看着不断攀升的数字，人们猜测着，这家伙到底挣了多少钱。2009年某一期的《福布斯》杂志上，研究了2003年至今的综合数据，盘点出NBA最成功的十位老板，亚历山大排名首位。当初他花8000万美元收购火箭，如今球队总资产已经达到4.69亿美元。

出身于华尔街金融圈的他对数字很敏感，是个股票买卖的高手，拥有华尔街最大的债券交易私人账户。对金融交易，他有天生的直觉，经常在很短时间内买进卖出，做惊人的交易，把钱挣进口袋。这也是他低调的原因。据称，有太多人试图搞清楚亚历山大的动向，然后跟着进行交易。亚历山大不愿意让别

A SHORTER YAO IN MY EYES

人了解他的方向和行事方法，他信奉枪打出头鸟。于是，低调的习惯就一直保持到了今天。

他对数字的敏感和记忆力也一直保持到了今天，他的合伙人说："他会突然跟我提起一年前交易过的一只股票，交易价格、代码记得一清二楚，而且那只股票还不一定是赚钱最多的一只。一年里，我们要经手的股票数目太多了，我也不知道他是如何记住的，只能说神奇了。"

亚历山大不仅对数字敏感，记忆力好，还有让很多人羡慕的思考能力，很少有人能跟上他的思路。有时候，他跟会计师和律师开电话会议，说着说着，直接把电话挂了，他嫌对方的思路太慢，跟不上他的节奏。他说，等他们想清楚了再继续吧。

几十年以来，最大程度地收集资讯已经成为亚历山大的生活习惯。直到现在，他每天还要读七份报纸，这是从上个世纪70年代留下的习惯。那时候还没有进入网络时代，大多数的信息都是从报纸上获得。现在，亚历山大上网，可还是照旧读报，《华尔街日报》、《纽约时报》，还有很多各地的报纸。他的私人飞机上一定会摆上当天的数份报纸，以此来打发难熬的飞行时间。读报是他掌握时事趋势的最重要手段，他清楚，每一份报纸都有自己的立场、代表的利益，把每一个立场和利益结合起来，趋势就会从报纸上浮现出来，而亚历山大要做的就是随势而动。

姚明加盟火箭之后，火箭球馆里出现的中文字越来越多。和CBA不同，NBA球队的场边广告经营权在球队手中。每支球队因成绩、曝光度、所在城市的不同，场边广告的价格也千差万别。火箭的场边广告很贵，因为抢位置的人很多，而且大部分来自中国。

火箭的招商计划书上有这么一句："中国球迷早已经把火箭队当作他们的国家队来看待。"事实的确如此，几乎火箭的每一场比赛，在中国都能看到电视或者网络直播。收视率意味着广告价值，商家们算得很清楚，买火箭场边广告几分钟的钱，在中央电视台买不到一秒钟的广告时间，于是商家蜂拥而至。不仅仅是中国国内品牌，连阿迪达斯这样的国际品牌也抢，然后设计中文的广告牌，对中国受众广而告之。大伙儿猜测，亚历山大仅这一项就从中国挣了不少钱。

这就低估亚历山大了，和他的生意相比，场地广告的收益微不足道。靠着火箭老板、姚明老板的身份，他已经与中国有了千丝万缕的联系，也做了很多生意，尤其在股票市场收益颇丰。

亚历山大没来过中国，不会说一句中文，但他有特殊的视角看中国。与通常了解一种文化的方法不同，他不会去关注北京和上海的街头修建起多少新的高楼大厦，不会捧着讲述中国历史民俗的书读上半天，也不在乎中国人吃什么、穿什么。有关中国，他问了这样的问题：中国人喜欢储蓄吗？中国的养老保险制度完善吗？中国人如何消费？从这些问题的答案中，亚历山大勾勒

亚历山大是个精明的犹太人

出自己心中的中国形象。他说："这表明中国经济很有活力，你们不会过度消费，很勤劳，会努力工作，不停地创造价值，不像美国，太多的超前消费，口袋里有一毛钱，会把未来的十块钱都花掉。我很喜欢这样的民族，你看，在美国的大学里，成绩排名靠前的很多都是中国人、亚洲人，当然还有犹太人。"

他是球迷，忠实的篮球迷。亚历山大在纽约地区长大，从小就是尼克斯队的球迷，疯狂地喜欢着这项运动，口袋里没钱的时候，就做过拥有一支NBA球队的白日梦。有火箭比赛的那天，看球就是最大的事儿。他的合伙人说过："有时候，我们还在办公室里谈生意，很重要的生意，可只要比赛开始的哨声响了，他就会跟我说，好了，闭嘴吧，我们先去看球。看球的时候，他太精神了。我还跟他一起看过演唱会，有时候，看着看着，他会回包厢里休息一下，就再也不出来了，等我去找他，发现他已经睡着了。可看球的时候不会，他不

仅看，还冲着裁判直嚷嚷。"即使不能在休斯敦看球，到了比赛时间，亚历山大也会坐在电视机前，确切地说，是把自己锁在电视房里。在他家里，有一个专门用来看比赛的房间，比赛开始，他就待在里面，什么也不干。他跟助手说，有什么会议安排，改期，我得看比赛。

可亚历山大并不懂球，不清楚谁适合什么样的体系。和很多老板一样，具体事务有底下人操作。决定签人时，亚历山大看的是名气，名气大的，一定是已经被证明的，也一定会有影响力，这是他的逻辑。

例如当初他选择阿德尔曼，就是如此。

当球员变成明星后

阿德尔曼是个温和智慧的老头，和每个教练一样，阿德尔曼知道如何去使用各种战术，让他与众不同的如何处理与球员间的关系。他有一个称号叫"球员教练"，意思是，他知道球员的喜好，善于控制他们的情绪。给他当了十年助教的特纳说："他知道如何跟球员打交道，让他们把各自的天赋发挥到最佳。我想不起来他之前执教过的球员里有谁比赛之前没有过来跟他打个招呼，跟他握手。在NBA，这很罕见。"

的确罕见。中国人总说，一日为师，终身为父，所以很多中国球迷也试图把这种文化套到美国人的脑袋上，以为教练在球队的威严至高无上。其实，这个真没有，至少在今天的NBA里没有。

阿德尔曼早已接受了教练在这个联盟中的角色转变。教练的任务不仅是制定球队战术，确立比赛风格，很多时候，他们还得把精力花在处理和球员之间的关系上。他的球员们少则一年百万年薪，多的一年千万甚至两千万年薪，更要命的是，他们的合同都是保障性的，也就是说，无论如何，钱已经板上钉钉。例如姚明，因伤缺席整个赛季，可薪水照旧1700万美元，少一分也不成。因伤病缺席比赛还说得过去，有些球员消极怠工，对长年累月拼命打球失去兴趣后，教练依旧拿他们没辙，哪怕不给他们比赛时间，也丝毫不影响他们的收入。钱是固定的，合同是保障的，球员在球队里的地位早已超过教练。NBA

平视姚明 | Chapter 06

年薪最多的教练是洛杉矶湖人的菲尔·杰克逊，也是拿冠军最多的教头，年薪千万，可NBA里年薪超过千万的球员有几十人。2009-10赛季的"状元"，就是当时效力于火箭队的麦迪，年薪2300万，是阿德尔曼年薪的三倍以上。有时候教练会发现，无论是声嘶力竭还是柔声细语，全能被球员的耳朵屏蔽掉。

一次，阿德尔曼带着火箭回到曾经执教的萨克拉门托与国王队比赛，当地的一位记者跟他说："对面站着的是你的继任者，从每一个细节上，你们都会被比较，哪怕是着装。"

老爷子笑了笑："着装？还是算了吧，我的儿孙们加起来有几十人，我可没多少钱花在名贵西装上。"

他身后的更衣室里，姚明跟麦迪开着玩笑："看看你那钻石手表，几点了啊？"其实火箭队里的人都知道，麦迪手腕上的那手表纯是个摆设，上面布满钻石，可指针从不走动。

球员不仅比教练有钱，还更有名气。打开任何一份报道NBA的报纸、杂志，或者对着ESPN的频道坐一天，你会发现，99%的内容属于球员，属于明星球员。一场NBA的常规比赛，场边就布置了近十台摄像机，到了季后赛、总

运动员的成功都是练出来的

A SHORTER YAO IN MY EYES

决赛，这个数字会剧增。在那里，篮球不仅仅是一场比赛，而是一场秀，晚上七点，最黄金的时间开始。球员和电视上的歌星、影星一样，早已经成了娱乐者，总有几台摄像机在捕捉他们的一举一动。教练是这场演出的配角，无论他们在战术板上画出怎样的点点线线，冲在球场上的却是球员。最终，球员成了英雄，教练是站在英雄身边轻拍他们肩膀祝贺的那个人。

有时候，NBA教练会羡慕大学教练。著名的K教练一直执教杜克大学，他曾经多次收到NBA球队的邀请，可从未接受。在大学，教练的权威是天然的，教练能决定手下球员的命运，谁得到更多的出场时间、表现机会，就更有可能被选入NBA，所以大学教练备受尊重。可在NBA，教练的地位极其脆弱，仿佛是玻璃做的，一旦与球队的头号球星相处不好，走人的大多是教练。那些出色的天才球员往往几十年才出一个，而战术体系却到处都找得到。

NBA教练的世界里没有忠诚，无论是来自他们的老板，还是他们的球员，他们时刻可能成为替罪羊。在NBA，球员和教练之间只是共事关系，常常单薄如纸。球馆、球队包机、更衣室，就如同你我生活的办公室一般，走进去，开工；

姚明的两位恩师：范甘迪和汤姆贾诺维奇

走出去，下班。每天比赛后，当球员和教练打开更衣室大门，各自走向停车场，驶入迷蒙夜色之后，他们也就各自消失在南辕北辙的生活里。

一个成功的NBA教练永远能认清现实，并且知道如何处理人际关系。

阿德尔曼的前任是范甘迪，在火箭实在干不下去，走了，到ESPN当起了电视解说员。在很多人眼里，范甘迪是个好教练，敬业到了极致。每天早晨，他的车子一定第一个驶入球馆地下车库，很多时候也是最后一个离开的，每场比赛之前总做好最充分的准备，尽可能把对手的每一种常用战术都烂熟于心，然后找出应对方法。比赛时，他总掏西装口袋，看比赛前写的小纸条，那些都是他的功课。

范甘迪也试图跟球员搞好关系，不过他的方法和阿德尔曼不同，阿德尔曼总笑眯眯地春风化雨，范甘迪不，他喜欢命令。他知道什么对球员好，怎么打才能更上一层楼，他以为球员会高高兴兴听他的，可没有人喜欢听训斥，没人喜欢条条框框。

有一次打客场，比赛之前范甘迪在更衣室里训话，那天不知道为什么，老板亚历山大也在。范甘迪正说到激动处，突然电话铃声从老板裤袋里传来，范甘迪一扭头，冲老板吼："请你出去。"亚历山大下不来台，可还是咬牙给了面子，转身出去，屋里剩下的人都面面相觑。可能只有来自中国的姚明习惯范甘迪，从小到大，姚明的生活里从未缺乏管教，所以范甘迪让他如此亲切。其他人受不了了，弗朗西斯还在火箭时，曾试图联合队友逼宫范甘迪，直接找到老板亚历山大，要求解雇老范。也叫姚明了，他摇摇头，没参加，从文化上，姚明接受不了这个。这件事上，你很难说清楚是弗朗西斯对，还是范甘迪对，这就是NBA的现实。这是一个球员的联盟。

球员挣了很多钱，可他们中的绝大多数并不知道如何打理这些钱，因为他们中的大多数都出身穷苦。

勒布朗·詹姆斯是NBA最明亮的一颗星，他被认为是联盟新的代言人，身家无法计数。可把他的生活倒退十年，几近穷困潦倒。他成长于单亲家庭，呱呱坠地时，母亲格利亚·詹姆斯只有16岁，格利亚的母亲容许女儿产下这男婴，并照顾他长大。

回忆往事时，詹姆斯说："小时候，我总是骑着单车在阿克隆晃荡，这里

A SHORTER YAO IN MY EYES

一位NBA超级巨星，可以影响一座城市

走走，那里逛逛，只是为了远离麻烦，只是为了让自己忙碌。我骑车北上，来到被称为'下城'的地方，经过伊丽莎白公园贫民定居点，我曾经在那住过。有一些不再适合居住的已经被废弃，有一些已经用木板封住，还有一些拆掉了带铰链的网格门，或是干脆拆除了铁丝网。这里帮派林立、毒品泛滥，而且在阴森的贫民区，警报和枪声时常会打破夜的静寂。我回头向西，沿着波特奇路，来到城中比较富庶的地区，这里整整齐齐地'匍匐'着一排有黑色百叶窗的砖石房子。我一度认为我永远也不可能住在这个地区，除非发生奇迹，比如天上掉下馅饼，或是一颗流星降临在我和妈妈的头上。我最喜欢的是一家汉堡店，能去那饱餐一顿是我最大的心愿……"

现在，詹姆斯的豪宅价值数千万美金，面积数千平米，宅子里有录音棚、两球道的保龄球馆、棋牌室、电影院、体育吧、小型水族馆和理发室……如果他想，可以拥有一家连锁的汉堡店。

进入NBA，意味着财富以爆炸的速度积累。NBA球员的花钱方式会让你吃惊，他们买车，买豪宅，甚至买飞机。奥尼尔有40多辆车，每天选择开哪辆出门成了一个麻烦："我有40多辆车，总想轮着开，但今天总记不清前一天开的是哪一辆。"麦迪花费近千万美元购买了一架猎鹰2000系列喷气式飞机。麦迪曾经的训练师从他手里购买了一辆奔驰。买这车时，麦迪花了十多万，买来之后觉得不喜欢，送到专门的改造厂改车，内饰外观全整一遍，座椅全部是Gucci的，后备箱的大部分空间被一对超豪华的音箱占据。一整套下来，又花了他十多万。整辆车加起来花费30万美元，可只是用来接孩子的，开了几年，里程不到一万公里，最后以极低的价格出售。

　　钱改变了他们的生活，钱也超越了他们的控制能力。尽管联盟会给每一个新加盟的球员上课，包括如何管理财务，可还是有近60%的球员在退役五年之后宣告破产。因为这个原因，再加上人的贪婪本性，球员希望得到更多的钱。无论一名球员挣多少钱，哪怕比他之前期待的要多上数倍，他总能在联盟的某支球队找到另外一个球员——不如自己，却比自己挣得更多。

"大鲨鱼"奥尼尔和"小皇帝"詹姆斯

A SHORTER YAO IN MY EYES

那些白发苍苍、曾经靠着打球只能勉强养家糊口的老球员们说，金钱在减少比赛带来的乐趣。对金钱无止境的追求，让欲望超越了一切，让球员与管理层针锋相对，让球员与队友之间充满嫌隙。

篮球的团队魅力在一日日消失，队员与队员之间不再彼此关心，打球是为了钱，而不是为了赢得比赛、赢得荣誉。胜利的快乐被领取巨额支票的快乐替代，可支票带来的快乐消失得很快，之后是空虚和更强烈的欲望。

那些早已垂暮的老球员们认为，也许这些年轻人在离开球场后口袋里的美元更多，可和篮球有关的记忆将满是酸楚。

可球星，是NBA这个联盟的产品。普通人崇拜球星，把他们看成英雄，因为这种喜爱和崇拜，联盟塑造了无数球星，把他们和无数普通人联系在一起。于是，巨大的市场就此诞生。所以NBA是篮球，更是生意。

驴肉火烧和NBA

NBA是一笔巨大的生意，这笔生意飞快膨胀着。可危险的是，这种发展与膨胀的趋势并不健康，和现实生活如出一辙。

NBA的前身是成立于1946年6月6日的全美篮球协会（Basketball Association of America），缩写为BAA。BAA是十一家冰球馆和体育馆的老板发起成立的，当时的目的是为了让各体育馆在冰球比赛以外的时间内不至于闲置。他们没有想到，这个举措竟然催生了一项闻名世界的职业运动。BAA成立时只有11支球队，后来随着历史变迁大都已经消散。1949年，BAA与NBL合并，名称改为国家篮球协会，也就是NBA（National Basketball Association）。1966年，芝加哥公牛队加入NBA，成为联盟中第10支球队，后来这个名字和乔丹一起铭记在很多人的心中，成为篮球的圣家堂。1968年，密尔沃基雄鹿队和菲尼克斯太阳队加入，NBA球队总数曾加到14支。1970年，NBA球队增加到17支，联盟正式分为东西二区。1976年，原属ABA（American Basketball Association）的四支球队，丹佛掘金队、印第安纳步行者队、纽约网队（后更名为新泽西网队）、圣安东尼奥马刺队并入，NBA球队数量增加到22支。1980年，也就是姚明出生这年,达拉斯小牛队作为第23支球队加入NBA。之后的24年内,又有7支球队加入,2004年加入的夏洛特山猫为联盟凑齐了30支球队。

这样飞速的增长,不是因为球迷对篮球观看需求的提升,而是因为篮球变成了一种商业载体,把商品和千家万户联系到了一起。在美国看篮球,经常能看到三类广告:汽车、啤酒和男性化妆品。在一个家庭里,电视大部分时间被女性占据,所以才会有肥皂剧的诞生,把女性吸引到电视机前,在肥皂剧间隙的广告时间贩卖以女性为目标的商品,例如肥皂。而体育提供了直达男性的广告渠道,看体育直播的观众以男性为主,他们能决定家里开什么车、买什么啤酒、用什么样的剃须刀等。后来又加入了汽车保险广告、手机电信广告……越来越多的商品在扣篮和盖帽间隙飞进消费者的视网膜。

这个产业创造的财富也以难以估测的速度翻滚着,他的每一份子都品尝到了巨大的利益果实,利益让篮球超越了体育本身,或者说脱离了体育本身。在更多人眼中,它的社会和商业价值超越了比赛带来的快乐。从上个世纪60年代起,商业和篮球碰撞出火花,然后如胶似漆地纠缠在一起。如今,你会经常听

乔丹成为夏洛特山猫队的老板

与拉拉队员嬉戏的火箭熊

到NBA的老板这么说："我们要把比赛经营好，让它变成光彩夺目的商品，每一个走进球馆的球迷都是消费者，他们应该觉得球票物超所值。"在这个年代，这么说没错，因为篮球早不是篮球那么简单了。很多从中国去了美国，看完CBA比赛再看NBA比赛的人都说，还是人家NBA好看。姚明刚到美国的那两年，如此比较过NBA和CBA的区别："一个简单的不同，人家的比赛里，球场里很少会安静下来，总有音乐响起，进攻有进攻的配乐，防守有防守的配音，就像怕表演出现冷场一样。有个吉祥物在球场里转来转去，和球迷互动，球迷喜欢他的程度不亚于对某个球员的喜爱，还有啦啦队表演，活色生香。"

火箭队的吉祥物叫火箭熊。一只肥肥的、圆脑袋、能翻跟头、跳各种舞蹈，甚至飞起来扣篮，可总把自己笨拙一面表现出来的可爱小熊。火箭熊诞生于1995年，此后迅速俘获了休斯敦球迷，尤其是孩子。几乎每个暂停时，这个胖家伙都会窜出来，跟着啦啦队一起跳舞，或者举起块蛋糕砸向看台上穿着其他球队队服的球迷，然后振臂一呼，英雄一般。

火箭也想尽办法推广他，给他拍各式各样的电视短片：把新秀叫到家里，整他们，让他们洗碗、擦地、清扫游泳池、修剪草坪；和当地的体育明星一起比赛，从美式足球到高台跳水都玩一遍；和火箭队球星一起拍宣传广告。中国球迷最熟悉的就是姚明新秀年时，火箭熊和姚明一起打太极的镜头，这头胖胖的小熊做着太极动作，七扭八歪……还有很多火箭熊的衍生产品：印有他头像的T恤衫，跟他长得一模一样的毛绒玩具，他搞笑片段的集锦DVD……在社区里做活动，火箭熊比普通球员好使多了，所到之处，孩子们的尖叫声不断。这也是为什么每个NBA球队都创造了自己的吉祥物。

如今，很少有人再拿篮球当作单纯的篮球了，球迷也普遍接受了这一点，因为他们能看到更精彩的演出。只要走进球馆，接下来的几个小时，球队总会把各种看点推到你眼前。更不用说这之中的从业者了，球员、老板、电视产业……比赛质量不再是唯一的追求，甚至不再是主要追求，用各种方法把各种产品贩卖出去才是目的，至于手段，五花八门，多了去了。

发生在篮球身上的，只是社会变迁的折射，是美国社会商业化的一个缩影，或者说是整个地球商业化的一个缩影。

最开始，篮球的从业者只在想尽办法提高比赛质量，依靠竞技和竞争的魅

A SHORTER YAO IN MY EYES

力把球迷吸引到球馆里来，他们的收入也单纯地依靠球票。

可后来，世界翻天覆地地变化着。篮球经历了任何一个产品都在经历的过程。一个产品质量好且有很多买主时，就会有更多的投资者蜂拥而至，再往后，事情的发展往往背离从业者原本的计划。举个简单的例子，在某地，有家驴肉火烧店，由一对夫妇经营，火烧做得好，老板也懂得如何做买卖，和气生财，拥有很多主顾。他们的生意被更大的投资者看中了，在那些投资者看来，驴肉火烧已经不再是驴肉火烧，而是一种避税手段（在美国有各式各样的税要缴，可也有很多的退税原则，股票基金、房屋租售、资本投资甚至慈善都能成为避税手段），同时增加了产业平台，可以吸引更多的投资人。于是，资本投资商收购了驴肉火烧店，原来的老板得到了一笔不菲的收入，在北京上海这样的大城市买了房置了地，过上了富足的生活，驴肉火烧店则进入了另外一种运营模式。

一群对生产制作驴肉火烧毫无认识、也根本不关心的会计师、资本运营者接手了。他们不懂驴肉火烧，甚至不吃驴肉火烧，可知道如何减少投入、扩大销售，他们用各种手段扩大了驴肉火烧的市场，通过现代的媒介手段，主要是电视，给驴肉火烧找到更多的消费者。原本作坊式的生产手段必须改进，大规模的生产方法进入了驴肉火烧产业。新的产业研发部分也进入其中，得寻找方法让驴肉火烧能长时间保存，这样才能销售到更多地方，甚至地球的另外一端……原本的驴肉火烧变味了，换一种说法，质量下降了。

可这不是投资者关心的。通过包装营销手段，他们已经让无数人养成了食用驴肉火烧的习惯，而且推广依旧在继续，打开电视，普通老百姓熟悉的各位明星，在各种创意下香喷喷地享受着驴肉火烧，世界上最知名的导演、策划者可以把驴肉火烧策划成普通人生命中的一部分——当然，它不是，可镜头和画面的魅力会让你以为是。某一天，驴肉火烧上市了……这才是投资者关心的，避税，扩大资本，华尔街数字的起起伏伏……

你可以用NBA来替代以上的驴肉火烧，唯一不同的是，在这个联盟里，被经营的不是驴肉火烧，而是人。球队越来越多，从业人数越来越多，回忆往昔的人也越来越多，昔日不再，又有多少人见过那个金色年代的篮球呢？

平视姚明 | Chapter 06

电视和篮球的婚姻

二战后,美国商业领域的第一次完美婚姻发生在电视和广告之间。电视网络把全国的观众都变成了产品受众。第二次完美婚姻发生在上个世纪50年代末和60年代早期,寻找如何让男性成为广告的直达目标时,体育和电视结合了。

电视加入之后,体育产业开始了巨大的变革。美式足球是电视和体育结合孕育的第一个孩子。美式足球比赛规则与本身特殊条件的配合,让它与电视转播密切地结合。由于美式足球节奏段落分明,观众在每回交锋过后都能欣赏

丰田中心上空直播比赛的电视画面

到每个精彩动作的回放，且不会影响到球赛的正常转播，这是篮球等其他运动项目无法相比的（这些球赛除了得分或犯规暂停以外都必须连续进行，无法中断，时常出现回放时球赛又重新开始的情形）。如今，一般的美式足球球馆能容纳至少5万人，可到场的球迷只是为了享受现场比赛气氛，更多人觉得在电视前看美式足球更精彩，无数次回放慢动作，让观众能清楚看到球场上的每一次身体接触。

早在1939年10月22日，美国广播公司（NBC）就首度以电视来转播美式足球赛。比赛的双方是布鲁克林道奇队与费城老鹰队，但当时整个纽约只有约500台电视机，真正在家收看球赛的观众并不多。在场上打球的人，大都还不晓得自己上了电视。可那之后的几十年里，这个产业飞速膨胀，仅从转播中，每支球队就能受益很多。

为获得转播权，美国的三大电视网——NBC、ABC以及CBS每年必须付给球队巨额转播费用。1951年，转播NFL超级碗的费用是75000美元，这还只是一场比赛。到了1961年，联盟的主席彼得·罗奇尼和三大电视网达成了协议，将整个球季的转播权以460万美元卖出。此后的费用年年水涨船高，到现在，每支NFL队伍每赛季可从电视转播进账至少1500万美元。

NFL球赛转播历史上发生过一件影响日后转播工作甚巨的事件，叫做"海蒂比赛（Heidi Game）"。1968年11月17日晚上7点，NBC公司按照节目单所列，准时放映一部名为《海蒂》的电影。电影本身并没有什么特别之处，可它的按时播出，让原本正在直播的奥克兰突击者队与纽约喷射机队之间的比赛离开了观众的视线，此时距离比赛结束还剩下1分零3秒。球赛直播被切掉之后，场上风云突变。直播停止时，喷射机队是以32∶29领先3分，可在最后的42秒里，电影中的海蒂小姐正在阿尔卑斯山上挤羊奶时，突击者队发疯似的连续达阵两次，以43∶32击败喷射机队。球赛直播刚被切掉，就有大批愤怒的观众打电话到NBC痛骂。得知比赛在最后时刻出现了戏剧性的转变后，观众更是怒不可遏，投诉电话如同潮水一般在NBC的办公室里响起。从那之后，再没有同样的事情发生过。

同样的事情在篮球场上也发生过。1977年，波特兰开拓者夺冠。那一年，总决赛的最后一场创造了收视率历史上的奇迹。波特兰位于俄勒冈州，这是一片以户外运动闻名的土地，人们更乐于走出家门、走出体育馆，享受大自然带

开拓者队的玫瑰花园球馆

来的美丽风景。可这最后一战的收视率是96%，也就是说几乎每一个俄勒冈的家庭都守在电视机前等待着比赛结果，等待着代表自己城市的球员举起总冠军奖杯。

比赛之后，更衣室里开始了狂欢，香槟酒在空中飞溅，撒在每一个人的脑袋上，主教练被兴奋的球员高举过头顶，抛上去，接住，再抛上去。最后，主教练被扔进了帮助球员赛后恢复的冰水池。可所有这些快乐的疯狂只留在更衣室里，没能靠着电视信号传进千家万户，这违反常规。负责转播比赛的CBS在终场哨响后就把镜头切出了波特兰的穹顶球馆，下一秒出现在电视屏幕上的是绿色的高尔夫球场，一场公开赛很快就要开始了。很多人换台了，更多人愤怒地拿起电话疯狂投诉。他们需要一个理由，为什么美式足球的超级碗或者棒球的总决赛之后不会出现这样的情况？那之后，电视台意识到了篮球的影响力。

几天之后，开拓者球队出现在波特兰的城市广场，进行冠军集会，25万市民到场，当时整个波特兰的市民人数也不过36万。那次集会，电视台全程直播。

电视和职业篮球一旦结合，就孕育了财富。

在美国的所有运动中，电视对篮球的影响力和控制力最大。和棒球、美式足球相比，篮球的历史最短，尤其是职业篮球历史，迄今为止NBA只打了64

A SHORTER YAO IN MY EYES

年,另外两项皆超过百年。并不悠久的历史,意味着它的影响力不够,地域性不强。以火箭队所在的德州为例。它位于美国版图的南部,是著名的美式足球之州。休斯敦火箭从西海岸的圣地亚哥搬到休斯敦时遭到无数质疑,也花费了很多时间开拓市场,球员、经理、球队所有的工作人员一起出动,走上街头办活动、送票、招揽生意。

火箭曾经的主帅鲁迪·汤姆贾诺维奇回忆过那段往事:"为了推广篮球,让更多的德州人接受这项运动,我们要到德州的很多小城打球,一次去WACO小城,球馆并不大,看台上也许能有三千个座位,比赛那天看台上稀稀落落地坐着一千人,或许更少,我想他们也许实在无事可做,才来看看这项奇怪的运动。那天我们没法好好打球,因为球馆的地板上满是沙子,稍不留心就会滑倒,一滑倒,看台上就会响起哄笑,仿佛他们是来看马戏表演的。我们匆匆完成了比赛,没人敢使出全力,没人想受伤。"

影响力不足,电视对它的控制力也就越大。电视浪潮裹着职业篮球汹涌往前,这个无形的机器轰鸣着,吞噬着新的市场,创造难以计数的价值。原本,篮球的受众是走进球馆的观众,有了电视,篮球的受众扩大千万倍。这个联盟是有商业暂停的,每一节比赛两次,如果教练不叫暂停,裁判会吹响哨子,让球员下场休息,把时间留给广告,暂停短则20秒,长的100秒,说长不长,说短不短,观众很少会转到别的频道,因为很快比赛又会重新开始,于是100秒的广告飞进千家万户。

绝大部分的NBA比赛时间在晚上,通常是7点或者7点半开始。一是来球馆看球的球迷下班了,有足够的时间抵达球馆;二是比赛安排在电视的黄金时间,更多的球迷离开办公室回到家中。只有周末和假期的比赛会安排在白天,很多美国人的周末是体育周末,篮球、美式足球轮着看,在美国,体育产业是国民生产总值的支柱之一。

篮球从运动变成了演出,球员的角色也在变化,不再是传统意义上的运动员,而是成为了明星。可他们和普通的电影、音乐明星还不同,那些人靠着在银幕上塑造形象成为英雄,篮球球员们在千家万户的电视机屏幕上扮演自己,在篮球场上冲锋陷阵,命中制胜一球,拯救球队,他们早已成为新的城市英雄。过去的几十年一直如此,每场比赛的第二天,你能在办公室、餐馆、地铁等各种场合听到和比赛有关的谈论……所以,球员是明星,他们得到了明星才

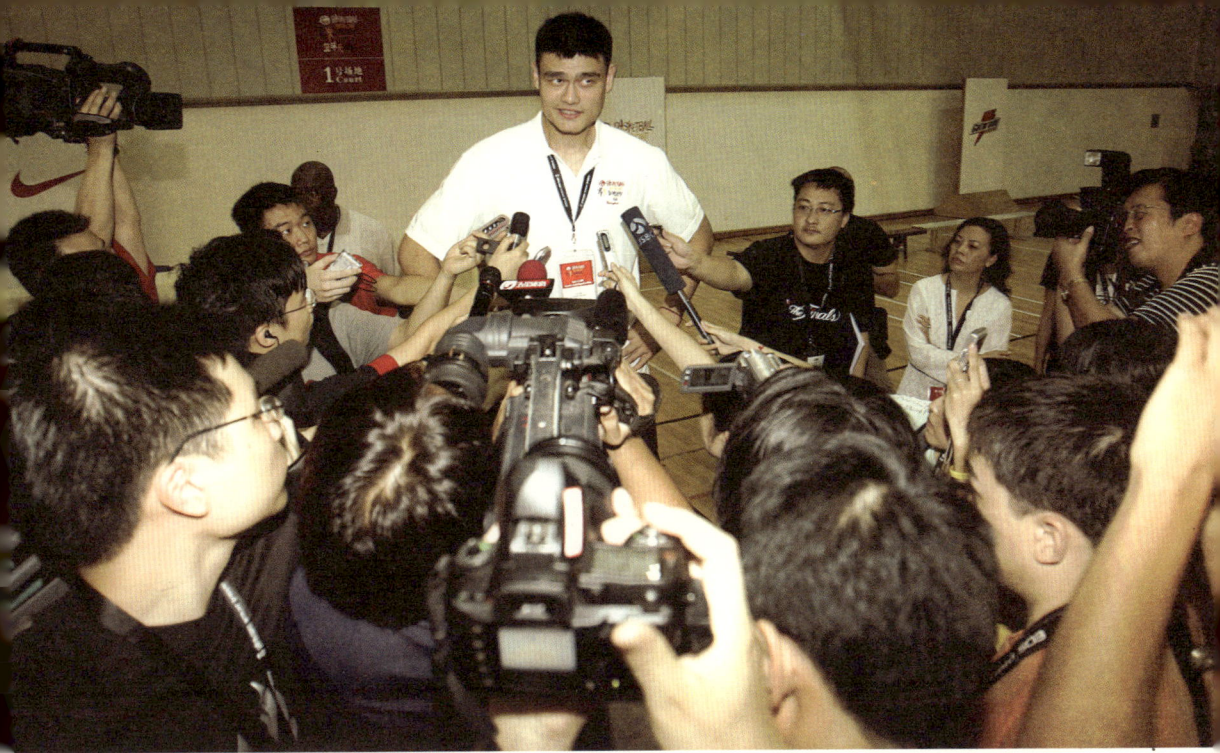

因为NBA，姚明无论走到哪里都会成为媒体关注的焦点

拥有的地位和身价。

在如今的这个时代，一项体育运动是否成功，不是由比赛的质量决定，也不是由比赛现场的球迷数量决定，决定它的是收视率，尤其是全国直播的收视率。于是，篮球运动中再没有上帝，扮演上帝角色的是收视率。

前面介绍过，2009-10赛季，火箭的首发小前锋叫做肖恩·巴蒂尔。巴蒂尔智商很高，毕业于美国名校杜克大学，人送外号"总统"。3岁时，巴蒂尔问母亲："我会不会成为美国的总统？"18岁时，第一次见到巴蒂尔的杜克大学体育指导克里斯·肯尼迪也说："我刚刚遇到一个孩子，非常出色，某一天他可以成为这个国家的总统。"当然，巴蒂尔不会成为总统，可在篮球球员中，他是个异类，至少他的队友们这么评价他。前往客场的飞机上，他不和队友们一起赌博，要么看书，要么就是抱着把吉他自我陶醉。

2009-10赛季结束前，巴蒂尔跟媒体畅想了他心中的联赛改建计划。

"作为一个NBA的粉丝，我总是在考虑怎样可以改善它。NBA是世界上最棒的比赛，世界上最有技巧的运动员们在这个联盟中同场竞技。不过我觉得还有办法让它变得更加有趣，更加刺激。在数字化的时代，不管我们喜欢与否，公众的口味时常改变，只有与时俱进、不断完善自我才能一直吸引眼球。

A SHORTER YAO IN MY EYES

"NBA常规赛中有太多被浪费的比赛。每个经历过NBA常规赛季的人都知道,一年82场比赛从头到尾都保持最高强度绝不可能,因为有太多重复性的工作和无尽的长途旅行,比赛本身也因此丧失了一些东西。别理解错我的意思,我们有球队包机,我们有专人帮我们拎行李,我们享受旅行能得到的最好待遇。尽管如此,我依然认为球员不可能一直保持巅峰的身体状态。如果我们能把时间拨回到每个赛季58场比赛,每两只队伍之间一主一客制,我们会有一个更加紧张、更加刺激的氛围。每场比赛都意义重大,想进季后赛就必须尽力打球。在一个短的赛季里,没有球队能承受一波四连败或者五连败。

"我认为球迷会感激这个决定,因为我跟很多NBA的球迷谈过话,了解过,他们也很想买季票,但是不能买,因为没人能每场比赛都到球场,都能看到。如果一个赛季的主场比赛不是41场而是29场的话,球迷更容易抽出来时间。如果我是季票持有者,我想我会感激这个决定的。是的,我想一个赛季看到科比·布莱恩特来两次,但是我更想看到他努力打球,而不是因为赛季漫长,在某几场选择休息。缩短赛季会达到这种效果。

和其他NBA球员相比,绰号"总统"的巴蒂尔有着很多"高雅"的爱好

"还有季后赛，现在的季后赛是7战4胜制，如果能重新改回5战3胜制，比赛就会有趣的多，也会给那些低排位、实力稍逊的球队更多爆冷的机会。在7战4胜制里诞生黑八奇迹要难得多的，我这辈子都不会忘记1994年季后赛掘金战胜西雅图超音速的那个系列赛。那才是真正精彩的篮球比赛。我不认为在7战4胜制下那种精彩的系列赛会再次发生。我相信，当第八名对赛区头名的时候，你得给第八的球迷多那么一点点爆冷的希望。或许前四的球队会说这对他们不公平，但是你知道么，如果你真的比后面的球队好，那么站出来证明给我们看。

"我想看到的是更好的球队在压力下打球，这才是体育的真谛：尽人事，知天命。这才是勒布朗和科比如此特别的原因：在球队需要的时候挺身而出。如果我们能让比赛更有压力，比如5战3胜制，这才是体育的真正美丽之处。"

哪怕巴蒂尔有朝一日真能当上总统，也无法把以上所述变成现实。82场比赛的常规赛从前一年的10月底到第二年的四月中旬，季后赛、总决赛要打到6月下旬，也就是说一年有八个月的时间NBA将占据电视屏幕。季后赛也不会从7战4胜重新改回5战3胜制，在NBA世界流行着这么一句话："季后赛才是真正比赛的开始。"漫长的常规赛，有球员会放松甚至选择休息，让身体恢复健康，奥尼尔几乎每个常规赛都要缺席十场以上。季后赛时，竞争才更激烈，也是创造球星的真正舞台。季后赛的收视率更高，广告也更贵，联盟绝不会放弃利益，他们只可能想办法把比赛变得更长，而不是更短。

疯 狂 老 板 库 班

NBA球队的价值如同火箭一般窜升。

我手里还有这样几个数字：上个世纪60年代，一支球队的价值不过20万美元。1980年，达拉斯小牛队作为第23支球队加入NBA时，球队的买入价格只有120万美元。20年后，库班收购小牛的价格接近3亿。如今，时光又过去十年，随便一支球队的当前价值又增加了。火箭老板亚历山大1993年花了8300万美元购买球队，现在火箭队的价值达到4.69亿。

任何一个球队老板都可以声称他们的球队值同样多的钱，因为任何一支球队都有自己的历史，在某一个城市里拥有固定的观众，也都拥有一些有价值的球员。而且，NBA球队永远拥有追求者，你数不清在这个星球上生活着多少个亿万富翁，他们想尽办法成为NBA老板，那意味着巨大的荣誉、建立政府关系的渠道、避税……数不清的好处。

犹他爵士队的主场在犹他州的盐湖城，一座小城，也是摩门教的圣地。爵士这个名字，实在和盐湖城搭不上关系。盐湖城是高原，环城的是座座高山，山顶常年积雪。摩门教向来以清苦、勤奋著称，爵士乐对于他们来说简直就是靡靡之音。这就对了，爵士队是搬过去的，1974年爵士队在新奥尔良成立，1979年搬迁至犹他的盐湖城。

新奥尔良是爵士乐的发源地，有着独一无二的文化传统。从18世纪晚期到19世纪早期，这座城市大部分时间被法国人占领居住着，身在异国他乡，他们始终保持着对艺术的高度关注，比这个国家其他地域的居住者更热衷于从音乐和舞蹈中获取乐趣。新奥尔良地区有着"寻欢作乐"的传统，而新奥尔良又位于南方，拥有大量刚被解放获得自由的南方黑奴，众多的工作机遇、丰富的社会活动和多样化的生活方式让这座城市充满了巨大的诱惑力。时至今日，这座城市的人口组成依旧如此，只是经济状况一直很难复苏。现在，新奥尔良靠着旅游和赌场吸引游客，最有名的观光景点叫做法国角（French Corner），是一片法式建筑，充斥着酒吧和餐厅，几乎每家餐厅里都有爵士乐队的现场演奏。

可职业篮球在新奥尔良并未成功。一开始，最早的球队管理层给球队制定了一条错误的发展路线。新奥尔良是一座黑人人口占据绝大多数的城市，可他们决定以皮特·马拉维奇（著名的白人球星）为建队核心。马拉维奇的外号叫手枪，有着华丽无比的球风，他说过："如果有直接传球和表演两种方式都可以把球传到位，我宁愿选择表演。"华丽的打法异常夺目，可也有明显的缺陷，他缺少纪律，有时候为了打出漂亮的比赛甚至伤害球队。为了得到他，新奥尔良爵士交易掉了球队的未来，两个首轮选秀权，两个次轮选秀权，外加两名角色球员。他们还给了马拉维奇一份巨大的合同，每年70万美元，比其他球员合同加起来的总和还多。

马拉维奇拥有很多球迷，看他打球，仿佛在看一个球员拥抱着皮球跳舞、夺目的脚步、神奇的变向和充满想象力的进球，让媒体围绕在他身边，球迷向他欢呼。可所有的这一切，都将把他和队友间的关系越拉越远、越扯越紧，仿

皮特·马拉维奇

佛断裂边缘的橡皮筋儿。

  管理层还犯了另外一个错误，他们把爵士的主场安排在能容纳46000名球迷的超级球馆里，太多太多的空位让新奥尔良的球迷认为根本没有必要成为季票持有者，如此巨大的球馆意味着什么时候你想去看球，就一定能买到票，没有人会花钱买上整个赛季的球票。所有人都知道，没人能做到所有的41个主场都出现，何必浪费钱呢。对于NBA的经营者来说，有两条关键因素，一是电视转播合同，二就是季票出售。如果一个球队可以卖出8000左右的季票，也就是意味着在赛季尚未开始他们就得到了足够的运营费用。新奥尔良爵士根本卖不出季票，五年后不得不搬家。

  想成功卖票，有两个关键：一，拥有出色的成绩、伟大的球星，给球迷提

新奥尔良全明星赛时,姚明和李连杰参加公益活动

A SHORTER YAO IN MY EYES

夜城达拉斯

供足够的看点，让他们享受到胜利的欢乐；二，选对城市。NBA在选择球队所在的目标城市时，白领才是他们考虑的对象。或许充斥着蓝领工人的城市能培养出更多的球迷，可他们要养家糊口，购买季票绝不在他们的生活计划之中。美式足球球队可以选择蓝领城市作为大本营，因为美式足球的比赛只在周末，也没有如此繁多的比赛，球迷可以把购买他们的季票作为周末休闲的投资。NBA不是，一个球队通常一周要打四场左右的比赛，不分周中周末，这和蓝领工人的作息不符。所以传统的工业城市底特律在落寞，达拉斯却总能把球票卖光。达拉斯是一座新兴城市，充满了各种新兴公司，那里没有机器轰鸣，可依旧创造巨大价值。根据NBA统计显示，这些公司才是最佳的季票持有者，他们不会吝惜价格，球馆里的大部分包厢都是他们名下的，因为购买球票的钱对于他们来说可以避税。只要这些公司能证明购买的球票是用来招待客户，或者用于员工福利。

　　远离诞生之地，篮球移民的步伐迈向美国国土的西方和南方，那些新兴的城市拥抱着NBA，丹佛、波特兰、菲尼克斯、休斯敦、达拉斯……还有之前提到的盐湖城。这些城市提供了新的球迷，提供了巨大的市场。市场才是这个联盟发展的关键，城市的框架早已经不是NBA发展的桎梏，电视、互联网早把地球这片广袤的市场联系在了一起。

新的城市，带来新一代的老板。

他们不再是传统的球队老板，甚至其中的绝大多数不拥有球馆。第一代NBA老板的利润来自于球票，他们距离消费者只隔着卖门票的小亭子，比赛结束，走进票房，拿走那些可能沾满汗水、污垢的美金，存进银行，他们靠着这些给球员支付工资，让整支球队运行下去。

新的老板从不如此。他们一定拥有其他的产业，在进入NBA之前已经创造了巨大的财富。他们选择NBA，是因为这是新兴的潮流，这能避税，意味着巨大的曝光度，他们是那些在闪光灯下受人尊重的球星的老板，他们能建立更多的关系，得到更多的生意。

他们大多从金融业或者互联网业起家，美国人发现，原来美国梦会越做越大，一夜暴富在他们的生活中不断出现。火箭老板亚历山大在华尔街发家，谁也不知道他是怎么做到的，可买进卖出之间，就能盆满钵满。

还有库班，恐怕他是整个NBA最疯狂、最高调的老板了。2000年成为达拉斯小牛队新老板后，他花大价钱把更衣室翻新修成了联盟最豪华的更衣室，每个衣柜前都是最高级的皮沙发，每一个衣柜里都安装了能看录像、能玩游戏的屏幕，当然，还有效果最出色的耳机，以避免球员们相互打扰。如果球员愿意，他们可以免费入住老板包下的五星级酒店。聘请专业饮食营养师，在训练和比赛结束后为球员调配特餐。别的球队都是包机，他花钱购买了一架波音757，改造成专机。招募数据天才进行统计分析，甚至找来十多名助理教练，这让小牛队教练组人数一度和球员的比例达到1∶1，所有球员都可以单练。他还疯狂地在各种场合抱怨NBA，从裁判到这个联盟的商业管理方法，十年下来，被罚款数百万美元以上。

可他乐在其中，并且利用任何一个机会推广球队。2002年，他指责NBA官员连Dairy Queen冰淇淋店都管不好，被联盟罚了50万美元。Dairy Queen的管理人士还要求他在其一家冰淇淋店内工作一天。库班认罚，也极尽所能炒作，吸引了14家电视台前来采访。后来小牛队的市场营销主管麦特·费兹格拉说："我们让广告公司计算一下如此众多的媒体报导值多少钱，他们给出的结果是700万美元。"有一年的愚人节，比赛间隙，库班从替补席上冲出来，跟场上一名裁判发生"口角"，接着双方扭打起来，球场上的教练和球员跑过来劝架，

A SHORTER YAO IN MY EYES

却发现被愚弄了,那个裁判是假的,库班安排的。第二天,库班兴高采烈地接受电台采访:"看到没有,我们上ESPN Sports Center了。"

从普通的网站从业者到亿万富翁,库班只花了五年时间。

库班是匹兹堡一位汽车装饰商人的儿子。十几岁时,他就沿街叫卖过奶粉和垃圾袋,后来他在印第安纳大学取得了商科学位。他于1980年创立自己的公司,帮助小企业进行电脑联网。1995年的夏天,库班和他的同学托德·瓦格纳错过了到现场观看印第安纳的棒球比赛。他们想,没法看比赛,如果能听到比赛转播也让人知足了,于是开始构想如何通过互联网收听比赛。带着思路和5000美元,在库班家的一个空房间里,Broadcast.com诞生了。库班花2995美元购买了一台Packard Bell486个人电脑,购买了价值1000美元的网络设备,并以每月60美元租用了一条ISDN线路,与达拉斯地方广播电台合作。最开始,他们只能把广播录下来,将录音转成数字化格式的文件,上传到他的网站上。到了1995年9月,他们终于找到了在网络上直播广播的方法。

那之后,他们的网站不断扩大,1998年7月17日,Broadcast公开上市。一个交易日后,其股价上升了249%,创下新高。上市让他们的知名度更高,也得到了进一步扩大公司的资本。1999年3月,在著名信息杂志的排名上,Broadcast在新闻、信息、娱乐类中名列第六,并位居14大网站之一,成为互联网广播的顶尖门户网站。此时,库班已经与内容提供商建立了强大的网络联系,他们获得了385家电台、40家电视台、420支运动队和超过600家商业代理的合同。同时,Broadcast开始加载新的媒体、电影。他们在网络上建造起一个庞大的新媒体帝国。到了4月,雅虎公司就向库班发出收购邀约,想以57亿美元或每股130美元的价格收购Broadcast。最终,雅虎以换股方式成功收购,库班随即辞职。到了1999年秋天,他将其持有的价值17亿美元的雅虎股票变现,一个新的亿万富翁就这样诞生了。

那年冬天,在达拉斯一个热闹的酒吧里,女招待将两杯饮料端到结伴出来玩的诺维茨基和纳什面前。诺维斯基来自德国,纳什则是加拿大人,他们是达拉斯小牛队的成员,暂时还不是明星,可很多人相信在将来某一天,这二人会扛起球队大梁。女招待指了指不远处请他们喝酒的人,朝服务员所指的方向望去,他们看到了一张熟悉的面孔,这是持有小牛队季票的一名狂热青年。小牛

达拉斯小牛队老板库班

队的主场比赛,他总是会准时出现,而且情绪激动,会时刻不停地向裁判和对方球员吼叫。两人谢绝了好意,没多久就离开了。

几周之后,达拉斯小牛队宣布,新老板完成收购。而这位新老板就是在酒吧里想请诺维斯基和纳什喝酒的家伙——库班。后来诺维斯基回忆道:"原来是那个家伙,我那时一下子就认出他了,因为他来主场看比赛时都坐在第一排,而且他总是尝试着和坐在板凳上的球员们聊天,这一点让史蒂夫(纳什)很厌烦。他是那种很投入的球迷,因此我当时想,这下我们可有的受苦了。"诺维斯基错了,库班没有让他们受苦,而是给球员带来了巨大的福利,也想尽办法让小牛一日日变成强队。

他入主小牛队的日期是2000年1月4日,花费2.85亿美元。2007年,库班以净资产23亿美元在福布斯榜单上排在第407位。 NBA仿佛一座金山,是暴富人的游戏,也让很多人就此暴富。

金字塔的中层

在没得到大合同之前,那几乎是每个球员的目标。有人说,夺冠虽然是一个球员的终极目标,但总冠军是奢侈品,合同是必需品。NBA联盟里有400多名球员,都盼着一份更好的合同。NBA还有这样一个数据统计,这个联盟球员的职业生涯平均长度不到五年。他们的世界之外,围着成千上万挤破头、削尖脑袋的新人,希望钻进那个世界。

美国大学联赛分一级和二级联盟,仅是一级联盟球队就超过了3000支,每支球队按12人计算,就有36000名上学打球同时还做着职业篮球梦的年轻人。球星麦迪有个表弟叫做Damone Morris,毕业于二级联赛大学,虽然技术出众,可毕业之后始终没能靠打篮球养家糊口。他甚至来到中国联赛试训,如今他在纽约,打一个叫做IBL的联赛。在这个联盟里打球的年轻人都盼着能打动场边坐着的球探,找到一份合同。

在美国,还有个叫做NBDL的联盟,是NBA的二级联赛,被称为发展联盟。听起来,他们和NBA只差一个级别,可收入上几乎从天堂降到地狱。

A SHORTER YAO IN MY EYES

决定边缘人去留的往往是各队的主教练

NBDL最好的球员，一个赛季下来只能收入三万美元。姚明缺席2009–10赛季，依旧能领到近1700万美元的薪水。有时候，NBA球队的新秀因为得不到比赛时间，会被下放到发展联盟锻炼。到了那里，他们就是名副其实的大款。其实NBDL的水平很高，在那打球的很多人都有潜力去NBA打球。每个赛季，也的确会有不少人被NBA球队召唤，得到一份短期的十天合同，其中很少的一些能幸运地得到一份长期合同。

就是因为那听起来十分渺茫的机会，数百名年轻人不愿离开美国本土到外国联赛打球挣钱，一旦离开，NBA的美梦就此破灭。

2009–10赛季开始之前，火箭主帅阿德尔曼还得考虑球队中那些边缘人的命运，其中的一个叫作康罗伊。

康罗伊出生于西雅图，后来进入华盛顿州立大学，是该大学篮球队的首发控卫，也创造了校队历史上的助攻记录。2005年毕业后，进入NBA未果。从那之后，一直在NBA边缘徘徊。2006年的季前赛在山猫效力，赛季没开始就被裁掉，只好到发展联盟打球，期间被两支NBA球队召唤，得到两份十天合同，可在十天合同到期之后都没能留下。每年夏天，他都会拼尽全力在NBA寻找机会，来到火箭后，等待他的还是坏消息。

10月22日的那次队内训练，是康罗伊在火箭的最后一堂训练课。之后，他带着落寞的表情离开那座硕大建筑，仰头看着布满天空的云彩叹气。这已经不是他第一次被NBA球队裁掉了，可他说："每一次都很难受。"

训练结束后，康罗伊像往常一样，继续留在了训练场上。他参加过很多次训练营了，知道第一个来最后一个走，至少能给教练留下好印象。在火箭，所有的边缘人都是这么做的。他之前，火箭已经裁掉两个了，只剩下他和门萨·邦苏。门萨·邦苏是英国人，内线球员，身材彪悍，是名悍将，当然，也是康罗伊的竞争对手。名额有限，他们之中火箭只能留下一个。

其实，康罗伊没什么可做的。每个篮筐都被人占着，主力球员们都在忙，巴蒂尔在练三分，海耶斯在练罚球，麦迪领着另外一帮人在比赛罚球。他们都有保障合同，而康罗伊被保障的只有一张回程机票。球场上有四个篮筐，最后一个被门萨·邦苏占着，内线教练西格玛正带着他练习中投。显然，火箭对邦苏寄予着希望。这个赛季没有姚明，火箭需要更多的内线球员。康罗伊坐在场边拉伸着韧带，他还是觉得先走不太好。

往常，康罗伊会等来空闲的篮筐和空闲的助理教练，这样他也能加练点儿东西。可今天，事情有点儿不太对，康罗伊一边做拉伸一边看到阿德尔曼跟他的助理们凑在一起商量，场地旁边，总经理莫雷也出现了。在赛季的这个时候，总经理出现往往意味着交易或裁员。

没多久，阿德尔曼走到莫雷身边说："我们去楼下谈。"两个人消失了。又过了一会儿，有人把康罗伊从训练场上叫走了。他没有留到训练最后，他在火箭的日子已经结束了。门萨·邦苏继续跟着西格玛练投篮。西格玛最近总带着他练习，这让门萨·邦苏很有安全感。他知道，如果火箭不想留下他，助理教练是不会在自己身上浪费时间的。他最后一个离开球场，走下通往更衣室的通道时和康罗伊擦身而过，两人没有说话，甚至看都没看对方一眼。

一名工作人员拦下门萨·邦苏，需要他在一个文件上签字。一边签字，工作人员一边解释："这是每一个球员都需要签的。"他没有拦下往外走的康罗伊，他被裁掉的消息已经在这座硕大的建筑里传开了。事情总是这样，坏事总能在瞬间传遍千里。

康罗伊形单影只地穿过通道，迈步走向电梯，准备离开这里。在他步出这座球馆时，我拦住了他，我听说他的经纪人已经联系了一家CBA球队，在被火箭裁掉之后，康罗伊很可能前往中国试试身手。可康罗伊不想离开美国，离开他的篮球梦，他说："要接受这件事，很难，可我不得不接受，坏消息是我被裁了，好消息是这一切终于结束了，从此生活将开始新的一页。过去的几天，我过得可真是乱成一团，好了，现在都过去了。至于去中国，那只是一个选择，我能打球，也能挣钱，没法要求更多了。不过，说实话，对于中国联赛我一无所知，从来没有接触过。"

他扭头准备离开时，保安大妈在身后亲切地喊道："祝愿你有美好的一天，回头见。"听到这话，康罗伊苦笑了一下，没有回答。此时此刻，他还穿着火箭的训练服，可在身后那扇门关上时，他和火箭就再没有关系了。

一个小时之后，总经理莫雷发出了正式公告：康罗伊被裁。

劳资斗争中的那些人和事

火箭的总经理莫雷，看起来微胖，面容白净，一副大学讲师派头，也并没有多少篮球背景。

没有篮球背景，是他与众多NBA球队总经理的最大差别。他的前任是道森，坐在总经理的位置上，可总被称为"教练"。道森是德州篮球教练名人堂的成员，一直打球，也教人打球，曾担任火箭队助理教练长达16年，奥拉朱旺

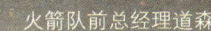
火箭队前总经理道森

A SHORTER YAO IN MY EYES

火箭现任总经理莫雷

的梦幻脚步就是拜道森所教。当初如果不是因为身体原因,他很有可能接手火箭主教练的位置。他在篮球圈有极其深厚的人脉。

莫雷不是,大学计算机科学专业毕业之后在麻省理工学院攻读MBA,看起来更像一名学者。他也打篮球,不过更是疯狂的乒乓球迷。追着乒乓球看了四届奥运会,也在2008年来到北京,他说:"从买票这件事上就能感受出乒乓球在中国的热度,通常乒乓球比赛的门票是奥运比赛里最容易买到的,在北京可就是两回事儿了,我头一次发现,原来乒乓球门票也这么难买。"在姚明的帮助下,他得到了想要的门票,姚明说:"跟你说,可能你都不信,我们总经理乒乓球打得非常好,当年居然差点入选美国国家队。"

他是个数据统计的高手,可以用更理性的方法分析球员、球队。这样一个人,被对数字超级敏感的老板亚历山大看中。听说这位麻省理工学院毕业生要成道森的继任者,众人哗然,谁也不知道一个怎么样的未来等在火箭面前,人们问:"在NBA的世界里,谁知道他是谁,他又认识谁,谁愿意跟他做交易?"

可亚历山大相信莫雷。事实上,在2002年,他就已经留意起莫雷了。他跟合伙人多次提到莫雷:"这家伙很厉害,我很欣赏他。他的毕业论文就是写如何用数据统计的方法来管理一支球队,而不是用传统的方法。我看了看,有点儿意思,这家伙有一套独特的方法来计算球员的价值,还有球场上的效果,很厉害。"后来,亚历山大真的把莫雷请过来当总经理了。

事实证明，亚历山大没错，莫雷也没错。来到火箭之后，他用一笔笔交易不断提升火箭的实力。不仅是交易，他那一套不为人知的计算模式让火箭在连续两年的选秀中获得成功。火箭的赛季成绩也提高了很多。他担任总经理的三个赛季，火箭的胜率超过61％，也十二年来第一次打进季后赛第二轮，而他上任前的三年里，火箭的胜率是56％，提升明显。

莫雷是个聪明人，很少犯错，这样的总经理总让球员和经纪人们觉得难受。老板亚历山大不会亲自谈判，永远不会消失的劳资矛盾就体现在球员和莫雷之间。

保障性合同、明星一样的地位、对抗强度惊人的比赛、能把世界上身体天赋最为出色的球员折腾到精疲力尽的赛程，让很多球员懈怠。常规赛有常规赛模式，到了季后赛，他们才终于苏醒。当然也有例外，全国直播的比赛也能让球员兴奋。在今天的美国，TNT、ESPN和ABC三家电视网络负责向全美直播NBA比赛。全国的观众，尤其是当地没有NBA球队的观众，也只能通过这些网

NBA总裁大卫·斯特恩是劳资谈判中30支球队老板的代表

A SHORTER YAO IN MY EYES

现任NBA球员工会主席的德里克·费舍尔

络追随NBA的步伐。全国直播的次数是一支球队实力的证明，也是该队当家球星身份的体现。于是又一个问题出现了，现在的NBA里有30支球队，可全国电视网上展示的NBA好像只有六七支球队，强队和有明星的球队能保证收视率，就这样，全国电视网之外的球员们又多了一个懈怠的理由。

和所有的老板一样，NBA的老板们也觉得球员拿得太多，干得不够。他们等待着2011年7月1日的到来，这是之前劳资协定过期作废的日子，新一轮的劳资谈判即将开始，他们准备在新一轮的谈判中压低球员所得。BRI，普通人不会知道这个缩写意味着什么，可对于老板、球员来说，这个缩写意味着分进他们口袋的美钞。BRI=basketball-related income，篮球相关收益的意思。原本的劳资协定中，球员可以得到BRI的57%。资方希望在2011夏天的谈判中，把这个数字降低到50%。

他们有他们的理由。过去几年，受到全球经济危机影响，老板们声称自己亏了很多钱，说30支球队中的12个都面临着亏损。2010年全明星赛期间，NBA总裁大卫·斯特恩宣布，本赛季联盟整体亏损高达4亿美金，而且在过去几年，联盟每年都亏损上亿美金，他希望球员工会能对联盟欲在新劳资条款中"做出重大调整"表示理解。斯特恩说："你可以抨击它，撕毁它，烧掉它，可以暴跳如雷，但请理解在金融危机影响下我们的处境。"更重要的是，过去几年的经济危机不仅冲击着NBA联盟的正常运转，包括金融业在内的各种产业也备受冲击，那些恰恰是NBA老板的主业，是他们的根基。

球员的主业是打球，年薪是他们的主要收入。让谁把吃到肚子里的食吐出来，都不容易。所以，球员工会不相信斯特恩的话。联盟球员工会的主席是效力于洛杉矶湖人队的费舍尔，2010年的夏天，他刚刚帮助湖人拿到了球队历史上的第十六个总冠军。可他还有一个更重要的任务，代表所有400多位NBA球员和资方谈判，他说："难道所有的亏损都是经济衰退造成的吗？难道没有其他原因导致球队的亏损？让我们看看球队亏损的所有因素，有些球队状况不佳是因为他们的市场狭小，没有好的球迷基础，另一些球队疯狂地清理薪金空间，导致球队的竞争力下降，无法吸引球迷到现场观看比赛，我们认为不能简单地将亏损的原因归咎于球员的高工资。"

劳方资方各执一词，最终的结果是，2011年夏天，他们要在谈判桌的两侧相对而坐，唇枪舌剑，一场恶战即将开始，比任何一场NBA比赛都要激烈。

很多人相信，新一轮的停摆就在眼前，就像1999年那样。大卫·法尔克是其中之一。大卫·法尔克是NBA的王牌经纪人，曾代理乔丹、奥尼尔、尤因、莫宁、穆托姆博等超级球星，其中尤因是球员工会的前一任主席，1999年就是他代表球员工会与资方谈判。法尔克的公司曾为超过100名NBA球员服务，在他最活跃的上世纪90年代，他一度被称为NBA最有影响力的第二号人物，仅次于大卫·斯特恩。他曾为客户莫宁争取到体育产业内的第一份过亿合同。

法尔克说："我没有危言耸听，但是老板们现在都在赔钱，如果不改变现有劳资制度，他们不在乎联盟歇个一两年，所以球员工会必须采取更合作的态度，否则联盟可能将遭遇史上最长时间的停摆期。1999年的停摆和即将发生的相比也许太过短暂，一月份双方就达成协议，可就是这样，球员失去了大约40%的薪金，

大卫·法尔克

如果继续罢工，合约情况还会恶化。我希望球员们能够明白，资方在谈判中拥有决定权。大多数球队只是那些亿万富翁昂贵的业余爱好，在主业受到重创的时候，这些富翁优先考虑的将是削减这方面的投入。如果球员工会不进行妥协，那么来自资方的压力将迫使谈判最终破裂。"

法尔克还说过另外一番话："谈判的第一条原则是，如果你没有鱼死网破的信念，你就不能争取到一个很好的合同。如果你问一个24岁从来没有上过大学的NBA球员，如果他不打篮球，能做何营生？得到的答案多半是什么也做不了。除了在NBA打球，他到哪里能够挣下500万美元的年薪？但是，如果你问星巴克的创始人、西雅图超音速队的前任老板霍华德·舒尔茨，或者是微软的创始人之一、同时也是波特兰开拓者队老板保罗·艾伦，什么时候从NBA退身而出？得到的答案多半是，随时都可以。"

这一次，法尔克和斯特恩站在了同一边，后退到上一次劳资谈判时，两人还对头一样针锋相对。

大卫·斯特恩被称为NBA的掌门人。很多人误解了掌门人的意思，以为他凌驾于所有人之上，其实他是30支球队老板的利益代言人。NBA是一个大公司，他是这个公司的CEO，想方设法扩张这个公司，让它尽可能地盈利。

从1984年2月1日"登基"到现在，这个戴着小眼睛、一头灰白头发、在NBA世界里当属奇矮身材的前NBA律师已经执掌联盟整整26年。

上个世纪50年代的某一天，纽约切尔西地区的一家熟食店，一个叫大卫·斯特恩的伙计正在手脚麻利地为客人切熟食，为他们周到地包好，然后殷勤地送客人离开。

"嘿，大卫，我来了！"一个长得很粗壮的黝黑汉子迈进店来，冲着十几岁的斯特恩喊道。

"史密斯先生，您好！您是要半公斤猪蹄是吧？……好了，您拿好，欢迎常来。"伙计斯特恩几乎是在史密斯刚进来还没站稳脚跟就为他包好了半公斤的猪蹄，后者是熟食店的常客，需要买什么，斯特恩一清二楚。什么样的客人需要什么特别的调料，斯特恩烂熟于胸。大卫·斯特恩是一个精明的伙计，来店里的客人都很喜欢他。这是他父母开的熟食店，十几岁的斯特恩没事儿时就过来帮忙。这段经历让大卫·斯特恩明白什么才是让顾客最满意的服务，如何做才能让销量大增，这让他在后来掌管NBA时受益无穷。很多人以为他是律师出身，对于市场营销和推广不会太在行，但结果证明他最擅长的就是这个。

1980年，工作能力突出、成功解决很多棘手问题的斯特恩被提拔为NBA副总裁，开始对这个联盟施加影响力。1984年2月1日的NBA董事会，任职九年的奥布莱恩宣布告退，董事会全票通过选举斯特恩为新一任NBA总裁，老板们对这个精明的律师很放心。喜欢他的下属，用"勤恳敬业"来形容他，不喜欢他的，则用"控制欲极强，事事都得操心的怪物"来描绘他。

26年间，NBA球队的市值疯狂上涨。NBA每年授权的相关产品销售额在上世纪80年代是1000万美元，而现在已超过30亿。20年前联盟的总收入是每年1.18亿左右，目前是30亿美元以上。NBA现在收取的美国境内电视转播费用是平均每年7.65亿，比斯特恩1984年接手NBA时增长1300%，而在这里面，还不包括有212个国家用42种语言转播NBA比赛的国际电视机构转播费用。

再举一个简单的例子，在今天的中国市场上，我们能看到很多NBA赞助商的广告，从啤酒到手机、牛奶，都声称自己是NBA的指定用品，啤酒瓶子上出现了NBA运球小人的标志，擦手擦脸的纸巾上印上了姚明扣篮的照片。为了达到这个目的，所有的商家每年要向NBA公司支付至少300万美元的费用。

因为这样的功绩，年近古稀的斯特恩依旧在位，他的下一个任务是搞定新的劳资协定，压制住要求更多收入的球员。虽然他因批评裁判罚过达拉斯小牛队老板库班很多钱，但他的终极目的是保证老板们的共同利益。

1999年的劳资谈判，法尔克和斯特恩斗过一次。

那年的劳资谈判中，法尔克被形容成"无形中操控局势的手"，当时的球员工会主席尤因是他的客户。更可怕的是，球员工会谈判委员会由19名球员组成，其中有一半都是他的客户，包括莫宁、朱万·霍华德和穆托姆博等人。

法尔克1975年从乔治·华盛顿大学的法学院毕业，和斯特恩一样，也是个精明的律师。1985

NBA总冠军奖杯是以前总裁拉里·奥布莱恩的名字命名的

A SHORTER YAO IN MY EYES

前纽约尼克斯队巨星帕特里克·尤因

年,他的顾客尤因离开乔治城大学,参加NBA选秀,随着尤因在NBA赛场上亮相,法尔克也登场了。那一年,纽约尼克斯获得了头号选秀权。纽约拥有联盟最好的市场、成功的历史,而且财力雄厚。分析了所有情况之后,法尔克决定抛弃传统的合同要求模式。

1984年的状元秀是奥拉朱旺,他的新秀合同为每年120万美元。按照常规,尤因的合同也应当参考这个数字。可这不是法尔克的风格。他拟定了一个惊人的提案,向纽约尼克斯要求一份为期10年价值3000万美元的合同,而且在尤因为尼克斯服务六年之后,如果联盟有四名球员年薪超过他,他就拥有中止合同的权利。法尔克说:"当一名罕见的球员和一个罕见的市场相结合后,我的工作就是去摸索他们可能创造的经济上的影响。我的依据就是,联盟成长得非常迅速,工资结构也变动得很迅速,前人的合同没有参考意义。"

经过了一个夏天的斗争,尼克斯无奈地点头。1985年8月20日,尼克斯为尤因举行签约仪式,当场就给了他500万美元签约费。1983年的状元秀拉尔夫·桑普森四年合同总金额不足400万美元,1984年的状元秀奥拉朱旺6年合同总额是720万美元,而尤因一场NBA比赛都还没有打就有500万美元入账。这全都要归功于神奇而顽强的法尔克。明尼苏达森林狼队曾经的总经理麦克·海尔说过:"如果原子弹轰炸了整个地球,恐怕只有两样东西能够幸存下来,蟑螂和大卫·法尔克。"

了解这段历史后,就更容易理解1999年劳资谈判时法尔克的作用了。另外一位经纪人这么形容谈判的进展:"谈判桌前的尤因就像是一支电动兔子,得靠着法尔克不停地给他换电池。"大卫·斯特恩也多次在公开场合批评法尔克的影响，可他拿法尔克没有丝毫办法，因为法尔克为太多球员争取过利益，得到了球员的信任，他们相信法尔克出的主意都是为了他们好。

1998年12月，法尔克联合另外一位经纪人，组织了一场慈善比赛。一为慈善组织募集善款，二为因为联盟停摆而失去收入的球员贴补家用。16名全明星级别的球员出现，亚特兰大会展中心里挤满了6000名观众。法尔克用一场比赛向联盟证明，只要他和其他经纪人联手，他们甚至可以组织一个新的联盟。你来我往的拉锯战之后，在联盟董事会投票决定是否完全放弃整个赛季前29小时，劳资双方终于达成协定，球员工会代表在资方提出的协定方案上签字。双方各有让步，可在法尔克看来，劳方根本无法击败资方。

斯特恩代表的是30支球队老板的利益，这是数量不多的一群富翁的共同利益，相对来说容易统一。劳方由超过400名球员组成，他们之中有数十人年薪超过千万美元，还有很多只靠着几十万的底薪生活，他们的诉求不同，能在罢工中坚持的时间也不同。火箭队的姚明年薪1700万，停摆一两个赛季，他依旧可以生活，可新秀巴丁格每年只能进账75万美元，你能指望他撑多久？

上一次劳资谈判，还有法尔克这样的经纪人大鳄和联盟对抗，可如今的联盟再没有这样一个人物了。况且，2010年的夏天，联盟中很多超级球星都完成了新合同的谈判工作，到了2011年夏天，谁能指望这些超级球星再一次联合起来，为联盟里的"屁民"球员请命？

姚明念叨过："再往后，说不定就没有完全保障合同了，最长的合同也不会超过四年，顶薪也比以往要少很多。等到2011年再签约的话，就会损失很多钱。"

比赛能力是一名球员最大的资本，失去这个，就再无法讨价还价，姚明曾经的队友麦迪就是最好的例子。2009-10赛季，麦迪是整个NBA薪水最高的球员，年薪23239561美元。2010年2月18日，火箭总经理莫雷宣布火箭和萨克拉门托国王以及纽约尼克斯完成三方交易，麦迪被火箭扫地出门。2010年夏天，经过在数家球队的试训之后，麦迪终于重新就业，以130万的老将底薪合同签约底特律活塞队。

什么是NBA？这就是NBA。

第七章　爱国者

Chapter 07

A SHORTER YAO IN MY EYES

　　如果让我形容姚明,爱国者是跳入脑海里的第一个词。他深深热爱这片生他、培养他的土地,他说过:"如果不是生在中国,生在上海,现在的一切我都不会拥有。"

　　和绝大多数的中国人一样,看到国旗、听到国歌时,他也会情不自禁地挺起胸膛,让原本庞大的身躯耸得更直更高。2009年夏天在休斯敦养伤时,他深居简出,不接受媒体采访,不参加社会活动。几个月里,唯一一次公开露面,是和父母、妻子出席当地华侨举办的国庆晚宴,他说:"我现在有伤在身,不能为祖国做些什么,就在这儿为祖国送上祝福,祝福祖国越来越强大、越来越繁荣昌盛。"

　　电视里国庆阅兵的街景他很熟悉。这么多年打国家队,夏天的大部分时间都在北京度过。他看到了天安门。奥运火炬接力,他曾高举火炬穿过天安门,跑上金水桥。如今,那火炬摆在他上海家中,客厅里最显著的位置。而他家的衣柜里,挂满了国家队的球衣。国家队的球衣很特别,左胸口绣着一面五星红旗,与怦怦跳动的心脏紧紧贴在一起。姚明是个爱国者,当他变成中国在世界上的一张名片后,就总告诉自己,要做得再多点儿,再好点儿。

　　现在的姚明,年薪千万美元(当然,年薪的一半都要交税),住在300万美元的豪宅里,他的签约代言价格超过千万人民币,是上海男篮的老板、世博会形象代言人……可所有这些都改变不了一件事:30年前在上海,他呱呱坠地。

>>

A SHORTER YAO IN MY EYES

生于80年代

出生之后,他就被灌了一口黄连水。这是姚明老家的习俗,据说孩子来到人世吃的第一口是黄连,把世上最苦的东西吃了,以后就不用再吃苦了。

姚明出生于1980年,赶上了中国票据时代的尾巴,牛奶票、粮票、布票,制约着普通大众的生活。他的父母和所有普通工人一样,每月拿着几十块钱的工资,勤俭地操持着这个家。

他母亲方凤娣回忆起往事:"当时确实不富裕,我和他爸爸一个月的工资大概都是40多块。姚明刚出名时,有个美国记者来采访,是上海体委给安排的,那个记者问我们,80年代初能挣多少钱。我和他爸爸怕给国家丢人,咬了咬牙,说能挣60多块。其实肯定没这么多,不过再怎么说,姚明小时候的吃穿都能保证。他也挺懂事的,经常吃着吃着,用小手拍拍我们,说你们也吃啊。"而在姚明的记忆里,母亲总是在织毛衣。他长得太快了,方凤娣有时候一件毛衣刚织了一半就不得不拆了重织,姚明又变高了。

参加休斯敦当地华人社区活动的姚明

我和他同属80后,我们的儿时偶像是雷锋、邱少云。小时候,学校会组织我们到电影院集体观看《地道战》、《地雷战》,我们把《小兵张嘎》里的台词牢牢地记在心里。后来在休斯敦火箭更衣室聊天,看到一个横的,我们会异口同声地说:"别看现在闹得欢,

姚明和刘翔，中国体育的骄傲

小心将来拉清单。"我们和共同的朋友姚安鸿一起吃饭，这个生于台湾、在美国长大的哥们儿抢着买单，我们得了便宜卖乖，跟他说："老子在城里吃馆子都不要钱，别说吃你几个烂西瓜……"姚安鸿瞪着我们，仿佛看到了外星人。

姚明儿时的梦想和篮球没有丝毫关系，尽管四岁时他就得到了一个玩具篮球作为礼物。他的儿时理想是建筑师、军官、考古学家。和所有的同龄人一样，他十多岁才接触NBA，因为从那时候起中国才有NBA直播。2002年到了美国，他被问过无数次：小时候经常看NBA吗？那时候，你的NBA偶像是谁？是乔丹吗？听到这话，姚明总会笑。这是美国人的逻辑，美国人总觉得自己就是全世界，NBA联赛的总冠军被他们称作世界冠军。可姚明不这么想，很多中国人都不这么想，姚明一遍遍耐心地回答："我没经常看，一直到1994年，我们中国才第一次有总决赛的直播。"

那时候，他从没想过靠篮球能为自己挣来如此多的东西，只想着玩，还因为贪玩而逃过训练。他跟我讲过一个故事："小时候贪玩，暑假一人在家，趁着爸妈还没下班，我跑出去玩。盘算着他们到家前回去就行，可时间算得太准

备受球迷观注的NBA中国德比战

了,等我走到楼门口的时候,发现我爸正推着自行车往有电梯的楼道里走,我怕露馅儿啊,冲上楼梯,拼命地赶在电梯之前赶回家。我跑得够快,在电梯之前赶上了八楼,可因为太累,气喘吁吁的,手不停发抖,钥匙怎么都对不准锁眼。我在门口被抓了个现行。"

最开始,打篮球是约束姚明的一种方法。当然,运动也能带来健康。后来他去了NBA,身边的美国球员总说打进NBA梦想成真了,总说拿NBA总冠军是终极目标。那确实是他们儿时的、最初的梦。他们一年又一年,看着英雄捧起奖杯,登上宝座,成为传奇。可对于姚明来说,NBA的总冠军梦是后加的。在他内心最深处,最终极的梦想是世界冠军,是代表中国打奥运会。NBA总冠军是美国人的东西,能赢,当然好,赢不下,又如何。

时代和民族的印记深深烙在他身上,他把对中国的爱,化作对中国篮球的爱。

不惜一切打奥运

2002年选秀前,姚明到美国试训,是在芝加哥,曾经属于乔丹的城市。

那之前,上海希望姚明能前往一个大城市,所以姚明的芝加哥之行除了一次公开测试,还要跟芝加哥公牛和纽约尼克斯私下里会面。纽约和芝加哥都是大城市,也都对姚明充满兴趣。

他和公牛队当时的总经理杰里·克劳斯会面了。克劳斯跟他说:"赛季后如果累了,就跟我说一声。如果太累不想在国家队打了,我会去做好安排。跟中国篮协说,让你休息。"克劳斯的话吓到了姚明,他想继续为国家队打,他心里想,不能因为打NBA就和中国篮球断绝关系,姚明说:"那以后我就不想去芝加哥了。"

2008年2月,医生告诉姚明,脚踝骨裂已经确诊,需要手术,他的第一反应是,还能打08奥运吗?"如果因为伤病,没法在今年夏天为我的祖国征战奥运会,将会是我职业生涯迄今为止最大的损失。我跟经纪人说,考虑治疗方法的时候,一定要把赶上奥运放在头等位置,不惜一切代价也要打好奥运会。"

2008北京奥运,是一个梦。姚明打了三届奥运会,2000年悉尼,2004年雅典,最后才到2008年北京。

先从打进国家队说起,1998年,这个18岁的少年进了国家队。那时候,他摸着球衣上的国旗,晚上睡觉都能笑醒。除了高兴,没别的。姚明在上海的家中有一本相册,里面都是刚进国青队时拍的照片,那时候他还不像现在剃成寸头,头发留得半长不短,一拍照,全是咧开大嘴傻笑。

两年后,他打进了奥运。悉尼和雅典,都在为北京奥运铺垫基础。北京奥运之前,在休斯敦养伤恢复时,姚明会钻进家里的电影院看古老的比赛录像。说是电影院,其实是个专门看电影的房间,有一个大背投、六张大沙发,房子从前一个房主那买过来,原来就有的。姚明特意找朋友弄来了自己参加过的所有奥运比赛的DVD,一大叠,摆在家里,没事就翻出来看。

悉尼奥运会时,姚明还瘦得跟竹竿儿一样,还是个大孩子,上场任务简单明确,就是防守,就是抢篮板。抢到球了,赶紧往老队员手里扔,然后再昂

A SHORTER YAO IN MY EYES

姚明和孙悦

头盯着篮筐,准备再抢。看着八年前的自己,姚明嘿嘿地乐。他看到了一个镜头,主教练蒋兴权叫了个暂停,一帮老大哥往下走,自己捏了两瓶水,忙不迭地凑过去,往老大哥手里递。看着这一幕,他笑了,多么青葱的年纪。

我说:"还挺懂事儿。"

他瞅着屏幕乐:"当小弟嘛,就得这样,后来咱不是当大哥了吗?"

他说的是四年后,到了雅典,姚明成了中国男篮的领袖。那时候,他已经打了两年NBA,是中国篮球最为世界熟悉的面孔,也是站在球场上的脊柱。领袖,不是别人封的,是自己打出来的。中国男篮在雅典开局不好,国家队毫无斗志时,姚明想起了焦健和范斌。2003年在哈尔滨亚锦赛上,这俩是功臣,没有他们,中国队不可能进军雅典。焦健第四节上场,拿下9分5个篮板。而范斌上场,干了三件事,第一控制住节奏,第二传球给姚明,第三投进了关键的三分。就这么,中国队赢了,能去雅典了。姚明狂乐,他是那年亚锦赛的MVP,领了奖杯之后,他找到焦健,把奖杯塞到了他怀里。

可2004年国家队的主教练是NBA功勋教头"银狐"哈里斯,他没给焦健和范斌准备去雅典的机票。焦健难过。焦健是个情义汉子,他送了块戴在脖子上

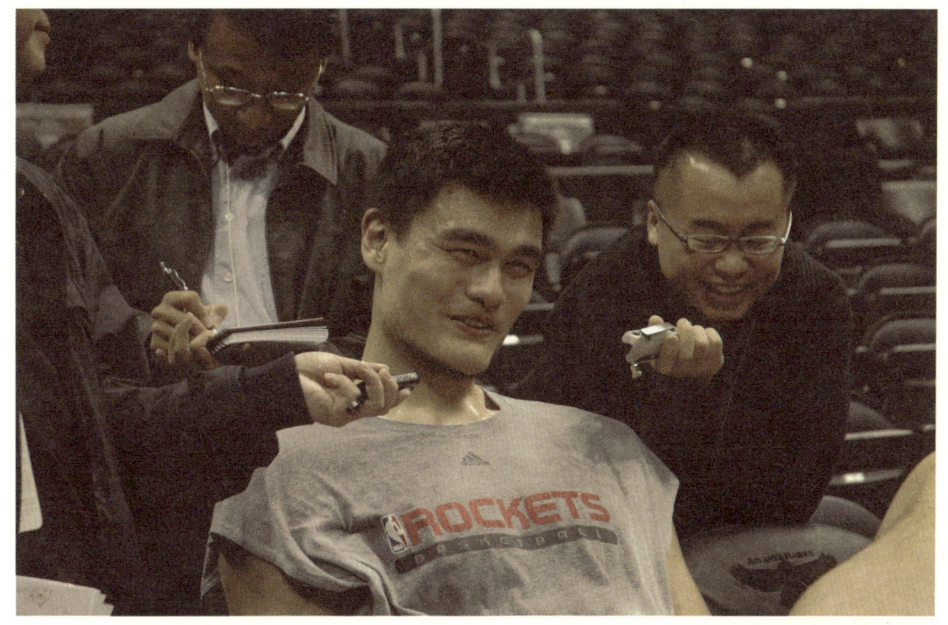

因为姚明,很多中国记者到休斯敦采访,给中国的球迷带去第一手的资料

的红宝石给匡鲁彬,说:"老外不要我,我把这个给您,您戴着去雅典,就算我去了,也保佑大伙儿。"

想着焦健和范斌,姚明在雅典怒了,他摔东西、怒吼,扯着嗓子喊:"你们他妈的这样,对得起焦健吗?对得起没来的范斌吗?"

他还说:"鲁迅先生说过,不在沉默中爆发,就在沉默中灭亡。是我们自己放弃了比赛。"

再接着是:"别老想着回去当球星,在这儿谁都得拼命。还以为是在地方队,把自己当爷呢!"

后来,国家队如同注射了强心针,杀了塞黑,闯进八强。他说:"我们接过了前辈的枪。"他还说:"我们就是要当那一群狼,我是头狼,但所有的狼要一起布阵,一起进攻和防守。"

2008年的北京奥运,姚明成熟了,不骂人了,也不再干"不进八强不刮胡子"的事,他更清楚如何领导这支球队。与立陶宛一战,在喧嚣着雄壮气氛的五棵松体育馆,荣誉感和斗志包围着姚明和国家队,他把所有队友聚拢,每一个人都把拳头高高举起来,脑袋碰着脑袋,拳头对着拳头,他扯着

A SHORTER YAO IN MY EYES

嗓子喊道："是勇气让我们走到了今天，让我们看一看，勇气究竟能让我们走多远。"

谁言寸草心，报得三春晖

北京奥运后，姚明一度迷失了方向。那时候，男篮比赛结束，可奥运还没结束，他还留在北京，躺在男篮宿舍里，脑袋里空荡荡的。

他说："失去目标是一种很可怕的感觉，我当时的感觉就是没目标了，北京奥运都打完了。我觉得过去的十年生命，拼死拼活地打球，就是在为北京奥运做准备。现在一切都结束了，我不知道该想点儿什么、干点儿什么。"

后来，连闭幕式都结束了，姚明准备回上海，小住几日后就该启程往休斯敦去了。离开男篮宿舍时，他把自己的床铺清空了。姚明带走了一条天蓝色的被子，那是他参加2000年悉尼奥运时组委会发的，每个人都有一条。姚明把这条被子扛回了中国，铺在宿舍床上，一铺就是八年。那间房一直都是他的，床也是给他留的，每年夏天向国家队报到之后就睡上面，夏天结束，也不带走。可这一回，他把这条被子拿走了，那意思，再回去就难了。

从国青队开始，他为祖国效力十年。他还能打吗？当然能打，可他不该再打了，这其实是为了中国男篮好。都说旁观者清，富兰·比林伯利过去八年间看了三届奥运，所有中国男篮的比赛都看了。他说："姚明现在就像是中国篮球的一根巨大拐杖，你们把几乎所有压力都倾注在他身上，他来防守，他来进攻，他几乎变成了中国男篮的全部。一旦把这个拐杖拿走，中国男篮的水平会立刻跌一个档次，似乎队伍就不会走路了。姚明已经为中国男篮效力十年，现在是时候把这根拐杖扔掉了，如果一直这么依靠他，中国篮球队将永远学不会靠自己的双脚行走。"

姚明同意老爷子的观点，可他不能这么说。他清楚如果这话从自己嘴里说出来，将面临多大的舆论压力。可在上海时，他的朋友与当地媒体闲聊时把口风露了出去，霎时间，风雨欲来。那时候，姚明已经在休斯敦了，训练之后，姚明对围住他的一群美国记者说："我从没宣布过，也没时间去想，我有82场

常规赛、季后赛和总决赛要琢磨。"

当地福克斯体育台的头牌记者马克追问:"那个记者写出这样的新闻,影响到你了吗?"

姚明嘻嘻哈哈地反问:"为什么?你天天缠着我问问题,我也没觉得被影响。我不会觉得烦,我喜欢你。"

马克拿姚明的插科打诨没有办法,他知道从姚明嘴里是套不出什么了,就跟着搞笑说:"好吧,我也很喜欢你。"已经是两个孩子父亲的他,摘下手指上的戒指,冲着姚明递了过去。

姚明一撇嘴:"你都有两孩子了,还不知道规矩,应该先跪下,然后再给我。"

嘻嘻哈哈间,媒体就不再追问姚明了,这是中国的事,美国人没必要刨根问底。其实他们只要稍微一琢磨,就能听出姚明话里的意思,他说的是"没宣布",不是"没退出"。他不愿意说违心的话,也不愿意把矛盾激化。

因为姚明，很多在火箭的队友从中国的球鞋企业得到一份合同，每年夏天汇成了来华参加商业活动的大潮，他们也带着对中华文化的惊奇离开

姚明不可能为国家队打一辈子，他已经找好了为中国篮球贡献的新方法。作为一个球员，可以帮中国队多赢几场比赛，可治标不治本，于是他接手上海男篮，想从根儿上帮帮中国篮球，他变成了上海滩的姚老板。

如今的CBA，不赚钱，如今的CBA可能数年之内都不会赚钱，可他还是一咬牙一跺脚，接了。

中国的篮球体制，伤害过姚明。2002年离开前，有过一系列的痛苦往事。

早在1999年，上海俱乐部的一名官员就连哄带骗地让姚明在一份并不符合法律程序的经纪人代理合同上签字。合同的一方是一家名为常青公司的美国公司，后被证实不具备任何的NBA经纪人资格。根据这份合同条款规定，姚明在NBA以及其他商业收入的三分之二归上海队和常青公司所有。姚明和他的父母不想在这份卖身契上签字，可那位官员把他们一家叫到那家公司经纪人下榻的酒店，不停地谈话，做各种工作，一直留到凌晨三点。只有19岁的姚明，对自己的未来毫无控制，除了签字，没有选择。之后，方凤娣说："我觉得我们刚把自己卖了。"

2002年，姚明率领上海男篮夺取CBA总冠军，五天后，胜利的喜悦依旧包围着姚明时，一条消息引发了震动。篮管中心下发了一份《篮球运动员涉外转会管理暂行办法》，声称姚明一旦参加NBA，他与昔日的教练员、其他有功人员总共将得到相关收入的50%，中国篮协将获得30%作为发展基金，上海方面获得10%，其余10%上缴国家体育总局。这是4月5日颁布的，目标直指即将参加选秀的姚明。后来，在巨大的社会舆论压力下，这份规定并未得到执行。

可阻碍依旧在，就来自上海滩。

在上海，存在着两种势力。一种希望姚明走出来，他是上海的名片，开放和改革并不单单意味着引进来，还意味着走出去。另外一种人认为姚明应该尽可能地为母队创造利益，因为姚明是他们培养的。甚至，一位领导准备扣住姚明的护照，这样他就不可能离开了。

夺冠后不久，上海队就和姚明坐到了谈判桌的两侧。按照NBA引进国际球员的惯例，他得自掏腰包买断和上海男篮的合同。上海队开出的价格令姚家一阵晕眩。

谈完之后，姚明和他的好朋友杨毅打了通电话。杨毅是姚明十多年的挚友，也写了姚明十多年。2004年他把我招进篮球圈子，送我到休斯敦采访。那

A SHORTER YAO IN MY EYES

之前，每年飞过去的是他。后来，杨毅到了《体坛周报》，把我也带去，他是我的领导，也是我最好的朋友。后来，姚明到北京，我们三个总一起斗地主，十块钱一把，我们都以赢姚明的钱为乐，说这是劫富济贫。

姚明跟杨毅说："上海开得价很高。"

杨毅问："多少啊？"

"你猜，给你两次机会。"

"300万美元？"

"哈哈哈哈，再猜。"

"500万？"这个数，杨毅说得咬牙切齿。

"哈哈哈，还错。"

最后出来的数字，让所有人大吃一惊。那是一笔巨额补偿金，甚至比姚明新秀合同的实际收入还要高。姚明的第一份合同为期四年，价值1800万美元，可他要交高额的所得税，包括各种佣金，最终到手不会超过900万。那意味着，姚明在还没登上前往休斯敦的飞机，还没在NBA打一场比赛，不知道自己能不能挺下来，能打到什么地步，会不会打两年就得卷铺盖滚回家的时候，已经背负起了巨大的债务。对于姚明，对于姚家来说，压力是无穷的，在很多个晚上，方凤娣会暗暗留下泪水。

姚明说："我记得小学进体校的输送费，是30块。"

他说家中二老的心已经碎了："我妈说，瓶子里放进了太多的冷水，瓶子是会被冻破的。她现在没有什么别的感觉，就是觉得寒心。老两口为上海篮球奉献了30多年，一辈子都交待在篮球上了。"

后来，姚明的父母常年待在美国，虽然那里的生活环境没有上海精彩，可足够简单。

这还没完，后来与篮协的沟通也出现了问题。尤其在出现了王治郅事件后，篮协在是否放姚明去美国的问题上再次犹豫，他们害怕姚明一旦离开，将不会再为国家队效力。当时火箭告诉姚明的经济团队，如果在宣布选秀三天前得不到篮协放人的通知，他们将把选秀权交易出去，尽管他们想要姚明，可他们不知道姚明是否能从截然不同的文化和体制中剥离出来。

好在历经千辛万苦之后，姚明抵达了休斯敦。那座城市一个新的篮球时代开始了。后来道森说："在机场，当我终于看到姚明时才舒了一口气，这可能是我经历过的最艰难的一次球员谈判。"

离开上海之前，姚明在上海的报纸上登了一则整版广告，上写着：谁言寸草心，报得三春晖。知道内幕的人都没想到，在经历如此的波折之后，姚明依旧会以此表达对上海的拳拳之心。他是一个典型的中国人，有着一颗宽厚的心。

姚明是从CBA打出来的，七八年过后，再看到CBA球队的训练录像时，他心灰意冷地说："这些

2004年中国赛，姚明当时的队友泰伦·卢买了一堆盗版光碟回美国

训练方法，跟我们当年比一点儿变化都没有啊，这么多年过去了，CBA也找了这么多外教、训练师，怎么一直都没进步呢？"

他很清楚自己在NBA这么多年积累下的东西，能给中国篮球带去很大帮助。CBA的2009-10赛季，是姚明入主的第一年，他的上海队从上一个赛季的倒数第二，一跃打进前四，让很多人吃惊。

这个赛季，CBA出现了很多外教，都没能保住帅位，中途下课，除了上海队的邓华德。姚明说："我不知道其他球队为什么让他们的教练走，我只知道我为什么会选我们的教练。"

邓华德刚到上海时，当地一家媒体这么形容他："美国知名教练的助教的儿子。"听起来，有些戏谑。邓华德的父亲，确实是美国著名教练鲍比·奈特的助教，可这跟姚明选择他没有任何关系。

选择教练之前，姚明定下三条标准：一，要强调防守。姚明相信防守的力量，他希望上海队有严密的纪律，追求强悍的防守，最终形成坚韧的性格。二，新教练要擅长带年轻球员。上海队的中国球员以年轻人为主，上海队的未来如何取决于梯队年轻人的培养，姚明说："我们希望改变国内球员，因为大环境的问题，国内球员养成了一些毛病，我希望教练能把这些毛病改正，把正确的打球方法教给球员，以现在的球员为基础，培养出一批又一批的球员，这样才能让中国篮球有所进步。"三，有国际篮球执教经验。姚明清楚，CBA不能完全照抄NBA，国际执教经验意味着一个教练对不同文化的适应能力。

　　就这样，姚明选中了邓华德。CBA有些老板爱干教练干的活，看比赛时指手画脚，替主教练决定怎么打。姚明不会，给邓华德空间，在怎么带球队上绝不干涉。

　　揭幕战，上海打广厦，一直激战到加时赛。距离加时赛结束只剩15秒，广厦领先一分，上海队球权。上海控卫卢卡斯没有拿球抢攻，慢慢压住节奏，一直把时间耗到只剩5秒时才开始进攻，投篮不中，上海惜败。对于那最后一投，姚明有自己的想法：如果能抢攻一球，哪怕不进，至少还能犯规，上海队还有反败为胜的机会。当晚，有朋友问："你没跟教练说说最后一球的事儿？"姚明回答："不！这种事儿，我绝不问！怎么决策，用什么打法，主教练定，我不干涉。我的工作是选择谁来当主教练，剩下的事儿是他们的。"

　　给了空间后，他还给了邓华德足够的时间："我给他三年合同，三年之后就能看到效果了。我觉得任何一个教练，无论你多出色都需要时间，作为一个老板得耐心，我给了邓华德耐心和时间，也看到了效果。"

　　因为第一年的出色表现，邓华德被请到中国男篮，任国家队主教练。

　　他还要求球队建设时必须把回馈社会作为一项重任来抓，让上海男篮不仅仅活跃在训练基地、比赛场馆，还要走进上海市民的心里。他说："其实这都是我在NBA学的，每个赛季，不管打得多累，火箭都要组织社区活动。所以，不管球队的成绩如何，火箭的球馆里总有很多观众。这是我的目标，让中国篮球能在社会里扮演更重要的角色。"

　　他的目标是把上海男篮建设成一个榜样："我们成功了，别的球队就会借鉴我们的经验，就能带动整个中国篮球发展。国家队重要，可更重要的是篮球基础，是联赛。联赛建设好了，更多出色的球员打出来，国家队的实力自然强了。"

姚明把目光从国家队转移到了整个中国篮球上,中国的篮球圈子,没人有他那样的影响力,有些事只能他来干。

成立姚基金

姚明的爱国心,曾经受到过很多质疑。

2008年5月12日,汶川地震,举国悲哀。那时候,姚明在休斯敦进行恢复训练,备战奥运,可他醒来的第一件事是看电视。在凤凰卫视和中央四套国际频道之间翻来翻去,他迫不及待地想知道,在过去的这个晚上,汶川震灾又有了怎样的进展,又有多少生命被从瓦砾废墟中抢救出来。电视屏幕上闪过的镜头,总让姚明觉得心头一紧,鼻子一阵一阵地发酸。通过网络和电视屏幕,他看到了太多让人伤心、让人感动的事情,惦念着千里外受灾的同胞,姚明说:

汶川地震后姚明成立姚基金

A SHORTER YAO IN MY EYES

"心里真的不好受,看着电视,就觉得心里一阵阵地疼。我们只是通过电视了解那里的情况,可我想,四川汶川的情况远比镜头展示得更惨,更艰难。"

地震刚发生没多久,姚明立刻捐款50万,却激起一片骂声,网络上疯传着这样的评论:真他妈抠门,挣好几千万,才捐这点儿……还有更狠的。姚明上网,没事儿就上网,这些他都看到了。

这么多年以来,他被骂习惯了,网络上总有很多质疑姚明的人。从他到了NBA起,中国球迷就自然而然分成两派——姚黑和姚蜜。姚黑们总说,打这么差,都是被媒体捧出来的,别在美国丢人了。姚黑的这些话,姚明看多了,到后来,一笑置之。可这一次,他受不了,一片赤子之心被质疑,没法接受。

那一次,姚明已经在国内通过经纪团队向中国红十字会捐款50万元人民币,在美国向中国红十字会外币账户捐款21.4万美元,捐款总额约合200万元人民币。

姚明没回击网络上的评论与骂声,只能埋头干自己的事。一个月后,在休斯敦,中国驻休斯敦总领事乔红、休斯敦市长比尔·怀特,以及火箭队的总经理莫雷,一起宣布姚明基金会成立,那时候,他才觉得心里一块石头落下来。姚明拿出了两百万美元,正式启动这个以帮助灾区重建校舍为主要目的的基金会。由于时间仓促,姚基金的网站设计得很简单,可页面上特别注明了一串触目惊心的数字:在这场震级为8.0的灾难里,有185所学校和超过8000所校舍被摧毁。姚明说:"我看到了太多让人心碎的镜头,尤其是灾区的孩子们,更让我觉得应该做些什么来帮助他们。我没想到能这么快就成立这个基金会,原本

的计划是在奥运之后再一心一意地把这件事儿办好，可现在，觉得等不了了，必须尽快地做一些事情，帮助那些灾区的孩子，这是我的责任。"

奥运之后的一天清晨，姚明打开电视，屏幕上一位扮演诸葛亮的演员在被问到是否会背《出师表》时使劲儿地摇头，电视机前的姚明背了起来：先帝创业未半，而中道崩殂……他突然停下，说："该去四川看看了。"

9月13日下午三点，姚明乘坐飞机抵达成都。本来他想提前两天去，在四川多待两天，可后来一想，还是把生日过完再去："我不想给当地添什么麻烦，如果他们张罗着给我过生日，就违背了这次去四川的本意了。"

八一绵阳帐篷学校的操场上，姚明和女篮明星苗立杰带着小朋友一起玩游戏。孩子们被分成两组，苗之队和姚之队。前两项游戏，胯下传球接力和二人夹球接力，姚之队都输给了对手。接着，两队开始比赛，姚之队终于扳回一局，担任教练的姚明看着女篮主力苗立杰跟一帮孩子们在球场逗来逗去的样子，开心地大笑起来。

其实一天前，姚明根本笑不出来。他不知道该用什么样的心态、表情和语言来面对遭受了如此重创的城市和人们，他说："来之前我做了许多功课，琢磨怎样和灾区的孩子们说话，用什么样的语气，需要注意什么。"入川之旅最初，姚明脸上的微笑很生硬，看到了迎接他的孩子们都在天真无邪地微笑，而这些微笑的背景是遍地瓦砾、满目疮痍，他发现回一个笑容是这么的难。

中秋之夜，他在一位孤儿家度过，他说那一夜过后终于明白，只要开心地对着孩子们笑就可以了。那块土地，乐观，向上，拥有无比巨大的生命力。他说："去孩子家之前，我一直在想该说些什么，见面之后发现之前想的都用不上了，他们非常乐观，完全超乎了我的想象。"

姚明开始微笑，因为孩子们跟他说："我们的生活还要继续。"

那时候，网络上还有很多人拿姚明和别人比，风传湖人队的球星科比捐款500万美元。这是一条假消息，可假消息好像总比真消息传得快，网络上的讨论在继续：看看人家科比，还是一外国人。

姚明没办法："我管不了别人说什么，还是干点儿自己能干的事情吧。"

尾声
还会有很多很多故事发生

到此,我的讲述接近尾声。

时光荏苒,我刚认识姚明时,他24岁,少年不知愁滋味的年纪。现在,姚明30了,当了父亲,肩上的担子无比沉重,可也很幸福。

他会很骄傲地讲述为人父的快乐:"抱着闺女幸福啊。"

我逗他:"就你?会换尿布了吗?"

"当然了,我现在能一手抱孩子,一手换尿布。"

"废话,这是基本程序,你总不能两手抱孩子,用舌头换尿布。"

于是,他开始反击:"跟你说你也不明白,有本事自己生一个,你有这能力吗?"

"回头生一儿子,扣了你家闺女。"

"嘿嘿,就你那小高度,你儿子能够着我闺女吗?"

我问他幸福吗,他说,挺幸福,也挺麻烦。我又问他,那是麻烦多还是幸福多,他回嘴:"废话,这事儿太高深,你理解不了,赶紧生一个自己体会去。"

其实生活总是这样,挺幸福,也挺麻烦。

30岁的时候,姚明带着火箭队又来到中国,打季前赛。于是,2004年中国赛的盛况再现,硕大京城,一票难求。

2004年,NBA季前赛第一次来到中国,来的是休斯敦火箭队和萨克拉门托国王队。当时的火箭队有姚明、麦迪,国王队有韦伯、毕比,一场盛宴上演。舞台的中心是姚明,那是他衣锦还乡的日子。

那时候,他已经在NBA打了两个赛季,从未受伤,全勤出战,活蹦乱跳,能扣能投。那时候,弗朗西斯被交易,名头更响的麦迪来了。弗朗西斯是姚明的老大，对麦迪，姚明没有这种最初的依附感。在那支火箭队里，两人位置相当，已经开始有人用领袖来形容他了。那时候的姚明是如此青春，青春仿佛拥有征服一切的力量，让人觉得生活是如此快乐。

用他自己的话来形容那一次中国赛："当时哥们儿牛气轰轰啊，怎么说都是NBA季前赛第一次来中国打，第一次，肯定觉得高兴、光荣。那场景真的让人感觉很爽，我就记得走进球场的那一刻，耳边响起的是山呼海啸，看台上的观众都捧着我的大照片，你没法感觉不好。"

从2004年起，中国的篮球市场如同打了兴奋剂一般飞速成长，从媒体到球迷，再到相关的篮球产业，都如一夜春风桃花盛开。原本中国的体育媒体里没有专业的篮球报纸，在2004年，三家专业篮球报纸诞生了。你随便来到任何一个报摊，上面至少摆着数份篮球杂志。中国的球鞋企业开始把触角伸向NBA，越来越多的NBA球员穿上了中国品牌。2010年北京的这个秋天，当姚明跟随火箭队走下飞机时，一排机场的服务人员举起相机对准了他们，这些服务人员可能不全是球迷，但他们能说出这支火箭队大部分球员的名字。

2004年启程之前，姚明要回答很多队友的问题，对于火箭的大部分人来

说，这是一个神秘的国度。现在，很少有队友再问姚明问题了，巴蒂尔来过七次，布鲁克斯来过四次，斯科拉来过三次……姚明说："我们这间更衣室里还有谁没来过？他们熟着呢，都是老朋友了。"

火箭队的老板亚历山大从未来过中国，可他在北京最昂贵的住宅区拥有一套住房，这家楼盘在休斯敦的主场丰田中心里打过广告，每当火箭比赛时，这家楼盘的名称就在中央电视台的屏幕上晃来晃去。华尔街出生的亚历山大也进军中国的股票市场，他是上市企业安踏的股东，他挣钱的领域早已经跳出了篮球和体育。

甚至，那些曾经和姚明当过队友的前NBA球员，也发现他们在CBA里非常抢手，因为所有人都熟悉他们，在中国他们仿佛明星一般，在美国他们从没听过这么多掌声，拥有这么多球迷，而且CBA挣的也确实不少。

姚明就像是一座桥梁，横跨在两个国度、两种文化、两个市场之间。

回想2004年中国赛，留在姚明记忆最深处的一幕发生在他的小学。这事儿得从姚明和范甘迪的斗嘴说起。那年的中国赛，在参加一个公开活动之后的中巴车上，范甘迪一脸坏笑地逗姚明："嘿，姚，给我们介绍一下你的城市。你最喜欢去什么地方玩？"

姚明最初没明白范甘迪的意思，问："什么我最喜欢去的地方？"

姚明参加一年一度的签名活动

范甘迪说:"放心,姚,我是不会告诉你女朋友的。"

范甘迪又对车窗外似乎永远不会停歇的人潮发生了兴趣,他接着逗姚明:"嘿,姚,如果我们把车停到这儿,你下车,然后从公园中穿过去,会发生什么?"

面对这样的问题,姚明永远不会让发问者失望:"除非你再也不想见到我了。"

范甘迪的回答更绝:"如果你能像见着奥尼尔时那样奔跑,估计问题就不会那么严重了吧?"

一阵嘻嘻哈哈之后,范甘迪想去看看姚明从小成长的地方——他的学校。范甘迪想看看,这位中国大个子是如何一步步成长起来的。

姚明回忆道:"在篮球场上,我跟他说那是我第一次拿起篮球的地方,当时我投了个三不沾。我觉得好玩,又找了个篮球,在罚球线上投了两球,还是什么都没碰到。"我记得很清楚,范甘迪当时说:"Something never change(有些东西永远不会改变)。"我们还去看了教室,我在黑板上用粉笔写道:姚明到此一游。

小学操场上立着高高的旗杆,五星红旗在旗杆上飘扬着。姚明介绍说:"我们每周都有一次升旗仪式,最优秀的学生才能有资格去把国旗升起来。"

范甘迪问:"你升过多少次?"

姚明不好意思地笑了笑:"从没有。"

范甘迪不信,可这是事实,学校里的姚明从来不是一名优秀的学生。不过这位当初并不优秀的孩子,在北京奥运会上扛起国旗走在中国代表团的最前面——骄傲、自豪。

2010年秋天,你很难从姚明的脸上找到这两种情绪。这次中国赛,球场外的热闹对于姚明已经不再重要,他知道,在球场上表现如何、能恢复多快、能否保持健康才是最重要的。浮华散尽,姚明过得越来越踏实了。

姚明的第二次中国赛,他依旧在球场里听到山呼海啸的叫喊声,依旧有很多人举着他的海报,可他没有丝毫分神,皱紧眉毛,紧紧盯着裁判手中那颗即将抛向空中的皮球,那是他的全部关注。

过去几年,他经历了太多事情,太多伤病,太多悲喜,风霜和世故让他成熟了,淡然了。

太多事儿压在身上、压在心里，姚明早已不再是六年前的那个他了。

左脚脚踝上的结构重建手术确实让姚明不同了，新的赛季他会重新站在球场上，可不会再像从前一样了。从前的姚明可以咬紧牙关一直挺到最后，但现在他没法挺，不能坚持，任何的勉强都潜藏着危险，再伤，他的职业生涯很可能会画上句号。于是，火箭异常小心，他们已经订下一条明确的警戒线：新赛季，姚明每场比赛的上场时间不会超过24分钟。

可这24分钟只是上限，姚明并不清楚他需要多久才能恢复，才能让阿德尔曼心甘情愿地给他这么长时间。如果他最多只能打24分钟，火箭还会把他当作球队核心吗？到了最关键的第四节，最要命的时刻，他只能坐在替补席上，还能被称作球星吗？

从今以后，他可能再也无法身穿国家队的球衣上场比赛，那些胸口绣着国旗的球衣将在衣柜里沉睡，成为回忆往事的线索。可如果他能在NBA每场比赛打24分钟，他的中国同胞能接受他在夏天里休息，在电视前、沙发上看着国家队在世界列强面前苦苦挣扎吗？

他的职业生涯已过大半，现有合同打完，姚明最有可能得到的是一份为期四年的合同，全部打完后，他35岁。如果把职业生涯比成爬山，爬到顶峰之后就该往下走了。谁也说不好姚明还能爬多高，能不能再回到曾经到过的高度，可从整体的趋势上说，30-35岁是一个降势。他能接受吗？深爱他的球迷们能接受吗？不惜重金请他代言的商家们能接受吗？

有人说，姚明挣够了，不用再打球了。这话不对。

他接手上海队，找到了职业生涯的延续，可花销一下子大了很多。购买上海队的股权花了2000万人民币，每年的投入也接近这个数字。过去几个赛季，CBA球队挣钱的只有广东队一家。他们挣钱，靠的不是俱乐部商业运营，而是夺冠。夺冠之后，赞助商、市政府奖金无数，这才让他们实现盈利。其他球队都在亏。别的球队老板各有主业，玩资本做企业，可姚明的主业是打球，用青春和健康赚取资本。

劳资谈判的阴云将笼罩2011年的夏天，姚明的合同也恰恰将在那时候结束。从姚明的角度来说，当然希望在2010年夏天争取一份合同，可最终的结果是，他选择执行最后一年合同。在与火箭的博弈中，姚之队处于下风，脚伤影响了他的价值。2008-09赛季，是火箭盼着姚明尽快与球队续约，姚明受伤之后，主动权到了火箭手里。他们不用极尽所能地说服姚明签下长约，只冷静观望，看看姚明能否保持健康，能否恢复状态。姚明身上的一系列问号让坐在谈判桌前的姚之队筹码不足，他们没法对火箭形成足够的压迫力。火箭队不愿冒险，也不信联盟里有人愿意把赌注押在姚明的脚踝上。一年之后，姚明能用实力再一次争取到顶薪合同吗？

职业生涯之外，还有上海队，第一个赛季，他们大获成功。CBA球队有个特点——外援流动性太大，合同一年一签，打不好中途能换，打好了，第二年找支球队要个更高的价，或者在其他国家的联赛再找份工作。第一个赛季能打好，姚明前队友卢卡斯居功至伟，还有CBA给前一个赛季后四名球队的特殊照顾——一个亚洲外援名额。现在成绩好了，亚洲外援的名额没了，上海队还能保持成绩吗？在CBA立足，靠的是对国内球员的争夺，姚明入行晚，下手晚，财力也比不上其他老板，他能迎头赶上吗？他入主上海队时，我曾写道：他当老板带给中国篮球的影响力，也许比2002年他走出国门、加盟NBA带来的更多。这可能发生吗？

无数的问号摆在面前，姚明比任何人都想把它们拉直，找出答案。

无数个问号，就是这本书的结尾。三十岁的姚明，会用另外一种步伐、一种心态来继续他接下来的人生，接下来还会有很多很多故事……

虽然未来是个未知数，但关于姚明的故事还将不停地上演